Kremser *NORWEGEN*

WOHNMOBIL-TOUREN

Hartwig Kremser

NORWEGEN

Pietsch Verlag Stuttgart

Schutzumschlaggestaltung: Johann Walentek unter Verwendung eines Dias des Autors

ISBN 3–613-50202-X

1. Auflage 1994
Copyright c by Pietsch Verlag, Postfach 103743, 70032 Stuttgart.
Ein Unternehmen der Paul Pietsch-Verlage GmbH & Co.
Sämtliche Rechte der Speicherung, Vervielfältigung und Verbreitung sind vorbehalten.
Satz: primustype Robert Hurler GmbH, 73274 Notzingen.
Druck: Gulde-Druck GmbH, 72005 Tübingen.
Bindung: Großbuchbinderei Heinrich Koch, 72072 Tübingen.
Printed in Germany.

Inhaltsverzeichnis

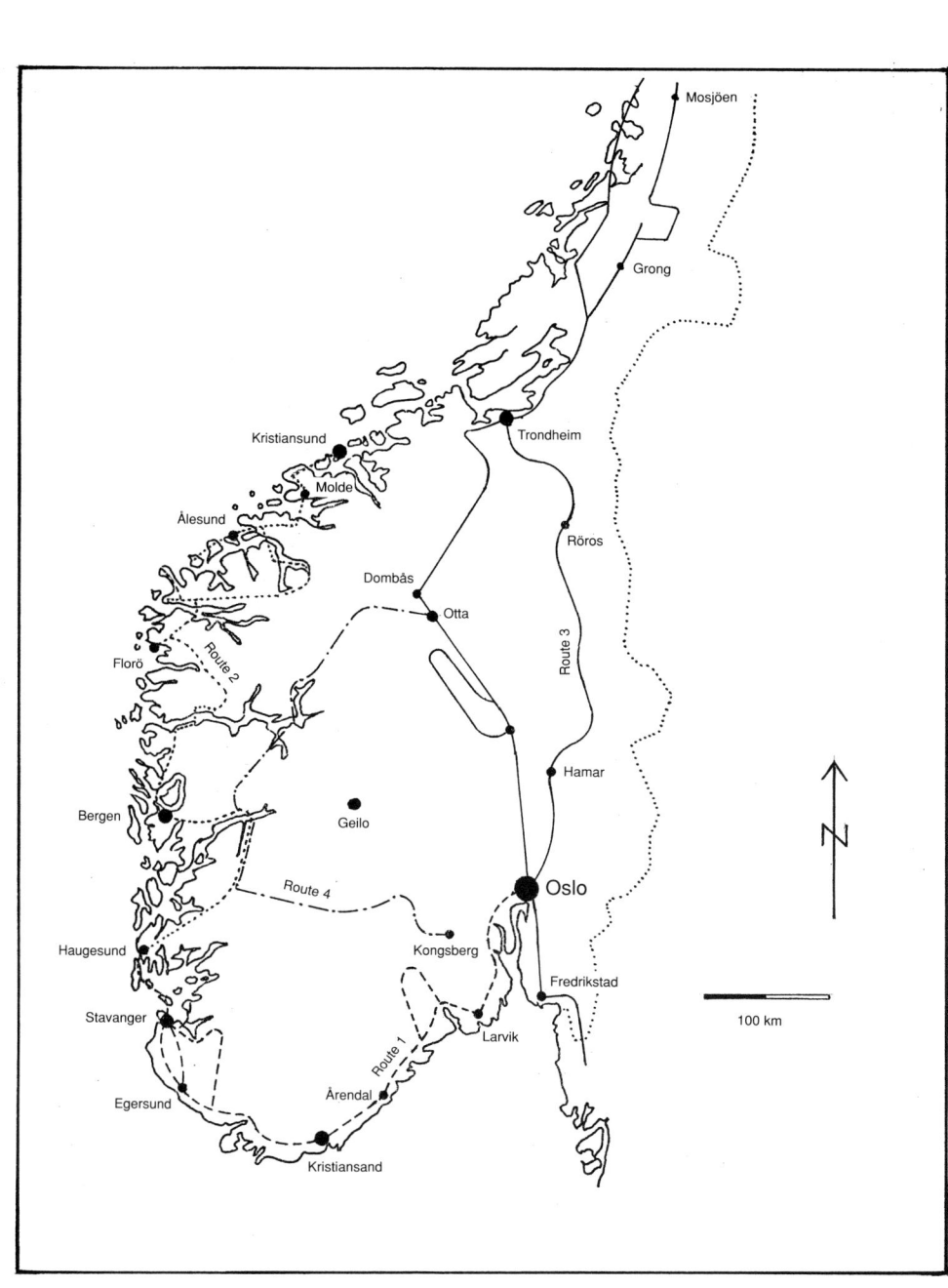

Mosjöen

Grong

Kristiansund
Molde
Trondheim
Ålesund
Röros
Dombås
Otta
Route 3
Florö
Route 2
Bergen
Hamar
Geilo
Oslo
Route 4
Haugesund
Kongsberg
Stavanger
Fredrikstad
Larvik
Route 1
Egersund
Årendal
Kristiansand

N

100 km

Norwegen? Norwegen!

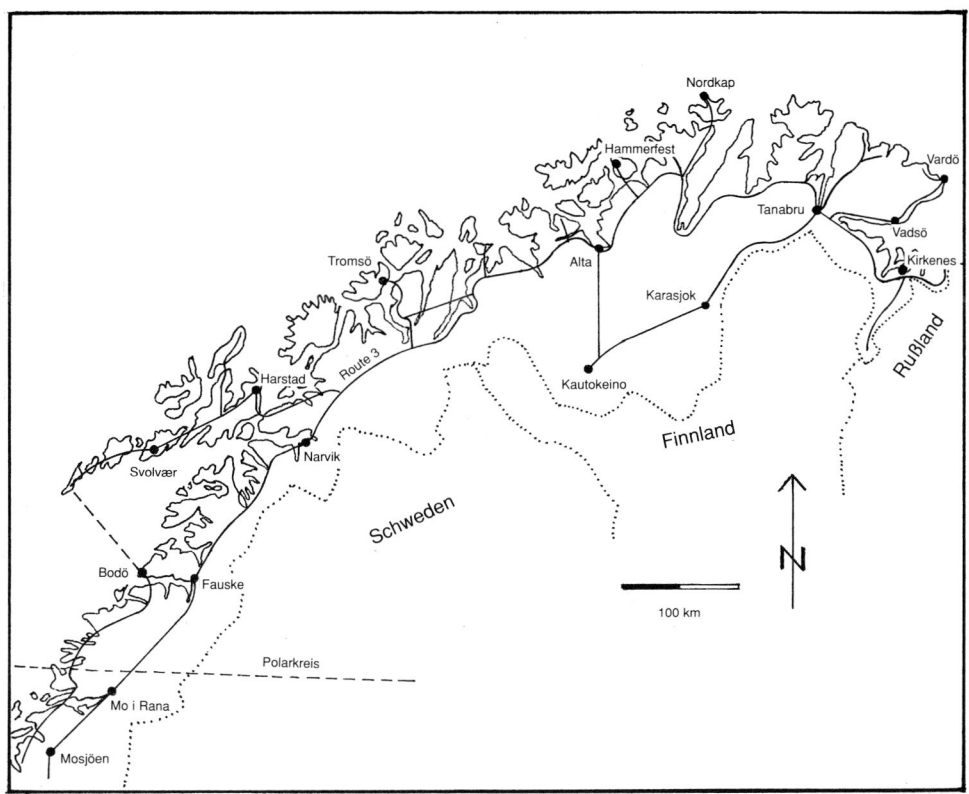

Wie um Himmels Willen kamen Sie auf den Gedanken, ausgerechnet nach Norwegen fahren zu wollen? Schließlich ist es da teuer und das Wetter mies. Ich verspreche Ihnen dennoch: Die Idee ist gut!

Wer nach Skandinavien fährt, tut das nicht, weil er gutes Badewetter erwartet – obwohl es das auch geben kann. Und wohl kaum wegen der überwältigenden Kulturdenkmäler, die auf der ganzen Welt einmaligen Stabkirchen vielleicht ausgenommen. Wahrscheinlich sind es auch nicht die Menschen, die so ernst und verschlossen scheinen, die zu einer Norwegen-Reise animieren. In dieser Beziehung hat allerdings schon mancher seine Vorurteile ändern müssen, auch wenn es oft so scheint, als ob die Wunden des Krieges noch nicht ganz vernarbt sind.

Nein, der beste Grund ist eindeutig die großartige Natur, die für uns Mitteleuropäer schon so rar geworden ist. Es ist die Größe des Landes, die unglaubliche Vielfalt oft auf kleinstem Raum, die immer wieder faszinieren.

7

Freilich sollte niemand dem Irrtum verfallen, Norwegen wegen seiner relativen Abgeschiedenheit oben am Polarkreis für rückständig zu halten. Das Gegenteil ist richtig: Norwegen ist ein hochentwickeltes und hochtechnisiertes Land der westlichen Staatengemeinschaft. Die Versorgung mit allen gewohnten Gütern und Dienstleistungen klappt vorzüglich, andererseits ist die Kriminalitätsrate so niedrig wie kaum sonstwo.

Norwegen ist das klassische Land für Wohnmobil-Reisende und hat unendlich viel mehr zu bieten als »nur« das Nordkap. Mein Vorschlag: Folgen Sie den hier ausgearbeiteten Routen. Die jeder Beschreibung vorangestellte Zusammenfassung informiert über die zu fahrende Entfernung und gibt eine Richtzeit für ein genußvolles Durchfahren. Die An- und Abreise sind dabei nicht eingerechnet. Die Routen lassen sich auch untereinander kombinieren; die Tourenvorschläge sollen Sie keinesfalls entmündigen. Im Gegenteil: planen Sie Abstecher und Ausweichstrecken! Dieses schöne Land wird auch dort manche Überraschung für Sie bereithalten. Aber Vorsicht: Nehmen Sie sich nicht zu viele Kilometer vor. Unterdrücken Sie den Ehrgeiz, in möglichst kurzer Zeit möglichst alles sehen zu wollen, nur dann läßt sich das Land in seiner ganzen Pracht erschließen. Dieses Buch beschreibt Sommerreisen in Norwegen. Eine Winterreise geht sicher von anderen Voraussetzungen aus und nimmt sehr schnell Expeditions-Charakter an. Dieses Thema wurde nicht behandelt.

In den jeweiligen Kapiteln finden sich zahlreiche Hinweise auf Sehenswürdigkeiten, Standplätze, Fähren und Preise. Die Preise wurden auf Basis des Jahres 1993 erhoben. Mit der üblichen Teuerungsrate wie zuhause ist zu rechnen. Eintrittspreise in Museen und dergleichen sind immer als Vollpreis für einen Erwachsenen angegeben. Rentner und Kinder erhalten oft Ermäßigungen. Die Öffnungszeiten beziehen sich auf die Hochsaison, also meist Mitte Juni bis Mitte August.

Die Stadtskizzen dienen der Lageübersicht, als Orientierung bei der Durchfahrt und helfen, die beschriebenen Sehenswürdigkeiten, Parkplätze und Touristen-Informationen zu finden. Einen detaillierten Stadtplan sollen sie nicht ersetzen. In den Kapiteln »Mit dem Wohnmobil in Norwegen« und »Norwegen von A bis Z« habe ich versucht, möglichst viel Norwegen-Erfahrung zu vermitteln.
Zum schnellen Nachschlagen sind die Themen im Sachregister angeführt.
Und jetzt nichts wie hinein in dieses herrliche Land!

Mit dem Wohnmobil in Norwegen

In diesem Kapitel soll auf die speziellen Fragen und Besonderheiten rund um eine Reise mit dem Wohnmobil nach Norwegen eingegangen werden. Die Stichworte sind auch im Register am Ende des Buches angeführt, Sie können bei Bedarf also rasch nachschlagen. Allgemeine Informationen über Land und Leute finden Sie ergänzend im Kapitel »Norwegen von A bis Z«.

Ausrüstung:
Die Ausrüstung des Wohnmobils für eine Norwegen-Reise fängt beim Fahrzeugzustand an: Jede Panne bringt nicht nur viel Ärger, Sprachprobleme und Zeitverlust, in Norwegen sind auch die Preise für Reparaturen ganz wesentlich höher als zu Hause. Eine große Inspektion sollte auch den kritischen Blick auf Reifen und Bremsbeläge umfassen. Ist die Siedetemperatur der Bremsflüssigkeit noch hoch genug? Reserve-Ersatzteile dagegen haben nur Sinn, wenn Sie eine bestimmte Schwachstelle Ihres Fahrzeug kennen. Ein passender Keilriemen ist allerdings eine kleine Investition und kann vielleicht Ärger ersparen.

Wer nach Norwegen fährt, fährt nicht in die Wildnis und braucht daher auch keinen Mechaniker an Bord zu haben. Jede Werkstatt wird gerne helfen, auch wenn sie andere Fabrikate führen sollte. Die Ersatzteilversorgung klappt gut, Sie müssen nur zur Beschaffung mehr Geduld und Geld aufwenden als vielleicht zuhause. Aus dem Gesagten ergibt sich, daß keine riesige Werkzeugkiste mitgeschleppt werden braucht, es sei denn, man ist technisch entsprechend versiert. Das Werzeug zum Radwechsel sollte allerdings an Bord und die Bedienung des Wagenhebers schon einmal geübt sein. Und übrigens: Haben Sie im Reserverad vor der Abfahrt die Luft kontrolliert?

Auch der Aufbau sollte rechtzeitig überprüft werden. Schwachstellen sind manchmal Pumpen oder tropfende Hähne und Leitungen. Als Ersatzteil sollte man mitnehmen, was beim Ausfall erheblichen Ärger bereiten kann. Ich denke hier zum Beispiel an eine zusammengebrochene Wasserversorgung und eine Reservepumpe.

Was sind nun echte, unverzichtbare Ausrüstungsgegenstände?

In aller erster Linie die Standheizung. Auch im Hochsommer, besonders in den Bergen, ist es oft bitterkalt. Wenn Sie Pech haben, regnet es dazu ein bißchen und die Kleider sind feucht, dann kann die Urlaubsstimmung schon gewaltig in den Keller fallen. Ohne Heizung sollten nach Norwegen nur ausgesprochen frostbeständige Menschen fahren. Die Heizung soll natürlich zu Hause, am besten von einem Fachmann, überprüft werden.

Was im Süden fast schon als reiner Luxus gilt, bekommt im Norden Sinn: die eigene heiße Dusche. Der nachträgliche Einbau ist zwar nicht immer möglich und eine heiße Dusche läßt sich auf jedem Campingplatz nehmen. Nur: wer ständiges Freicampen praktizieren möchte und vor der Anschaffung eines Wohnmobils steht, sollte die Dusche in seine Überlegungen mit einbeziehen.

Nicht zu unterschätzen ist auch die Möglichkeit, sich selbst warme Speisen zubereiten zu können. Ein Gaskocher, egal in welcher Form, gehört also einfach dazu. Warme Speisen und Getränke gibt es natürlich auch in Gaststätten oder Restaurants. In diesem Fall sollten aber die Kosten und / oder die Qualität für Sie keine Bedeutung haben. Sicherheitshinweis: Ein Gaskocher ersetzt keine Heizung! Ein Gasherd benötigt zum Betrieb frische Luft, im dicht geschlossenen Wohnmobil kann er rasch zur tödlichen Falle werden!

Für eine Reise in den Norden sollte Ihr Fahrzeug mit Mückenvorhängen versehen sein, zumindest an den Fenstern die Sie zum Schlafen öffnen wollen. Es werden trotzdem ein paar Biester den Weg ins Wohnmobil finden. Ohne Mückenschutz können Sie aber überhaupt nichts öffnen! Die meisten Menschen bekommen Schlafprobleme beim Schein der Mitternachtssonne. Das Wohnmobil sollte eine Vorrichtung zur Verdunkelung besitzen. Auch eine Kabelrolle mit mindestens 50 Metern sollte an Bord sein, sofern Sie öfters einen Campingplatz ansteuern. Der Anschluß soll sowohl an Euro- als auch Schuko-Stecker möglich sein. Ihr Zubehörhändler hat ein entsprechendes Zwischenstück. Ein Kühlschrank ist auch im Norden eine feine Sache. Sie werden höchstwahrscheinlich die meisten Speisen selbst zubereiten und erwarten frischgehaltene Vorräte. Was Sie für eine Sommerreise nach Norwegen sicher nicht brauchen, sind Allradantrieb, Geländereifen oder Seilwinde. Die Straßen sind auch im hohen Norden meist einwandfrei und ganz normal zu befahren, ins Gelände dürfen Sie ohne Sondergenehmigung und nur so zum Spaß ohnehin nicht.

Falls Sie an eine Winterreise nach Norwegen denken, sieht alles natürlich ganz anders aus. Solch eine Reise bekommt ganz leicht Expeditionscharakter. Auf einmal wird alles Thema: Allradantrieb, Schneeketten, Spikes, Schneeleitern, frostsicheres Wohnmobil, Daunenjacken.... Doch das wäre ein anderes Buch.

Campingplätze:

Campieren am Campingplatz in Norwegen? Natürlich. Ich bin ein Verfechter einer gemischten Übernachtungsweise, möchte zwar die einsamen Nächte in der Wildnis keineswegs missen, weiß aber anderseits die Vorteile eines Campingplatzes durchaus zu schätzen: unbeschränkt heißes Wasser zum Duschen, Wäschewaschen, die Möglichkeit, die Batterien der Videokamera nachladen, Toiletten und Abwasser entsorgen (an den meisten größeren Plätzen), Feuerstelle zum Grillen und so weiter. Nicht zuletzt spricht oft für einen Campingplatz, daß er am schönsten Fleck einer Gegend liegt und freie Plätze hier gerade vielleicht rar sind.

In Norwegen gibt es ungefähr 1400 Campingplätze. Von allen kann man sagen, sie sind sehr sauber und die Sanitäranlagen blitzblank. Ein Teil der Campingplätze wird vom norwegischen Automobilklub NAF betrieben. Diese Plätze sind mit einem bis zu drei Sternen gekennzeichnet. Zusätzlich versucht der Verband für Übernachtung die übrigen Campingplätze zu erfassen und mit einem bis fünf Sternen zu klassifizieren. Vom norwegischen Fremdenverkehrsamt in Hamburg erhalten Sie NAF-Camping-Karte und den Norsk Camping Guide kostenlos zugesandt. Diese Unterlagen enthalten alle größeren Campingplätze, keineswegs aber alle. Unterwegs werden Sie immer wieder Plätze finden, die in keinem Verzeichnis aufscheinen.

An den Routen sind keineswegs alle Campingplätze erwähnt oder gar beschrieben. Das hätte den Rahmen diese Buches gesprengt. Nur aus besonderen Gründen wird manchmal auf einen Platz hingewiesen. Wie erwähnt, können Sie fast jeden Platz unbesorgt anfahren. Richtig schmutzig ist keiner. Wenn Sie die Ausstattung im Voraus interessiert, sollten Sie die NAF-Karte, den Camping-Guide oder einen ADAC-Campingführer zu Rate ziehen. Für längeren Aufenthalt in der Hochsaison ist Reservieren anzuraten, einen Platz für eine Nacht werden Sie auch unangemeldet erhalten. Viele Campingplätze, besonders im Großraum von Oslo, sind stark mit Dauercampern belegt. Eine Enge wie oft auf südlichen Plätzen ist in Norwegen unbekannt.

Was kosten die Campingplätze? Die Frage ist kaum zu beantworten, die Tarifgestaltung ist überall verschieden. Als Richtwert können Sie einen Preis für die Nacht von 60 NKR bis 150 NKR annehmen. Meistens beinhaltet der Preis den Platz fürs Wohnmobil und den Aufenthalt von bis zu vier Personen. Mit weniger Personen wird es nicht billiger. Der Stromanschluß schlägt zusätzlich mit 20 NKR bis 35 NKR zu Buche, ist aber natürlich Wunschservice. Fragen Sie auch nach dem Preis für die heißen Duschen. Manchmal steht heißes Wasser unbeschränkt zur Verfügung, manchmal müssen Sie einen Münzautomaten zusätzlich füttern. Die Dusche für vier Personen kann dann leicht mit 40 NKR zusätzlich zu Buche schlagen.

Einreisebestimmungen:
Die Einreise nach Norwegen ist problemlos. Sie benötigen lediglich einen gültigen Personalausweis oder einen Reisepaß. Kinder brauchen einen eigenen Ausweis, ab einem Alter von zehn Jahren mit Lichtbild, ab 16 Jahren Personalausweis oder Reisepaß.

Für das Wohnmobil genügen die nationalen Fahrzeugpapiere, in der Regel also der Zulassungsschein. Die grüne Versicherungskarte ist nicht vorgeschrieben, im Falle eines Falles vermeidet sie allerdings langwierige Rückfragen.

Entsorgung:
Die Entsorgung von Chemo-Toiletten und Abwasser dürfte in Norwegen kein Problem darstellen. Überall im Land, bis in den hohen Norden, sind Entsorgungsmöglichkeiten zu finden. Die Stationen sind meist bei größeren Tankstellen und Campingplätzen eingerichtet. Häufig wird durch ein Schild auf die Möglichkeit hingewiesen. Oft ist die Entsorgung (noch) kostenlos.

Vom norwegischen Amt für Fremdenverkehr in Hamburg erhalten Sie kostenlos die Broschüre »Camping- og Bobilturisme«, die sehr viele der Entsorgungsstationen aufführt. Vollständig ist die Liste nicht, es kommen sehr schnell neue Entsorgungsmöglichkeiten dazu. Anderseits passierte es mir einmal, daß eine große Tankstelle gar nicht wußte, daß sie auf der Liste aufscheint. Die Hilfsbereitschaft war dann allerdings groß und der Inhalt des WC wanderte in den Kanal, wo er auch von

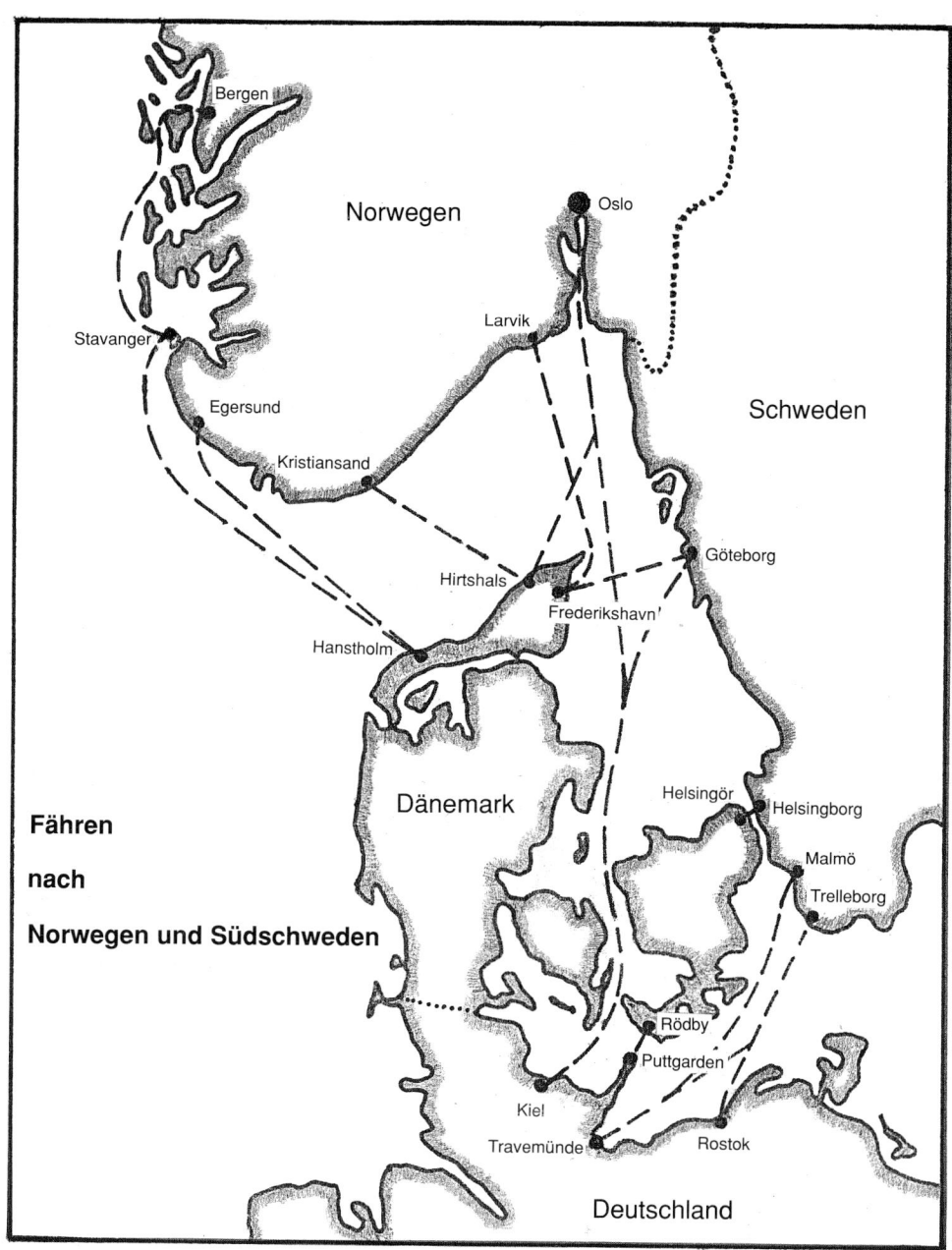

Norwegen

Bergen

Oslo

Larvik

Stavanger

Schweden

Egersund

Kristiansand

Göteborg

Hirtshals

Frederikshavn'

Hanstholm

Dänemark

Helsingör

Helsingborg

Fähren

nach

Malmö

Trelleborg

Norwegen und Südschweden

Rödby

Puttgarden

Kiel

Travemünde

Rostok

Deutschland

allen anderen Stationen hinkommt. Wieweit die Kanäle eine Kläranlage durchflie-
ßen ist ein anderes Kapitel.

Die Entsorgung von Brauchwasser kann am Waschplatz der meisten Tankstellen
erfolgen. Wichtig ist nur, die Erlaubnis einzuholen und glaubwürdig zu versichern,
daß im Abwasser kein Toiletteninhalt schwimmt. Diese Entsorgung ist in aller Regel kostenlos.

Fahrzeugversicherung:
Norwegische Autofahrer sind ausreichend versichert. Das heißt, wenn Ihnen ein Schaden zugefügt werden sollte und Sie sind unschuldig, brauchen Sie um Ihr Geld nicht zittern. Die Abwicklung ist sehr korrekt und rasch. Außerdem empfiehlt sich der Abschluß einer kurzfristigen Kaskoversicherung. Norwegens Straßen sind oft recht eng. Ein vorstehender Stein oder ein fehlender Randstreifen sind schon manchem zum Verhängnis geworden. In diesem Zusammenhang sollte auch der Abschluß einer Fahrzeug-Rückholversicherung überlegt werden. Nein – Sie brauchen vor Norwegens Straßen keine Angst zu haben. Aber ausreichend versichern beruhigt und vermeidet Streß, Sie fahren doch in Urlaub?

Fähren nach Skandinavien:
Die Anreise nach Norwegen wird wohl fast immer irgendwo eine Fährenüberfahrt enthalten. Es gibt auch eine Landverbindung, die führt aber über Rußland und Finnland rund um die ganze Ostsee.

Die wichtigsten Fähren sind in der Skizze verzeichnet. Bevor Sie nun von allen Linien die Fahrpläne und Preislisten wälzen, sollte man zuvor wissen, in welchen Teil Norwegens die Reise führen soll. Damit fallen wahrscheinlich schon ein paar Routen aus. Vielleicht ist auch die Länge der Seefahrt ein Argument. Was für einen der Urlaubsbeginn ist, kann für den anderen zur Qual werden. Lange Seereisen zehren auch an der Reisekasse, da Sie wahrscheinlich eine Kabine benötigen. Sparen können Sie nur durch eine Nacht im Pullmannsessel. Das Wohnmobil samt Bett fährt leider ungenützt im Schiffsbauch. Bitte bedenken Sie, daß Sie während der Überfahrt oft nicht zu Ihrem Wohnmobil können. Sie sollten also Ticket, Jacke, Geld, Lesestoff und dergleichen nach dem Einparken sofort mitnehmen. Alle Linien verlangen übrignes aus Sicherheitsgründen, daß der Gas-Haupthahn Ihres Wohnmobils während der Überfahrt geschlossen bleibt. Auf manchen Linien wird der Flaschenkasten auch zusätzlich verplombt.

Zur Auswahl »Ihrer« Fähre sind vielleicht noch ein paar Überlegungen wichtig: Die Fähren Puttgarden-Rödby und Helsingör-Helsingborg gehören zusammen, es gibt Kombi-Karten zu günstigeren Tarifen. Diese Fähren verkehren sehr oft und rund um die Uhr. Es ist die einzige Verbindung, bei der auch in der Hochsaison keine Voranmeldung nötig ist. Die Linien nach Südschweden, also Rostok-Trelleborg (TR-Line, 5/8 Stunden), Travemünde-Trelleborg (TT-Line, 7/9 Stunden) und Travemünde-Malmö (Silja-Line, 8/10 Stunden) ergeben am meisten Sinn, wenn Sie vielleicht nach Nord-Norwegen wollen und die Anfahrt über Schweden erfolgen soll.

Die Fähren Kiel-Oslo (Color-Line, 19,5 Stunden), eventuell Kiel-Göteborg (Stena-Line, 14 Stunden), sind längere Seereisen. Sie verbringen die wenigsten Kilometer auf der Straße. Besonders die Fahrt durch den Oslo-Fjord stimmt richtig auf das Urlaubsland ein. Den Oslo-Fjord erleben Sie auch auf den Fähren von Frederikshavn nach Oslo (Stena-Line, 9/12 Stunden) oder von Hirtshals nach Oslo (Color-Line, 8,5/12.5 Stunden). Gegenüber der Fähre Kiel-Oslo sparen Sie vielleicht die Kabine. Frederikshavn-Göteborg (Stena-Line, 3,25 Stunden) ist eine der schnellsten Verbindungen über Schweden nach Südnorwegen und Oslo.

Frederikshavn-Larvik (Larvik-Line, 6/8,5 Stunden) und Hirtshals-Kristiansand (Color-Line, 4,5/6 Stunden) sind die wichtigen Verbindungen an die norwegische Südküste. Die Westküste erreichen Sie am günstigsten ab Hastholm, entweder nach Egersund (6,5 Stunden), Stavanger (9,5 Stunden) oder gleich bis Bergen (15,5 Stunden). Diese Strecken bedient die Fjord-Line.

Die Fahrzeiten sind in der Nacht oft länger, es ist dies der Wert nach dem Schrägstrich(/). Hin- und Rückfahrten lassen sich auf verschiedenen Strecken preisgünstig kombinieren, wenn die gleiche Linie die Route bedient. Rückfahrkarten verkaufen fast alle Linien zum ermäßigten Tarif. Beachten Sie bitte, daß Rückfahrkarten meist nur zwei Monate gelten. Für Langzeit-Urlauber kann dies wichtig werden.

Ein erheblicher Kostenfaktor ist der eigene Terminplan. Es gibt Vorsaisonpreise, aber auch in der Hauptsaison sind verschiedene Wochentage oder Zeiten wesentlich billiger. Wer sich Zeit läßt, kann auch hier allerhand sparen. Die Fährtarife richten sich nach der Fahrzeuglänge und nach der Fahrzeughöhe.

Erst wenn der Terminplan steht, lohnt der Weg ins Reisebüro und die Frage nach Fahrplänen und Preisen. Die folgende Rechnerei kann ich Ihnen leider nicht ersparen, es gibt einfach zu viele Varianten. Es lohnt sich dennoch: Wer alle Sonderangebote, Sparpakete, Rückfahrtermäßigungen und Termine geprüft hat, spart eine Menge Geld. Erst jetzt sollten Sie Ihre Reise buchen.

Freies Campieren und Übernachten:
Von einem schönen Standplatz in freier Natur, weitab von Städten und Dörfern, träumt wohl fast jeder, der im Wohnmobil unterwegs ist. Sie haben Ihr Fahrzeug vielleicht nicht zuletzt wegen dieser Möglichkeiten angeschafft. Das große, dünnbesiedelte Norwegen bietet hierzu nahezu unbeschränkten Raum. Natürlich kann auch in Norwegen nicht jeder machen was er will, ohne Rücksicht auf Natur und Mensch. Sehen wir uns also gemeinsam die Spielregeln an.

Ähnlich wie in Schweden gibt es auch in Norwegen das Jedermannsrecht. Dieses Recht ist nirgends aufgeschrieben, es wird aus Tradition befolgt und geachtet. Im Prinzip bedeutet es nichts anderes, als daß jedermann uneingeschränkt sich in freier Natur bewegen und sein Zelt aufstellen darf. Menschen, Tiere und Natur dürfen hierbei nicht geschädigt werden, Beeren und Pilze können gesammelt werden. Nur für Molte-Beeren gibt es in der Finnmark Einschränkungen. Dieses Jedermannsrecht nützt im Prinzip nicht allzuviel, es ist für Wanderer gedacht. Zusätzlich gilt für das Wohnmobil die Einschränkung wie für jedes Kraftfahrzeug, daß freies Gelände abseits der Straße nicht befahren werden darf. Der Sinn dieses Gesetzes ist natürlich der Schutz der wertvollen Erdkrume. Wo die nicht vorhanden ist, zum Beispiel auf einem Felsplateau, wird Sie sicher auch abseits der Straße niemand vertreiben.

Ganz besonders wichtig ist in Norwegen auch der Respekt vor dem Privateigentum, das fast immer irgendwie als solches gekennzeichnet wird. Dazu genügt ein Stein inmitten einer Zufahrt, eine dünne Schnur oder auch nur ein kleines Schild »Privat«. Jedermann achtet diese Zeichen und erwartet ganz selbstverständlich

das gleiche von Ihnen. Natürlich kann das auch nerven, zum Beispiel wenn die Zufahrt zu einer schönen Sandbank am Fluß solcherart versperrt wurde. Wollen Sie auf Privatgrund Ihr Wohnmobil aufstellen, müssen Sie in jedem Fall die Erlaubnis des Besitzers einholen. Die wird nicht immer, aber häufig gewährt. Ein Tip: Fragen Sie sehr höflich und nehmen Sie Ihre Frau bei der Anfrage mit. So heikel Privatbesitz ist, so liberal ist Norwegen bei öffentlichem Eigentum. Kaum irgendwo gibt es Beschränkungen, nur selten finden Sie das Schild »Camping verboten«. Das heißt, daß Ihnen fast alle der vielen, oft schönen, öffentlichen Parkplätze zum Übernachten zur Verfügung stehen, daß Sie an einsamen Seen und in tiefen Wäldern ungestört die Nacht verbringen können. In den Routenbeschreibungen habe ich immer wieder darauf hingewiesen, wo Sie solche Plätze finden werden.
Für die Praxis einige allgemeine Erfahrungen:

Schöne Plätze sind häufig an den Übergängen zwischen den Fjorden oder in den Hochtälern der Bergstraßen zu finden. Diese Gebiete sind oft von unglaublicher Wildnis geprägt, einem Gemisch aus Seen und Wald. An den Fjorden ist wegen der Enge kaum ein schönes Plätzchen zu finden, gute Chancen hingegen bieten sich, sollten Teile einer früheren Straße vorhanden sein. Auf den alten Trassen finden Sie manchmal richtige Traumplätze, die neuen Straßen verschwinden oft in Tunnels oder hinter Felswänden. – Unbeschilderte Nebenwege führen meist zu Privateigentum, bringen also nichts. An alten, aufgegebenen Brygge-Häusern oder auch an aufgelassenen Fähranlegern findet sich mitunter ein überraschend schöner und ungewöhnlicher Standplatz. In landwirtschaftlich genutzten Gebieten dagegen ist der Boden zu wertvoll, um Platz für müde Wohnmobilisten zu lassen. Gekennzeichnete Badeplätze sind üblicherweise wirklich nur Badeplätze und nicht heimliche Standorte für Wohnmobile.

Abseits der wenigen großen Durchgangstraßen erlischt der Verkehr während der Nacht fast völlig. Auf einem schönen Parkplatz kann man dann durchaus in Ruhe übernachten, denn wenn ein Parkplatz nicht ausdrücklich mit Campingverbot gekennzeichnet ist, dürfen Sie immer eine Nacht darauf verbringen.

Feuer:
Zwischen 15. April und 15. September darf in freier Natur kein offenes Feuer entfacht werden. Sinn dieser Vorschrift ist die Vermeidung von Wald- oder Glimmbränden, die durch unsachgemäße Handhabung entstehen können. Das ist einsichtig. Aber wo beginnt oder endet die freie Natur? Entlang von Wanderwegen gibt es immer wieder Feuerstellen, an denen Norweger seelenruhig ihren Kaffee kochen. Darf man hier oder darf man hier nicht? Ich würde sagen: Lassen Sie es im Zweifelsfall bleiben, es sei denn Sie haben einen Norweger als Begleiter und er meint, Sie dürfen. Falls Sie Ihren Fisch braten oder einfach nur vor den Flammen sitzen wollen, weichen Sie auf einen Campingplatz aus. Hier werden Sie wohl immer eine Feuerstelle finden und hier dürfen Sie in jedem Fall.

Frischwasser:
Dieses Thema ist kaum der Rede wert. Im Land des vielen Wassers finden Sie an je-

der Tankstelle einen Schlauch, aus dem Sie Ihr Wohnmobil mit Trinkwasser kostenlos versorgen können.

Gasversorgung:
Norwegen verfügt über ein dichtes Netz von Versorgungsstationen für Flaschengas.
Das hilft aber nur dem, der sich eine norwegische Gasflasche besorgt und mittels
Euro-Adapter an das bordeigene Gasnetz angeschlossen hat. Die Flasche kann man
am Ende der Reise wieder zurückgeben, ein Teil der Anschaffungskosten wird rück-
erstattet. Den Euro-Adapter gibt es im Zubehörhandel.
    Über die Füllung von ausländischen Gasflaschen mit Propangas gibt es verwir-
rende Informationen. In einem Flugblatt wurde sogar behauptet, es gebe nur drei
Unternehmen im ganzen Land, die ausländische Flaschen füllen dürfen, der Kunde
müsse seinen Reisepaß vorweisen und Ähnliches mehr. Die Praxis sieht anders aus:
Diejenigen Stellen, die norwegische Flaschen füllen, können auch bei ausländischen
Flaschen den Gasvorrat ergänzen. Diese Unternehmen haben verschiedene Adap-
ter auf Lager, mit denen sie die unterschiedlichen Anschlüsse ausgleichen. Gasfüll-
anlagen gibt es freilich nur in größeren Städten. Tip: Zur Gasfüllung rechtzeitig eine
der Städte Oslo, Bergen, Stavanger, Trondheim oder Kristiansand ansteuern. Die
Touristen-Information gibt Ihnen die genaue Adresse und klärt im Zweifelsfall tele-
fonisch die Liefermöglichkeit. Richtwert: Fünf Kilogramm Propangas kosteten in
Bergen 122 NKR. Wer die blauen Flaschen von Camping-Gaz-International verwendet, wird besser versorgt; im Sommer lassen sich in allen größeren Orten und an
manchen Campingplätzen die Flaschen umtauschen. Auch hier empfiehlt sich ein
Besuch bei der Touristen-Information, die mit genauen Adressen und einem Plan
weiterhilft.

Innernorwegische Fähren:
Im Land der Fjorde ist kaum eine Reise möglich, die nicht irgendwann, meist sogar
öfter, auf eine Autofähre zwingt. Auch hierbei denken die Norweger praktisch. Nirgends werden Sie so diszipliniert und problemlos mit Ihrem Wohnmobil über ein Gewässer transportiert.
    Die Reservierung einer Überfahrt ist fast nirgendwo möglich. Es gilt das Prinzip
der Reihenfolge nach Ankunft. Die Parkreihen sind häufig mit Nummern markiert.
In diesen Reihen stellt sich ein Fahrzeug nach dem anderen auf und in genau der gleichen Reihenfolge werden die Autos aufs Schiff gewunken. Fertig. Kleine Ausnahmen
macht das Personal nur, wenn dadurch der Laderaum besser genützt werden kann.
Zu diesem Zweck werden bei größeren Fähren auch manchmal Personenwagen,
Wohnmobile und Lastwagen in getrennten Spuren eingereiht. Alles ist ganz eindeutig beschildert, es gibt kein Gedränge, kein Hineinschwindeln, kein Geschrei. In 99,5
Prozent der Überfahrten fahren Sie gerade auf die Fähre und gerade wieder heraus.
Nur bei Fähren mit Dreieckkurs kann es vorkommen, daß Sie ausnahmsweise rück-
wärts einfahren müssen. Wenn ich da an manche südeuropäische Fähre denke.......
    An großen Fähren der Hauptstraßen bezahlen Sie an einer Kasse an der Einfahrt
zum Warteplatz. Sonst kommt der Kassier zur Warteschlange oder, besonders bei

16

kleinen Fähren, erst am Schiff während der Überfahrt. Nie müssen Sie irgendwo aussteigen und sich eine versteckte Kasse suchen. Zur Einfahrt aufs Schiff sollten Sie immer erst auf ein Zeichen des Personals warten. Die Herren arbeiten nicht hektisch, vordrängeln nützt gar nichts und gilt nur als grobe Unhöflichkeit. Auf dem Schiff wird Ihnen immer Ihr Platz zugewiesen. Die Fähren verkehren nach Fahrplan und sind in aller Regel pünktlich. Die Kapazität der Schiffe ist fast immer ausreichend um alle Wartenden aufzunehmen. Sollten Sie einmal ausnahmsweise bei einer Abfahrt nicht dabei sein, ist die Wartezeit bis zur nächsten Fähre normalerweise kurz. Die Fährengrößen und die Zahl der Abfahrten entsprechen natürlich dem durchschnittlichen Verkehrsaufkommen. Das bedeutet, daß Fähren an Nebenstraßen mitunter recht selten verkehren. Es lohnt daher, den Fahrplan zu kennen. Fährenpläne für ein bestimmtes Gebiet gibt es in den Touristen-Informationen. An den Fähranlegern sind die Zeiten natürlich auch ausgehängt, das nützt freilich nichts, wenn Sie gerade noch das Heck der abfahrenden Fähre sehen und die nächste erst nach Stunden erscheint. Ein bißchen rechtzeitige Planung kann also viel Zeit sparen helfen. Die großen Hauptstraßen werden meist ununterbrochen bedient, manchmal auch in der Nacht. Hier ist die Zeitplanung nicht so wichtig. Durch den umfangreichen Straßenbau der letzten Jahre sind einige Fähren eingestellt oder verlegt worden. Wenn Sie nicht Überraschungen erleben wollen, sollten Straßenkarte und Fährenplan möglichst neu sein. Manche Fähren sind auch durch Brücken oder Unterwassertunnels ersetzt worden. Häufig ist dann statt des Fährpreises Maut fällig.

Und nun zu einer wichtigen Frage: Was kosten die Fähren eigentlich? Keine Regel ohne Ausnahme, aber fast immer richtet sich der Fahrpreis nach zwei Kriterien: Dauer der Überfahrt und Länge des Fahrzeugs. Für die Dauer der Überfahrt gibt es eine Zoneneinteilung, die im ganzen Land verwendet wird. Die Zonen reichen von 1 bis 113. Innerhalb einer Zone ist dann der Preis nach Fahrzeuglänge gestaffelt. Für die Preisberechnung ist wichtig, daß der Fahrer immer im Preis für das Fahrzeug enthalten ist. Nur für jede zusätzliche Person muß extra bezahlt werden.

Wie das gemeint und wie einfach die Berechnung ist, sei an ein paar Beispielen gezeigt. Preise in NKR.

Zone	Wohnmobil incl. Fahrer			Person zusätzlich	Zone	Wohnmobil incl. Fahrer			Person zusätzlich
	bis 6 m	bis 7 m	bis 8 m			bis 6 m	bis 7 m	bis 8 m	
3	58,-	76,-	92,-	14,-	20	143,-	186,-	230,-	26,-
6	72,-	95,-	116,-	16,-	43	260,-	335,-	415,-	46,-

Ein Wohnmobil bis sieben Meter Länge, allein mit dem Fahrer, kostet demnach für Zone drei 76 NKR. Ein Wohnmobil bis acht Meter mit einem Beifahrer in Zone zwanzig: 256 NKR. Diese Preise stammen noch aus dem Jahr 1992 und sollten nur als Beispiel zur Berechnung dienen. Für die aktuellen Zonenpreise gibt es beim norwegischen Fremdenverkehrsamt in Hamburg kostenlos die Broschüre »Rutehefte«, also Fahrpläne. Hierin sind alle innernorwegischen Verkehrsmittel, also auch Bus, Flugzeug und Eisenbahn, angeführt. Bei den Fähren sind die Fahrpläne häufig nicht angegeben, wohl aber die Zone, die Dauer der Überfahrt und, wichtig, die Anzahl der Abfahrten jeden Tag. Bei den Routenbeschreibungen habe ich stets die Zone der vorkommenden Fähren erwähnt. Sie können zur Kalkulation Ihrer Reise den Preis aus dem »Rutehefte« entnehmen. Pro Jahr sollten Sie mit einer Teuerung von drei bis fünf Prozent rechnen. Das »Rutehefte« ist nicht ganz perfekt. Einige wenige Fähren sind nicht enthalten, manchmal fehlt eine Angabe. Für eine ziemlich genaue Reiseplanung reicht es allemal.

Noch ein Tip: Schreiben Sie auf ein Stück Papier groß und deutlich die Länge Ihres Fahrzeuges und halten Sie diese Angabe dem Kassier immer vor die Nase. Besonders wichtig ist das, wenn Ihr Wohnmobil knapp unter einer vollen Metergrenze liegt, zum Beispiel also 6,95 Meter lang ist. Sie werden sonst vom Kassier geschätzt und der nimmt gerne eine größere Länge zu seiner Sicherheit an. Auf die Frage nach der Anzahl der Passagiere geben Sie immer nur die Anzahl der Mitfahrer an, getrennt in Erwachsene und Kinder bis 15 Jahre. Für den Fahrer muß nicht bezahlt werden, ebensowenig wie für Kinder unter fünf Jahren.

Haustiere:
Für Tierbesitzer und Tierfreunde ist dieses Kapitel in ganz Skandinavien ein ewiges Ärgernis. Schlicht und einfach: Sie können kein Haustier mitnehmen.

Skandinavien ist bisher angeblich frei von Tollwut. Das haben die Länder zum Anlaß genommen, um äußerst rigorose Einfuhrbestimmungen zu erlassen. Alle Impfungen dieser Welt helfen nicht. Für eine legale Einfuhr muß jedes Haustier vier Monate in Quarantäne!

Ganz dringend muß vor einem Schmuggelversuch gewarnt werden. Ein Ausländer mit Haustier fällt im ganzen Land auf und muß jederzeit mit Kontrolle rechnen. Verständnis von Seite der Norweger dürfen Sie in diesem Fall nicht erwarten. Ihr Haustier wird wahrscheinlich sofort eingeschläfert, Sie selbst bezahlen eine gewaltige Strafe.

Kraftstoffpreise:
Einen nicht unbeträchtlichen Anteil des Reisebudgets verschlingen die Kosten für den Treibstoff. Besonders auf einer großen Reise, zum Beispiel nach Nord-Norwegen, schlagen die Preise kräftig zu Buche. Gleich vorweg: In Norwegen sind die Preise für Diesel stark subventioniert. Mit einem Dieselmotor fahren Sie also günstig. Wenn Sie über Schweden anreisen, versuchen Sie dort so wenig wie möglich zu tanken. Diesel ist in Schweden wesentlich teurer. Die Treibstoffpreise sind in Norwegen nicht an jeder Tankstelle gleich. Schwankungen von 0,15 NKR nach oben und unten sind leicht möglich. Die Versorgung mit bleifreiem Benzin ist flächendeckend überall gewährleistet. Das Tankstellennetz ist sehr dicht. Nur im hohen Norden, wenn die Orte weit auseinanderliegen und bei manchen Bergstrecken kann es größere Entfernungen geben. In der Routenbeschreibung habe ich in diesem Fall darauf hingewiesen.

Die Öffnungszeiten der Tankstellen sind lang. In den größeren Städten finden sich oft Zapfsäulen, die rund um die Uhr bedient werden. In der Frühe öffnen die meisten ansonsten um acht Uhr und schließen um 21 Uhr. Die Öffnungszeiten sind stets angeschrieben, auch sehen Sie schon von Weitem, ob die Station offen hält. An fast allen Tankstellen ist ein Verkaufsraum vorhanden, der viele wichtige Lebensmittel und Getränke bereithält. Das ist praktisch, falls an den Vorräten außerhalb der normalen Geschäftszeiten noch etwas ergänzt werden muß. Norwegen leistet sich den Luxus von vier verschiedenen Benzinsorten, die an größeren Stationen angeboten werden: Es sind Durchschnittspreise von 1993 angegeben.

Normalbenzin, niedrig verbleit, 97 Oktan	8,30 NKR	Super plus, bleifrei, 98 Oktan	8,05 NKR
Normalbenzin, verbleit, 98 Oktan	8,55 NKR	Diesel	3,35 NKR
Superbenzin, bleifrei, 95 Oktan	7,70 NKR		

Pannenhilfe:
Der norwegische Automobilklub NAF unterhält wie die einheimischen Klubs einen Pannendienst. Unter der Telefonnummer 22 34 16 00 (keine Vorwahl!) wird von der Alarmzentrale in Oslo rund um die Uhr geholfen. Die Mitarbeiter sprechen deutsch. Bei einem Anruf sollten Sie Ihre Mitgliedskarte bereithalten.
    Der Abschluß eines Auslandsschutzbriefes ist sehr zu empfehlen.

Persönliche Sicherheit:
Dieses Thema ist in allen skandinavischen Ländern sowohl für Sie als auch für Ihr Wohnmobil sehr erfreulich. Die Kriminalität ist sehr gering und Sie können Ihr Fahrzeug nahezu überall unbesorgt abstellen und verlassen. Freilich sollten Sie die normalen Sicherheits-Vorkehrungen deswegen auch nicht vernachlässigen. Das Fahrzeug sollte nur abgesperrt verlassen werden. Wertgegenstände, wie Kameras oder Videorecorder, gehören einfach nicht ins Blickfeld. Auch beim freien Übernachten brauchen Sie keine Belästigung fürchten. Der Norweger ist besonders Ausländern gegenüber sehr zurückhaltend und wird Sie nur ansprechen, wenn Sie gegen eine Vorschrift verstoßen oder sein Privateigentum verletzen.
    Tip: Die gefährlichste Zeit in Norwegen ist die Nacht von Freitag auf Samstag. Nicht weil dann alle Gauner, die es natürlich auch gibt, Ihnen nachstellen: Freitagabend versuchen manche Jugendliche die Prohibition zu umgehen und lassen sich richtig vollaufen. Wenn sie dann auch noch ein Auto benützen, kann es vielleicht zu einer Begegnung der unerfreulichen Art kommen.

Umweltschutz:
Aktiver Umweltschutz wird in Norwegen leicht gemacht. Die Entsorgung von Toiletten und Abwässern ist überall möglich, wir haben schon darüber gesprochen. Auch auf entlegenen Parkplätzen sind Abfallbehälter aufgestellt, die regelmäßig

entleert werden. Sogar an den großen Durchgangstraßen sind alle Toiletten immer blitzblank. Sie brauchen alle diese Einrichtungen nur zu nutzen und sauber zu hinterlassen. Wer darüberhinaus auch das Verbot des Befahrens von freiem Gelände respektiert, hat im Gastland eigentlich alles getan, was ein Tourist zum Erhalt der Umwelt in Norwegen beitragen kann. Ein paar Bemerkungen und Hintergrundinformationen erlaube ich mir im Kapitel »Norwegen von A bis Z«.

Verkehr:
Die Verkehrsregeln in Norwegen entsprechen fast zur Gänze unseren eigenen. Die Anwendung und Gewohnheiten weichen aber von mitteleuropäischen Bräuchen oft sehr stark ab. Der Gast sollte sich das stets vor Augen halten.

Voraus eine Warnung: Der Norweger ist sehr gesetzestreu und erwartet ganz selbstverständlich, daß der Besucher ebenso handelt. Mit einem Ausländerbonus sollten Sie daher nicht rechnen. Die Strafen bei Verstößen sind drakonisch und werden korrekt, aber unnachsichtig vollzogen. Können oder wollen Sie nicht zahlen, kann Ihr Fahrzeug als Sicherstellung bis zur Klärung der Angelegenheit sofort eingezogen werden. Norweger denken praktisch. Ein besonders heikles Kapitel, wie könnte es anders sein, ist der Alkohol. Die erlaubte Höchstgrenze beträgt 0,5 Promille. Über dieser Höchstgrenze ist der Führerschein weg, bei einem Unfall wandern Sie ins Gefängnis. Die Strafhöhe beträgt eineinhalb Brutto-Jahreseinkommen. Über 1,5 Promille wandern Sie in jedem Fall unbedingt in den Knast.

In ganz Skandinavien muß Tag und Nacht mit Licht gefahren werden. Denken Sie nicht über den Sinn dieser Vorschrift im hellen Sonnenschein nach, versuchen Sie das Einschalten der Scheinwerfer niemals zu vergessen. Das Bußgeld fürs Vergessen beträgt 400,-NKR, außerdem besteht auf den Vordersitzen Anschnallpflicht, auf den übrigen Sitzen nur bei vorhandenen Gurten.

Die zulässigen Geschwindigkeiten sind durch Schilder angezeigt, auch in den Orten. Ortstafeln fehlen häufig, Geschwindigkeitstafeln nie. Ohne Tafeln wäre in den Orten 50 km/h erlaubt. Auf Überlandstraßen dürfen Sie höchstens 80 km/h fahren, nur in Ausnahmefällen 90 km/h. Fixe Radarstationen sind gekennzeichnet. Zivilstreifen sind das nicht und gar nicht so selten unterwegs. Lassen Sie sich nicht davon täuschen, daß auf den Straßen nur selten Polizei zu sehen ist.

Die Geschwindigkeitsbeschränkungen werden für unsere Begriffe unglaublich genau eingehalten. Das ist sicher auf die hohen Strafen, wahrscheinlich aber auch auf die Gesetzestreue aus Prinzip zurückzuführen. Ein Norweger erklärte mir einmal: »Wissen Sie, wir haben mit unseren Regierungen meist recht gute Erfahrungen gemacht. Solange das so bleibt, befolgen wir auch die Gesetze«. Ein Beispiel aus dem Bußgeldkatalog: 70 km/h statt 50 km/h kosten 2000 NKR. Vorsicht ist auch innerhalb geschlossener Ortschaften auf vermeintlichen Vorfahrtsstraßen geboten. Auch den großen Durchgangstraßen wird bei Ortsbeginn das Vorrecht entzogen und dann herrscht unerbittlich rechts vor links. Die Einheimischen denken gar nicht daran, den Durchgangsverkehr bevorzugt passieren zu lassen und fahren selbstverständlich von rechts auf Ihre Fahrbahn. Vorfahrt innerorts haben Sie nur, wenn dies ausdrücklich durch Tafeln angezeigt wird. Sehr häufig wird im Kreisverkehr gefah-

20

ren. Das ist ein wenig gewöhnungsbedürftig, funktioniert aber recht gut. Der Kreisverkehr hat immer Vorrang, sind Sie einmal drinnen, haben alle anderen Richtungen Ihnen gegenüber Wartepflicht.

Fußgänger haben nach unseren Begriffen »Narrenfreiheit«. Die meisten benützen die markierten Übergänge, aber in jedem Fall wird der Fahrer auch des größten Lkw sofort stehenbleiben, wenn ein Fußgänger nur irgendwo die Fahrbahn scheint überqueren zu wollen. Hier ist Vorsicht angebracht, sowohl dem Fußgänger gegenüber, der sein Recht einfordert, als auch gegenüber dem Vordermann, der recht unvermutet in dichtem Verkehr stehen bleiben kann. Eine eigene Zunft sind die Lastwagenfahrer. Die halten sich auch an die Geschwindigkeitsbegrenzungen, es ist aber ein Unterschied, ob auf einer engen Fjordstraße ein Pkw oder ein Lkw samt Anhänger mit 80 km/h entgegenkommen. So zaghaft viele Lenker von Personenwagen unterwegs sind, so forsch donnern die Brummis durch das Land. Fast durchwegs sind sie Meister am Lenkrad, oft trennen sie nur Millimeter von Straßenrändern und Felsen. Dem Normalfahrer bleibt manchmal fast das Herz stehen. Der Lkw-Verkehr hat allerdings noch lange nicht mitteleuropäische Dimensionen angenommen, er findet in größerem Umfang nur auf den großen Durchgangstraßen statt. Norwegen holt aber von Jahr zu Jahr auf. Es gibt in Norwegen kein Fahrverbot für LKW an Sonntagen. Da am Wochenende in Norwegen aber fast alles ruht, sind LKWs Samstag und Sonntag selten.

In Norwegen ist die Orientierung auf den Straßen nach den Straßennummern leicht. Vom Vorwegweiser bis zur eigentlichen Abzweigung ist alles sehr klar beschildert. In den Routenbeschreibungen habe ich daher auch immer die Straßennummern angegeben. Wichtig ist zu wissen, daß viele Straßennummern im Jahr 1992 geändert wurden. Achten Sie beim Kauf einer Straßenkarte, ob die neuen Nummern verwendet werden. Das steht auf der Karte sicher vermerkt, seien Sie mißtrauisch, wenn der Vermerk fehlt und nur der Verkäufer dies behauptet. Norwegen hat in den letzten Jahren riesige Summen in den Bau neuer Straßen investiert und tut das auch noch weiterhin. Die Folge können Behinderungen durch Baustellen sein, es kann aber auch passieren, daß Sie plötzlich auf ein Straßenstück gewiesen werden, das in Ihrer Karte noch gar nicht eingezeichnet ist. Als Folge des Straßenbaus wurden manche Fähren eingestellt, andere verlegt. Überraschungen sind also nicht auszuschließen. An schmalen Straßen finden Sie manchmal Stellen mit »M« gekennzeichnet. Das bedeutet nur »Möteplass«, zu deutsch: Ausweichstelle. Auch den Begriff »Snuplassen« werden Sie im Straßenverkehr finden. Hier ist ein Umkehrplatz gekennzeichnet, der unbedingt frei gehalten werden muß und an dem natürlich Halteverbot gilt.

Zoll:
Der norwegische Zoll ist, außer natürlich bei Rauschgift, nur bei zwei Dingen kleinlich: Tabakwaren und ganz besonders Alkohol. Diese Genußmittel sind im Land hoch versteuert und damit sehr teuer. Entsprechend streng sind die Bestimmungen für die Einfuhr.

Alkoholische Getränke dürfen nur Personen einführen, die älter als 20 Jahre sind. Dann sind erlaubt: ein Liter Spirituosen, ein Liter Wein und zwei Liter Bier. Oder:

zwei Liter Wein und zwei Liter Bier. Tabakwaren werden ab einem Alter von 16 Jahren gestattet, erlaubt sind 200 Zigaretten, 50 Zigarren und 250 Gramm Tabak. Rohes Fleisch, Pflanzen, Eier und Kartoffeln dürfen auch nicht eingeführt werden. An Fleischkonserven sind fünf Kilogramm je Kopf zulässig.

Natürlich ist bekannt, daß die Kontrollen am Zoll in Skandinavien sehr locker gehandhabt werden. In den meisten Fällen wird an der Grenze gar niemand kontrollieren. Falls Sie doch erwischt werden, sind die Strafen allerdings gewaltig. Ihr Fahrzeug darf auch noch nach der Grenze überprüft werden. Können oder wollen Sie nicht zahlen, darf das Fahrzeug wie bei Verkehrsdelikten zur Sicherstellung vorübergehend eingezogen werden.

Norwegen von A bis Z

Jedes Land und seine Bewohner sind verschieden. Das ist gut so, wo bliebe ansonsten der Reiz des Reisens? Gerade in kleinen Ländern gehen die Uhren manchmal anders. Norwegen macht dabei keine Ausnahme. Die folgenden alphabetischen Anmerkungen sind natürlich mit den Augen eines Mitteleuropäers gesehen und individuell. Ich erhebe weder Anspruch auf Vollständigkeit noch objektiver Wahrheit.

Alkohol:
In Norwegen wird, wie im übrigen Skandinavien, der Alkoholausschank vom Staat streng kontrolliert und sehr hoch besteuert. Das erklärte Ziel lautet, den Alkoholkonsum möglichst einzuschränken. Daraus haben sich, nicht zuletzt unter dem Einfluß der lutherischen Staatskirche, einige Besonderheiten herausgebildet. Generell gilt das Verbot, Alkohol in der Öffentlichkeit zu konsumieren. Sie dürfen also keineswegs Ihr Bier am Rastplatz auf einer öffentlichen Bank trinken. Das kann hohe Strafen kosten. Die Jugend zieht daraus häufig die Konsequenz, nicht in jeder Cola-Flasche, die in der Öffentlichkeit getrunken wird, befindet sich das braune Getränk. Jedes Lokal, das Alkohol vielleicht im Freien ausschenken möchte, braucht dafür eine eigene Lizenz.

Bier ist in vier Klassen von Null bis drei unterteilt. Der Unterschied besteht im Alkoholgehalt mit den Grenzen 0,7%, 2,5%, 4,75% und 7,0%. Im Supermarkt werden Sie stets Bier der Klassen Null und eins finden, in manchen Gemeinden noch der Klasse zwei. Ist Bier der Klasse zwei nicht vorhanden, gibt es eigene Biergeschäfte, sogenannte »Ølutsalg«. Øl ist das norwegische Wort für Bier. Bier der Klasse drei sowie alle Spirituosen wie Wein, Sekt und Schnaps gibt es ausschließlich in staatlichen Geschäften, den »Vinmonopolet« zu kaufen. Diese Geschäfte gibt es nur in größeren Orten.

Ein paar Preisbeispiele aus dem Vinmonopolet gefällig?
(Preise in NKR)

Bier, Klasse 3, 0,35 l	18,20	Französischer Cognac, Flasche	391,- bis 958,-
Bordeaux-Wein, 0,7 l	114,- bis 812,-		
Deutscher Weißwein, Flasche	90,- bis 151,-	Schottischer Whisky, Flasche	356,- bis 763,-
Französischer Sekt, Flasche	318,- bis 587,-		

Die staatliche und kirchliche Alkoholpolitik führten dazu, daß Norweger ein verkrampftes Verhältnis zum Alkohol bekamen. Offiziell wird der Alkohol verteufelt, da Verbotenes aber immer lockt, blühen die Schwarzbrennereien im Verborgenen.

Ein Glas Bier zum Mittagessen rückt Sie in die Nähe der Trunksucht, ein komaähnlicher Vollrausch am Freitagabend, verborgen vor der Öffentlichkeit im Kellerstübchen, ist eine heroische Wikingerleistung. Alkoholausschank in der Öffentlichkeit ist, wie gesagt, stets an eine staatliche Lizenz gebunden. Gute Restaurants haben meist alle Lizenzen, das heißt, Sie bekommen zum Essen auf Wunsch auch Wein oder einen Schnaps. Wenn Sie nur ein Glas Wein wünschen, kann es Ihnen passieren, daß Speisepflicht besteht. Sie müssen dann zumindest ein Brötchen zum Getränk bestellen. In Cafeterias werden Sie meist ein Glas Bier zum Essen erhalten, an den Kiosken gibt es nur alkoholfreie Getränke.

Fazit: Im Freien wird kein Alkohol genossen. Im Gasthaus darf zum Essen ein wenig getrunken werden. Im Wohnmobil am abendlichen Standplatz können Sie sich einen Schlummertrunk genehmigen. Aber bitte vergessen Sie nie, es gilt ganz streng die 0,5 Promille-Grenze.

Angeln:

Im Land der Fjorde, Flüsse und Seen schlägt natürlich das Herz jedes Fischers höher. Auch Touristen können wunderbar und erfolgreich ihrer Leidenschaft frönen. Ein passionierter Angler wird sich wahrscheinlich das Buch »Angeln in Norwegen« (siehe Literaturverzeichnis) besorgen. Hier sollen nur die wichtigsten gesetzlichen Bestimmungen erläutert werden.

Am einfachsten ist alles beim Fischen in Salzwasser, somit auch in den Fjorden: Mit Rute und Schnur darf jedermann vom Ufer oder Boot aus beliebig und kostenlos fischen. Darunter fallen auch die beliebten Angeltouren, die von allen größeren Orten an der Küste angeboten werden. Für das Mitfahren am Schiff ist freilich zu bezahlen, jede Touristen-Information sagt, wann Fahrten veranstaltet werden und was sie kosten. Natürlich können Sie auch ein Boot mieten und Ihr Glück auf eigene Faust versuchen.

Keine Regel ohne Ausnahme: an Fjordenden, in die Lachsflüsse münden, kann es gewisse Verbotszonen auch im Salzwasser geben. Auch hierüber weiß die Touristen-Information Bescheid.

Für das Angeln in Süßwasser muß zuerst eine staatliche Abgabe bezahlt werden. Die kostet (Stand 1993) derzeit 90 NKR, wenn Sie auf Lachs und Meerforelle auswerfen wollen 160 NKR. Diese Abgaben gelten für ein Jahr und das ganze Staatsgebiet. Mit leichten Preiserhöhungen ist jährlich zu rechnen. Die staatliche Abgabe ist Voraussetzung für den Erwerb einer örtlichen Angelerlaubnis und ist in jedem Postamt erhältlich.

Die örtliche Angelkarte »Fiskekort« gilt nur im jeweiligen Revier. Die Fischereirechte können privat oder staatlich sein. Das macht für Sie keinen Unterschied, Preisunterschiede zwischen Norwegern oder Nicht-Norwegern sind möglich. Die Fiskekort gibt es in den Tourist-Informationen, Sportgeschäften, an Campingplätzen oder auch beim Fischereiberechtigten. Auf der Fiskekort sind alle Beschränkungen wie Mindestgrößen, Schonzeiten, Desinfektions-Vorschriften oder verbotene Fangmethoden angegeben. Es werden üblicherweise Tages-, Wochen-, Monats-oder Jahreskarten verkauft. Der König der Fische ist natürlich der Lachs, der in 240 Flüssen gefischt werden kann. In den meisten Gewässern wird nur eine beschränkte Anzahl von Karten ausgegeben, es können in guten Gewässern auch bei Tageskarten durchaus Wartelisten entstehen. Die Preise für Tageskarten schwanken enorm, das kann für 24 Stunden zwischen 40 NKR und 450 NKR betragen. Für manche Lachsflüsse sind überhaupt keine Karten zu bekommen. Lachs darf vom 1. Juni bis zum 1. September gefischt werden. Im Meer beginnt die Schonzeit schon am 5. August.

Auch Norwegen ist von Fischparasiten und Schädlingen nicht verschont geblieben. Zum Schutz vor Übertragung wurden eine Reihe von Vorschriften erlassen. Die betreffen unter anderem die Desinfektion des Angelzeugs sowie das Verbot, Wasser von einem Gewässer in das andere zu bringen. Ein Beachten dieser Regelungen wird selbstverständlich erwartet, Verstöße können teuer werden.

Dörfer:
sind fast immer weit auseinandergezogene Streusiedlungen. Das individuelle Platzbedürfnis ist groß, das Ortszentrum nicht immer sofort zu erkennen. Meist werden es der Supermarkt oder die Tankstelle sein. Auch Kirchen stehen häufig nicht »im Dorf«. Sie wurden oft außerhalb an alten, heidnischen Plätzen errichtet.

Gastronomie:
Die Gastronomie gliedert sich im wesentlichen in drei Bereiche. Spitzenreiter sind die Restaurants. Hier ist die Qualität der Speisen meist ausgezeichnet, immer häufiger werden Sie norwegische Gerichte auf den Speisekarten finden. Die verlangten Preise sind allerdings meist enorm.

Die zweite Stufe stellen die Cafeterias und »Gatekjökken« dar. Cafeterias sind keineswes Kaffeehäuser in gewohntem Sinn. Es handelt sich um Selbstbedienungsrestaurants, die einige Speise fertig anbieten, ein paar Speisen oft auf Bestellung zubereiten. Die Qualität kann sehr stark schwanken. Der Preis ist wesentlich günstiger als in Restaurants, sagt über die Qualität aber leider gar nichts aus. Hier gilt es vorsichtig zu prüfen. Gatekjökken sind Stehkneipen, an denen frische Speisen verabreicht werden. Die Qualität kann hier auch zwischen erstklassig und gekochtem Leder schwanken.

Überall im Lande finden sich Kioske, sozusagen die unterste Stufe der Gastronomie. Belegte Brote gibt es hier oft in recht guter Qualität, viele bieten die berühmten »Pölser« an, nichts anderes als ein meist gegrilltes Würstchen. Der Kiosk dient der Bekämpfung des Hungers auf halbwegs preiswerte Weise, mit Eßkultur hat er in der Regel nichts zu tun. Einen geöffneten Kiosk finden Sie fast überall und auch an Sonntagen. Die meisten Tankstellen ergänzen ihr Angebot mit Kioskwaren.

Um einheimische Eßkultur zu fördern, wurde der Verband »Det Norske Kjökken« gegründet. In den Mitgliedsbetrieben werden Sie immer einige norwegische Gerichte finden. Es gibt eine mehrsprachige Broschüre, in der alle Mitglieder des Landes, geordnet nach Bezirken, aufgeführt sind. Die Broschüre erhalten Sie kostenlos in den meisten Touristen-Informationen.

In einem guten Restaurant müssen Sie für eine Mahlzeit mindestens 180 NKR pro Person veranschlagen. Ein Glas Bier schlägt zusätzlich mit 40 bis 60 NKR zu Buche. Die Qualität ist in aller Regel ausgezeichnet. Speisekarten hängen neben dem Eingang aus, Sie wissen also im Voraus was Sie erwartet. Selbstbedienungsessen in einer Cafeteria kostet ab 80 NKR je Portion. Die Qualität ist hier oft nur auf Sättigung ausgelegt und hat internationalen Fast-Food Standart. Es gibt aber Ausnahmen. Als Imbiß werden an den meisten Kiosken und Tankstellen warme »Pølser« angeboten. Die bestehen aus einer mittelgroßen Wurst und einem Brötchen (einer Semmel). Hierfür müssen Sie im Durchschnitt zwölf bis 15 NKR bezahlen.

Norwegisches Bier ist besser als sein Ruf und braucht eigentlich keinen Vergleich zu scheuen. Auch der berühmte Aquavit, ein Kartoffel- oder Kornbranntwein, ist zu empfehlen. Höchste Vorsicht ist bei Wein geboten. Wein muß zur Gänze importiert werden und ist für den Norweger ein exotisches Getränk. Auch halbwegs gute Sorten werden oft nur durch unsachgemäße Lagerung verdorben. Wenn Sie schon Wein trinken, bestehen Sie stets darauf zumindest die ungeöffnete Flasche zu sehen. Weinpantschen ist nicht unbekannt.

Geografie:
Norwegen heißt schlicht: Weg nach Norden. Das Land ist groß, 324.000 km², fast so groß wie das vereinigte Deutschland. Im ganzen Land leben aber nur 4,5 Millionen Menschen, was eine Besiedelungsdichte von unter 14 Einwohnern pro km² ergibt. Zum Vergleich: Deutschland ist mit zirka 224 Einwohnern je km² bevölkert. Wenn Sie bedenken, diese Bevölkerung ist in Norwegen auch noch viel ungleichmäßiger verteilt, dann müssen in dem Land einfach große, fast menschenleere Gebiete zu finden sein. Im Großraum Oslo leben zirka 20% der Bevölkerung. Durch die Industrialisierung besteht wie in den meisten Industrieländern ein starker Zustrom zu den Städten. Die Landflucht kann auch in Norwegen trotz hoher Subventionen nur gebremst, nicht aber gestoppt werden. Im Norden des Landes gibt es die Minderheiten der Kwänen (Finnen) mit 12 000 und der Samen (Lappen) mit 20 000 Angehörigen.

Das Land beginnt bei ungefähr 58° nördlicher Breite und reicht bis über 71° nach Norden hinauf. Das sind die Werte von Alaska, Südgrönland und Sibirien. Die Längenausdehnung ist mit 1750 Kilometern enorm, die Breite schwankt von maximal 430 Kilometern im Süden bis ganze sechs Kilometer am engsten Punkt in der Nähe von Narvik. Norwegen besitzt Grenzen zu Schweden (1619 km), Finnland (716 km) und Rußland (196 km). Das Land besteht fast zur Gänze aus sehr alten Gebirgen. Während der Eiszeit war alles sehr hoch mit Gletschern bedeckt. Es waren auch die Gletscher, die durch ihren Abfluß Richtung Meer die Fjorde aus dem Fels hobelten. Durch die Endmoränen schürften die Gletscher auch im Landesinneren tiefer, die Fjorde sind daher noch heute am Übergang zum Meer am seichtesten. Am Ende der Eiszeit schmolzen die Gletscher ab und die Fjorde füllten sich mit Wasser. Sie reichen bis 200 Kilometer ins Land und sind bis über 1000 Meter tief. Von der Gletscherlast befreit, hob sich das Land und hebt sich, wenn auch wenig, an manchen Stellen noch heute. Die Gletscher hoben nicht nur die Fjorde aus, sie schliffen auch die Berge rund. Nur an wenigen Stellen, in Jotunheimen und auf den Lofoten, sind alpine Formen entstanden. Die welligen, rundgeschliffenen Hochebenen über der Baumgrenze werden heute mit Fjell oder Vidda bezeichnet. Die höchsten Berge finden sich in Jotunheimen (Galdhöppingen 2469 m, Glittertind 2452 m) und am Dovre (Snöhetta 2286 m). Der längste Fluß ist die Glomma mit 587 Kilometern Länge. Norwegen besteht aus nicht weniger als 70,4% Gebirge, Inseln und Gletscher und 4,8% Flüsse und Seen. Wald deckt 21,3% des Bodens, nur 3,1% sind nutzbares Ackerland. Die guten Kulturflächen liegen auf marinen Ablagerungen in den Tiefländern bei Oslo, Trondheim und in Jæren. Der Rest des Bodens ist durch Städte und Dörfer verbaut. Dichte Fichten- und Kieferwälder wachsen im Süden bis 850 Meter Höhe, darüber beginnt das Reich der Birken, die bis 1200 Meter hinaufreichen. Ganz im Norden sinkt die Baumgrenze bis auf Meereshöhe. Die Hochflächen sind Tundra, vereinzelt gibt es die einzigen Permafrost-Böden Europas. Die Tierwelt im Süden entspricht der ursprünglichen Fauna Mitteleuropas: Rotwild und Damhirsche, dazu Elche als Großwild. Bär, Wolf, Luchs und Vielfraß sind äußerst selten geworden und praktisch nur mehr im hohen Norden anzutreffen.

Geschichte:
Böse Zungen behaupten, Norwegen sei ein Land ohne Geschichte. Das kommt natürlich auf den Blickwinkel an. Tatsache ist, daß das Land seit der Eiszeit durchgehend besiedelt war. Davon zeugen zahlreiche Felsbilder im ganzen Land, die sogenannten »Helleristninger«. Bis zum Ende des achten Jahrhunderts n. Chr. gibt es nur wenig Überliefertes aus dem Leben der Menschen. Der Kampf mit den Gewalten der Natur war zu hart, um Zeit und Geld für Prunk und Kultur zu erübrigen. Bis zu diesem Zeitpunkt hatten sich zahlreiche Kleinkönige und Adelsherrschaften sowie ein starker Erb-Bauernstand herausgebildet. Ab dem neunten Jahrhundert gab es Bestrebungen, das Land zu einen. Dies gelang erstmals Harald Schönhaar im Jahre 872. Seine Grabplatte ist im Monument Haraldshaugen in Haugesund eingefügt (Route zwei). Nach seinem Tod zerfiel das Reich wieder. Um die Jahrtausendwende tritt das kleine Volk der Wikinger (Nordmannen = Normannen wurden sie bei uns genannt) kräftig vor den Vorhang der Geschichte. Island und Grönland wurden besiedelt, für kurze Zeit sogar Teile von Nordamerika. Kolumbus dürfte sich nicht umsonst sehr für diese Fahrten interessiert haben. Mit ungeheurer Vitalität wurden Eroberungs- und Handelsfahrten nach Europa unternommen. Die Wikinger befuhren die Wolga und gründeten Nischnij Nowgorod und Kiew. Die Normandie in Frankreich trägt noch heute ihren Namen. Auch die Normannenherrschaft in Sizilien geht auf Wikinger zurück. Bei ihren Eroberungsfeldzügen gingen sie sicher nicht zimperlich zu Werke, das überlieferte Bild von der raubenden, schändenden und saufenden Horde ist aber sicher überzeichnet. Viele Fahrten dienten schlicht und einfach nur dem Handel. Das große Reich dürfte zuletzt an der doch zu geringen Zahl von Wikingern zerbrochen sein.

Das Christentum kam im elften und zwölften Jahrhundert nach Norwegen. Viele der erhaltenen Stabkirchen stammen aus jener Zeit. In Nidaros (Trondheim) entstand 1152 der erste Bischofssitz. Mit der Christianisierung ging auch die große Zeit der Wikinger langsam zu Ende. Um 1250 gelang es Haakon IV. Haakonson noch einmal, das Reich zu einen. Er führte das Erbkönigtum ein und festigte den Besitz von Island und Grönland. Die Hanse erhielt von ihm erste Privilegien. Nach ihm starb das Königshaus aus und die Pest um 1350 verschonte nur etwa 200 000 Norweger, nicht mehr als die Hälfte der gesamten Bevölkerung. Im Anschluß an diese Ereignisse gelang es Dänemark, die Herrschaft über Norwegen zu erlangen. Diese Herrschaft sollte fast 500 Jahre dauern. Die Reformation 1536 brachte keine Änderung für Norwegen, nur Dänemark festigte seine Position und die Hanse büßte an Bedeutung ein.

Erst um das Jahr 1800 erwachte in Norwegen ein Nationalbewußtsein. Im Zuge der napoleonischen Kriege setzte Dänemark sozusagen auf das falsche Pferd und mußte 1814 Norwegen an Schweden abtreten. Die Norweger handelten jetzt rasch. Sie verlangten die Unabhängigkeit und gaben sich am 17. Mai 1814 (Nationalfeiertag) in Eidsvoll eine eigene Verfassung. Die Unabhängigkeit erreichte das Land noch nicht, immerhin aber respektierte Schweden weitgehend die norwegische Verfassung.

Die Union mit Schweden brachte Norwegen einen bis dahin nie gekannten Aufschwung. Kristiania (Oslo) profitierte von seiner günstigen Lage und überholte Bergen an Größe und Bedeutung bei weitem. Der wirtschaftliche Erfolg gab Norwegen auch das Selbstbewußtsein, die Unabhängigkeit immer dringender einzufordern. Im Jahr 1905 war es dann endlich soweit. Unter großen Spannungen, aber weitgehend friedlich, erhielt Norwegen seine Souveränität. Das Storting, das Parlament, schlug entsprechend der Verfassung einen König vor und erwählte einen dänischen Prinzen. Das Volk bekundete seine Zustimmung in einer Volksabstimmung und der Däne bestieg als Haakon VII. den Thron. Im Ersten Weltkrieg blieb Norwegen neutral. Im Zweiten Weltkrieg wurde das Land im April 1940 durch deutsche Truppen besetzt, der König flüchtete ins Exil nach London. Der Schock der Besetzung dürfte mit ein Grund sein, weshalb Norwegen 1949 der NATO beitrat, allerdings mit dem Vorbehalt, keine ausländischen Militärstützpunkte zu dulden. Norwegen ist Gründungsmitglied der UNO und Mitglied des nordischen Rates. Der erste UNO-Generalsekretär wurde der Norweger Lie. Im Jahr 1957 starb König Haakon, sein Sohn Olav V. wurde bis zu seinem Tode 1991 Nachfolger. Seither regiert der dritte König Norwegens in der Neuzeit, Harald V.

Im Jahr 1960 trat Norwegen der europäischen Freihandelszone EFTA bei, lehnte aber in einer Volksabstimmung im Jahre 1972 einen Beitritt zur EG ab. Die nächste Volksabstimmung zu diesem Thema dürfte eine neuerliche Ablehnung bringen; Norwegen kann sich ein »nein« vielleicht leisten. Mit den ersten Ölfunden im Jahre 1969 begann für Norwegen der Weg zur Elite der technisierten Länder. Entsprechend der norwegischen Mentalität geschah dies ruhig, unspektakulär und konsequent.

Gleichberechtigung:
im Beruf ist kein Schlagwort. Bei uns sind Baggerfahrerinnen und Lkw-Chauffeusen doch recht selten, in Norwegen nicht.

Fotografieren:
Norwegen ist naturgemäß kein Land mit greller Sonne, obwohl es natürlich Ausnahmen an der Küste gibt. Im Normalfall genügt Filmmaterial durchschnittlicher oder

leicht erhöhter Empfindlichkeit. Damit sind 100 bis 200 ASA gemeint. Filmmaterial erhalten Sie in Norwegen ebenso leicht wie zu Hause. Der Unterschied liegt im Preis, der in Norwegen ganz erheblich teurer ist. Nehmen Sie daher genügend Filmmaterial von daheim mit, denn durch die Schönheit des Landes werden Sie wahrscheinlich viel mehr fotografieren als Sie normalerweise vorhaben!

Hytta:
Am Wochenende will der Norweger seinen Ort verlassen und sich auf eine Hütte zurückziehen. Jedem Norweger seine Hütte, am besten zwei, eine am Wasser, eine in den Bergen. Die Umgebung der Städte ist durch diesen Schrebergarten-Ersatz oft arg »verhüttelt«.

Kajak:
Für Kajakfahrer gibt es auf den vielen norwegischen Flüssen zahlreichlich Sportmöglichkeiten und alle Schwierigkeitsgrade. Warum nicht eine Reise mit diesem Sport kombinieren? Kajakfahrten in Norwegen sollte man schon zu Hause vorplanen. Sie vermeiden damit in dem großen Land vielleicht leere Kilometer. Die Anschrift von Norwegischen Kajak-Verband finden sich im Abschnitt »Wichtige Adressen«. Es gibt auch einen englischen Wildwasserführer.

Kanufahren und Paddeln:
Es gehört sicher zu den eindrucksvollsten Naturerlebnissen, im Boot leise über einen Waldsee zu gleiten oder die Angel auszuwerfen. Das wasser- und seenreiche Norwegen ist hierzu wie geschaffen. Wenn Sie ein Kanu oder Paddelboot besitzen, können Sie es ruhig mit auf die Reise nehmen. Anderseits gibt es fast an jedem Campingplatz in entsprechender Lage auch Boote zu leihen.

An der Küste sollten Sie ein Ruderboot nur mit allergrößter Vorsicht und nach Rückfrage bei Einheimischen verwenden. An der so reich gegliederten Küste entstehen durch Winde und Gezeiten oft Strömungen, die schon manchem zum Verhängnis wurden. Starke Gezeitenströme, die sogenannten Mahlströme, können auch häufig an Engstellen in den Fjorden auftreten.

Kartenmaterial und Literatur:
Zur Vorbereitung einer Norwegenreise sollte man schon zu Hause Kartenmaterial zu besorgen. Auch etwas Literatur ist zweckmäßig. Natürlich erhalten Sie Kartenmaterial in jeder norwegischen Buchhandlung. Sie müssen sich aber erst zur Geschäftszeit bis dorthin durchschlagen.

Zweckmäßig ist aufgrund der Landesgröße zunächst eine Übersichtskarte. Blätter im Maßstab von 1:1 000 000 bis 1:800 000 verschaffen schon einen recht guten Überblick. Wenn Sie mit der Übersichtskarte die Route grob festgelegt haben, sollten Sie unbedingt auch noch genauere Detailkarten erwerben. Der Verlag Kümmerly+Frey vertreibt in Lizenz die Karten der norwegischen Firma Cappelen. Norwegen ist darin auf fünf Blätter aufgeteilt, meistens im Maßstab 1:325 000, der Norden 1:400 000. Das reicht gut fürs Autofahren, natürlich nicht zum Wandern. Die wichtigsten Sehenswürdigkeiten sind auch vermerkt. Achten Sie bitte unbedingt darauf, daß die neuen, im Jahre 1992 eingeführten Straßennummern verwendet wurden. Das ist auf jeder Karte vermerkt, derzeit geistern in den Buchhandlungen Mitteleuropas noch alte Exemplare herum. Natürlich fehlt dann auch der letzte Stand im Straßenbau. Die neuen Nummern sind auch deswegen wichtig, da Sie sich in Norwegen überwiegend nach Straßennummern orientieren werden.

Sehr zweckmäßig ist natürlich ein Campingführer, der allerdings nie komplett sein kann. Je nachdem wie genaue Informationen Sie wünschen, können Sie den ADAC-Führer in einer Buchhandlung erwerben oder sich vom norwegischen Fremdenverkehrsamt in Hamburg kostenlos den »Norsk Camping Guide« und die Campingkarte des norwegischen Automobilklubs NAF zusenden lassen. In Wirklichkeit gibt es mehr Campingplätze als in allen Unterlagen angeführt wurden. Sehr nützlich ist auch das Verzeichnis »Camping und Wohnmobil-Tourismus«, in dem viele Entsorgungsstationen fürs Wohnmobil im ganzen Land angegeben sind. Es schadet keineswegs, daß es in Wirklichkeit schon mehr sind.

Norwegen bringt jährlich ein offizielles Reisehandbuch in deutscher Sprache auf den Markt. Außer jeder Menge Werbung finden Sie darin auch manche Anregung und eine Vielzahl von Stichworten, Telefonnummern und Informationen. Dieses Buch ist allerdings auf den »normalen« Tourismus mit Hotelübernachtung zugeschnitten und nicht für uns moderne Zigeuner im Wohnmobil. Manches ist dennoch brauchbar. Das Buch gibt es im Buchhandel und kostet DM 12,-.

Mit den genannten Unterlagen und diesem Buch können Sie fürs erste schon losfahren. Über Norwegen gibt es darüber hinaus noch eine Fülle von Reiseführern. Vielleicht haben Sie Spezial-Interessen und suchen ein politisches oder Kunstbuch. Bei der Auswahl kann Sie Ihre Buchhandlung sicher beraten. Zuletzt noch die Titel einiger Bücher für Aktivurlauber, erhältlich bei auf Skandinavien spezialisierte Buchhandlungen:

J.Berge, »Angeln in Norwegen«, Notrabooks, DM 39,80
G.Scheuble, »Wandern in Norwegen«, Scheuble & Baumgartner, DM 26,80
E.Welle-Strand, »Bergwandern in Norwegen«, Notrabooks, DM 23,80
N.Flakstad / L.Ongstad, »Elvepadling«, Wildwasserführer in Norwegisch und Englisch, DM 29,80
Mayr »Mountain-Bike-Touren: Wildes Norwegen«, Pietsch-Verlag, DM 39,–
Mayr »Erlebnis-Fernwandern: Norwegen«, Pietsch-Verlag, DM 42,–

Klima und Reisezeit:
Verglichen mit anderen Ländern gleicher Nordlage bietet Norwegen ein ausgesprochen mildes Klima, zumindest an der Küste. Dies verdankt es dem Golfstrom, dessen Wärme alle Häfen auch im Winter eisfrei hält. Am Ende der Fjorde der Westküste sind richtige Klima-Oasen entstanden, in denen sogar Obstbau möglich ist. Durch den Golfstrom fällt der Klimaunterschied zwischen dem Norden und dem Süden geringer aus als zwischen Küstenland und Hochflächen. An der Küste herrscht ein maritimes Klima mit milden, gemäßigten Wintern und mäßig warmen Sommern, also geringe Jahres-Temperaturschwankungen. Im Landesinneren dominiert

das Kontinentalklima mit sehr kalten Wintern und relativ warmen Sommern. Der Übergang von einer Klimazone zur anderen kann sich auf kürzeste Distanz vollziehen. Sie werden es bei Fahrten mit dem Wohnmobil sicher öfter erleben.

Norwegen liegt im Bereich der atlantischen Westwinde. Diese Luft kommt feucht und durch den Golfstrom erwärmt zum Festland und regnet hier zunächst an den ersten Bergen ab. Das ist die Begründung, warum es an der ganzen Westküste so viel und ausdauernd regnen kann. Zwischen Stavanger und Ålesund fallen durchschnittlich etwa 2000 mm Regen pro Jahr vom Himmel. Zum Vergleich: Oslo und Mitteleuropa erhalten etwa 600 mm Wasser. Hinter den ersten hohen Bergen gibt es dann Zonen mit ungewöhnlich wenig Niederschlag. Die Gegend um Lom (siehe Route vier) ist solch ein Gebiet. Hier werden schon seit alten Zeiten die Felder bewässert.

In Mittel- und Südnorwegen ist die schönste Zeit von Anfang Juni bis Mitte Juli und von Mitte August bis Ende September. Von Mitte Juli bis Mitte August haben die meisten Norweger Urlaub. Während dieser Zeit herrscht viel Verkehr auf allen Straßen, Städte und Campingplätze sind stark frequentiert. Natürlich ist es auch die wärmste Zeit. Ein Badeland wird Norwegen deswegen trotzdem nicht. Vor Anfang Juni liegt an den Bergstrecken noch reichlich Schnee, ab Oktober beginnt sich der Winter langsam auf seine lange Herrschaft vorzubereiten. Viele Sehenswürdigkeiten sind nicht zugänglich. Im September verfärbt sich das Laub und das Land erstrahlt in ungeahnter Farbenpracht.

Nach Nord-Norwegen sollte man nicht vor Juli fahren und die Heimreise spätestens Mitte September antreten. Außerhalb diese Zeitraumes muß mit bitterer Kälte und Schneeresten oder schon wieder Schnee gerechnet werden. Durch die dünne Besiedelung wirken sich die norwegischen Urlaubszeiten nicht so stark aus wie im Süden. Innerhalb dieser Zeiträume werden Sie im Norden vermutlich die Mitternachtssonne erleben, auf jeden Fall aber die langen, hellen Nächte. Das kann für Mitteleuropäer ein recht ungewohntes Erlebnis werden. Manche Menschen haben Probleme mit dem Schlaf, der Körper reagiert auf die lange Helligkeit. Sie bleiben üblicherweise viel länger wach als normal.

Krankheit im Urlaub:
Der Sozialstaat Norwegen besitzt ein dichtes Netz von gut ausgebildeten Ärzten. Krankenhäuser sind überall vorhanden, sehr sauber und gut ausgestattet. Im Notfall nennt Ihnen die Touristen-Information gerne einen Arzt, der fast immer zumindest die englische Sprache beherrscht.

Eine einheitliche Notruf-Nummer gibt es nicht. An allen öffentlichen Telefonen ist der aktuelle Notruf angeschrieben.

Ärzte und Krankenhäuser erwarten derzeit noch Barzahlung! Auch Schecks werden angenommen. Es sind Bestrebungen vorhanden, im Zuge des EWR auch Auslandskrankenscheine anzuerkennen. Bitte erfragen Sie vor Ihrer Abreise den aktuellen Stand bei Ihrer Krankenkasse. Die Tarife sind teilweise deutlich teurer als zu Hause, eventuell ist der Abschluß einer Auslands-Krankenversicherung empfehlenswert.

Medikamente gibt es nur in Apotheken und nur gegen ärztliche Verschreibung. Nehmen Sie daher von daheim alle regelmäßig benötigten Medikamente in ausreichender Menge mit, Sie ersparen sich viel Zeit und Barauslagen für den Arzt. Eventuell lassen Sie sich vom Hausarzt eine kleine Reiseapotheke zusammenstellen.

Küche:

Küche und Essen sind Teil der nationalen Kultur eines Volkes, ein Schlüssel zum Verständnis des Gastlandes. Die norwegische Küche bezieht ihre Tradition aus der Zeit ohne Kühlschrank. Die Hauptaufgabe bestand in einer kalorienreichen Sättigung, nur an Feiertagen kam aufwendigeres, besseres Essen auf den Tisch. Daraus ergibt sich, daß manche Nationalgerichte nach alten Konservierungsverfahren zubereitet werden und / oder nur zu bestimmten Festen oder Jahreszeiten auf den Tisch kommen. Die nationale Küche Norwegens, lange Zeit ein Stiefkind der Gastronomie, erlebt eine deutliche Renaissance. Es lohnt durchaus, darüber zu sprechen.

Vielleicht das bekannteste Nationalgericht ist Römmegröt. Das ist eine Art Grütze aus Sauerrahm, weißem Mehl und Gries. Darüber wird Zimt gestreut und zerlassene Butter gegossen. Diese Speise ist ein Vertreter der kalorienreichen und sättigenden Küche. Nach einem längeren Marsch sollte man sie ruhig probieren. In einem Land wie Norwegen spielt natürlich Fisch eine ganz wichtige Rolle im Speiseplan. Wer nicht ein grundsätzlicher Gegner von Fisch ist, wird hier mit frischem Fisch wohl immer hervorragend bedient sein. Das gilt nicht nur für den König der Fische, den Lachs, das gilt auch für Dorsch, Forellen, Krabben und Hummer. Wenn Sie frischen Fisch selbst zubereiten wollen, erhalten Sie beste Ware fangfrisch auf den diversen Fischmärkten in den Städten. Frischen Fisch finden Sie auch häufig in Supermärkten. Auch hier ist die Qualität fast immer hervorragend und die Preise durchaus erschwinglich. Etwas problematisch wird es bei Fischgerichten nach traditionellen Konservierungsverfahren. »Lutefisk« ist ein in Lauge längere Zeit eingeweichter Stockfisch. Der Geschmack ist sehr gewöhnungsbedürftig. Meist ist er nur zwischen November und April zu bekommen. Eine ähnliche Spezialität ist »Rakörret«, eine gesalzene und angegorene Forelle. Überall im Land werden »Fiskeboller« angeboten, kleine Fischknödel oder -fladen, bei denen Fisch und Mehl fein gemischt in heißes Öl getaucht werden. Fiskeboller sollten möglichst frisch probier werden. Vorgefertigte Ware aus dem Supermarkt schmeckt nicht so gut. Bei Rind- und Schweinefleisch ist Norwegen Selbstversorger. Besondere Spezialitäten haben sich hierbei nicht entwickelt, Spezialitäten sind aber Elchfleisch, Ren (Reindyr) und Schneehuhn. Aus Lamm wird unter anderem »Pinnekjött« angeboten, das sind geräucherte Rippchen, die anschließend gedünstet werden. Rindfleisch wird oft in Form von Fleischbällchen, den sogenannten »Kjöttkaker« angeboten. Eine ganz besondere Delikatesse ist luftgetrockneter Rentierschinken.

Bei Molkereiprodukten fällt im allgemeinen eine ungewöhnlich gute Qualität auf, gleichgültig ob es sich dabei um Trinkmilch, Yoghurt, Sauerrahm, Buttermilch oder saure Milch handelt. Auch die Qualität der norwegischen Käse ist hervorragend, der Geschmack nicht immer nach unserem Gaumen. Der berühmte »Geitost« ist ein karamelisiertes Gemisch aus Ziegen- und Kuhmilch. Er wird üblicherweise in

Blöcken von mindestens einem halben Kilo verkauft. Ich rate zu einer Kostprobe, bevor Ihnen vielleicht das ganze Stück zuwider wird. Ähnlich vorsichtig sollten Sie bei anderen unbekannten Käsesorten vorgehen. In den Supermärkten finden Sie auch internationale Käsesorten.

Geitost sollte nur in dünnen Schnitten aufs Brot gelegt werden. Das gelingt am besten mit einem Käsehobel. Norwegen ist auf die Erfindung dieses Werkzeuges sehr stolz. Hauptbeilage zu allen Speisen ist die Kartoffel. Interessanterweise erfolgt der Verkauf im Supermarkt stets ungewaschen.

Die Auswahl an Brot ist für unsere Begriffe eher gering. Meistens handelt es sich um Graubrot, also halbweiß. Traditionelles Produkt ist das »Flatbröd«, dünne, harte Fladen aus ungesäuertem Teig. Sie schmecken eher nach nichts, ihr Entstehen verdanken sie ihrer langen Haltbarkeit. Wichtig für Norweger ist das Dessert. Ein Dessert wird immer und überall zusammen mit größeren Mengen Kaffee eingenommen. Sie können das auf jedem Parkplatz beobachten. Die Norweger mögen gerne »Lefse«, süße, weiche Waffeln aus Kartoffeln und Mehl, die mit Butter und Sahne verzehrt werden. Hochbegehrt ist die Sahnetorte »Kransekake«. In jeder der vielen Bäckereien werden verschiedene Kuchensorten und süße Schnitten angeboten. Ein beliebtes Dessert ist auch Karamel-Pudding. Freunde von Süßspeisen werden also sicher etwas passendes finden.

Beliebte und schmackhafte Desserts sind in Norwegen natürlich auch Beeren, die zusammen mit Zucker und Schlagsahne serviert werden. Eine besondere Spezialität sind Moltebeeren, eine orangerote Frucht, die auf den Mooren des Nordens gedeiht.

Was wäre Norwegen ohne sein berühmtes kaltes Büfett, dem »Koltbord«? Diese Büffets enthalten meist einen Querschnitt durch alle Landesprodukte. Mit dem Eintritt können Sie sich beliebig sattessen. Koltbords werden von vielen Hotels zu Mittag oder zum Abendessen angeboten. Weniger Freude werden Sie meist mit Suppen oder Gemüse erleben. Gemüse wird oft lieblos zerkocht oder zu undefinierbarem Brei zerstampft.

In Norwegen gibt es, wie international üblich, eine große Anzahl von Imbißstuben, Pizzerias, Fast Food und ausländischen Restaurants. Die Preise sind hoch, die Qualität läßt oft zu wünschen übrig. Die gute und interessante einheimische Küche, die fast schon zu verschwinden drohte, hat in den letzten Jahren allerdings wieder an Bedeutung gewonnen.

Mentalität:
Norweger haben Zeit. Alle begonnenen Dinge müssen mit Ernst beendet werden. Dann kommt der / die / das Nächste. Das heißt, daß ein begonnenes, auch privates Telefongespräch auch nicht bei mehreren Wartenden jäh unterbrochen wird. Gleiches gilt für ein Gespräch zwischen zwei Verkäufern wenn ein Kunde den Raum betritt. Ihre Unmutsäußerungen würden als ganz grobe Unhöflichkeit empfunden werden. Dem norwegischen Sinn nach Ordnung entspricht, bei Post, Banken, Geschäften und so weiter Ausgabeautomaten für nummerierte Zettel aufzustellen. Beim Eintritt ziehen Sie sich einen Zettel, sobald Sie dran sind erscheint Ihre Nummer auf einer Leuchttafel.

Immer wieder verblüfft die selbstverständliche Gesetzestreue. Das gilt für den Straßenverkehr genauso wie im Privatleben. Ein Norweger wird Sie höchstens verwundert ansehen, sollten Sie einmal den Sinn einer Bestimmung hinterfragen. Mit einem Ausländerbonus dürfen Sie nicht rechnen.

In Norwegen wird Sie keiner anreden, ausgenommen natürlich bei einem Vergehen. Aber so aus Neugierde oder Kontaktfreudigkei? Niemals! Und wenn das Wohnmobil noch so interessant wäre! Jetzt liegt es an Ihnen, das Eis zu brechen. Machen Sie den Anfang. Sie werden sich wundern, was für ein liebenswerter, hilfsbereiter Mensch Ihnen plötzlich gegenübersteht. Sie können über Gott und die Welt schwatzen und, allerdings nur sehr höflich und zurückhaltend, die Meinung des Gegenübers zu heiklen Problemen erfragen.

Der Norweger liebt immer das Praktische. Typisches Beispiel dafür sind die Überlandbusse im Norden, die vorne Passagiere und im hinteren Teil Ladegut befördern. Auch die wenigen Geldwerte, die Abwicklung auf den Fähren, die Nummerierung der Straßen – alles praktisch, einfach und klar.

Der Rasen vor den Häusern wird mit unendlicher Hingabe gepflegt, häufig geschnitten und genauestens gesäubert. Das ergibt einen netten Kontrast zu allen Wiesen, deren Rasen meist viel bunter und natürlicher ist als bei uns.

An vielen Häusern brennt Tag und Nacht das Licht, gleiches gilt für viele Räume innerhalb von Gebäuden, zum Beispiel Toiletten. Lassen Sie das Licht brennen! Von uns Touristen wird sich kein Norweger energiesparen beibringen lassen. Derzeit gilt noch die Meinung, durch das Abdrehen wird höchstens der Schalter früher kaputt, außerdem ist brennendes Licht einfach »praktischer«.

Sie werden in oder nahe jeder Kirche eine Toilette finden. Das ist doch auch praktisch?

Mitternachtssonne:
Skandinaviens Wahrzeichen verändert den Lebensrhythmus. Die Abenddämmerung geht nahtlos in die Morgendämmerung über. Am Abend finden Sie nur schwer ins Bett, sehr spät fordert der Körper dann doch sein Recht. Einmal eingeschlafen, beginnt der Morgen dann vielleicht später als gewohnt. Möglicherweise läuft daher in Norwegen vor neun Uhr morgens sozusagen gar nichts. Die Mitternachtssonne läßt sich natürlich nur nördlich des Polarkreises erleben. Hier die Zeitspanne einiger wichtiger Orte:

Bodö	4.6. – 8.7.	Hammerfest	16.5. – 27.7.
Lofoten	28.5. – 15.7.	Nordkap	11.5. – 31.7.
Tromsö	20.5. – 22.7.	Vardö	14.5. – 28.7.

Mücken:
Mücken sind die Plage des Nordens. Bei einer Fahrt nach Nordnorwegen sollten Sie vorsorgen. Im Kapitel über die Ausrüstung Ihres Wohnmobils wurde das Thema schon kurz gestreift. Schützen können Sie sich zunächst durch Kleidung. Lange Hosen und Strümpfe gehören ebenso dazu wie ein leichter, luftdurchlässiger, aber den-

noch dichter Anorak, am besten mit Kapuze. Das kann in der Sonne auch ganz schön warm werden, besser als der Zutritt der Quälgeister ist es allemal. Alle freien Hautstellen müssen Sie mit Mückenöl einreiben. Das können Sie an jeder Tankstelle im Norden kaufen. Bei empfindlicher Haut empfiehlt sich der Kauf daheim und ein Verträglichkeitstest. Die Mittel wirken meist nur wenige Stunden. Wer also längere Touren plant, sollte den Nachschub nicht vergessen. Ohne Stich wird niemand davonkommen. Lassen Sie sich von Ihrem Arzt ein kühlendes Gel oder eine Heilsalbe verschreiben.

Museum:
Unter »Museum« läuft fast jede Dauerausstellung. Sie müssen sicher nicht alle gesehen haben. Es gibt sehr viele Heimatmuseen, aber zum Beispiel auch die Ausstellung von Kriegsgerümpel kann als Museum angepriesen werden. Ein höherer Eintrittspreis besagt nichts über die Qualität des Gebotenen. Lohnenswerte Besichtigungen werden im Routenteil vorgestellt.

Nationalgefühl:
In Norwegen hat sich für unsere Begriffe ein sehr starkes Nationalgefühl entwickelt. Verfassung, König, Volksgemeinschaft – das sind Werte, die von kaum jemand in Frage gestellt werden. Die kleine Einwohnerzahl läßt enger zusammenrücken. »Wir sind ja nur so wenige« wird oft argumentiert und gegen alles Ausländische als Schutzschild entgegengehalten. In Eidsvoll sind fähnchenschwingende und National-Hymne singende Gruppen Alltagsbild. Die erste Verfassung von 1814 ist noch heute fast unverändert gültig. Eidsvoll und die Verfassung sind Symbole der norwegischen Identität geworden und stehen bei allen Norwegern jeder Partei völlig außer Streit. Mit kaum einem anderen Thema könnten Sie einen Norweger ärger beleidigen, als mit einem Zweifel an der Verfassung und deren heroischer Entstehung.

Öffnungszeiten:
In Norwegen gibt es kein Ladenschlußgesetz. Die Öffnungszeiten schwanken in den Regionen. Die folgenden Zeiten können daher nur Orientierungshilfe sein.

Grundsätzlich läuft im Tourismus, bei Dienstleistungen und im Handel vor neun Uhr Vormittag kaum etwas. Langsam öffnen dann die Geschäfte, ab zehn Uhr können Sie überall mit offenen Türen rechnen. Mittagspause gibt es dafür keine, ab 15,30 Uhr endet manchmal schon der Tag. Supermärkte und Tankstellen halten am längsten offen.

Fachgeschäfte: Sie können davon ausgehen, daß in der Zeit zwischen zehn und 15,30 Uhr durchgehend geöffnet ist. Samstagvormittag ist meist, aber keineswegs immer geöffnet. Der Sonntag ist heilig und immer geschlossen.

Supermärkte: Geöffnet wird meist um neun Uhr, zugesperrt um 18 Uhr. Donnerstag oder Freitag gibt es oft einen längeren Einkaufsabend bis 20 Uhr. An Samstagen ist normalerweise von neun bis 13 Uhr geöffnet. In den größeren Städten können bei großen Märkten oder Einkaufszentren auch längere Öffnungszeiten gelten. An Sonntagen ist immer geschlossen.

Tankstellen: Das dichte Tankstellennetz hält wahrscheinlich von allen Dienstleistungsbetrieben am längsten geöffnet. Normalerweise lassen sich in allen mittelgroßen Orten von acht Uhr bis 21 Uhr die Station anfahren. In größeren Städten und an wichtigen Hauptstraßen werden Sie auch häufiger als bei uns rund um die Uhr bedient. Sonntagssperre gibt es nicht. Praktisch alle Tankstellen unterhalten einen Shop, in dem es alkoholfreie Getränke, Keks, Obst aber häufig auch Milch und Lebensmittel zu kaufen gibt.

Banken: Die Banken öffnen üblicherweise um 8,30 Uhr und schließen ab 15,30 Uhr. Dazwischen ist durchgehend geöffnet. An Samstagen und Sonntagen ist geschlossen. Lediglich an Flugplätzen in den großen Städten werden Sie einen Schalter finden der Sie länger bedient. Außerhalb der Banköffnungszeiten ist Geldwechsel meist bei größeren Touristen-Informationen möglich. Hotels tauschen auch Ihr Geld, oft allerdings gegen enorme Spesen.

Postämter: Die größeren Postämter halten von 8,30 Uhr bis mindestens 16 Uhr geöffnet, an Samstagen von acht Uhr bis 13 Uhr. Die zahlreichen kleinen Postämter können am Samstag geschlossen haben und auch etwas kürzere Öffnungszeiten verwenden.

Werkstätten: Reparaturwerkstätten öffnen oft schon um sieben Uhr, schließen aber spätestens um 16 Uhr, am Freitag auch schon früher. Am Wochenende ist es fast unmöglich einen Mechaniker aufzutreiben. Was die Männer von der Straßenwacht nicht schaffen muß bis Montag warten.

Politik:

Norwegen ist eine konstitutionelle Erb-Monarchie auf parlamentarischer und demokratischer Grundlage. Die Gesetzgebung erfolgt durch das Storting, das Parlament. Obwohl der König nahezu keine Rechte besitzt, wird das Königshaus hoch verehrt. Überall werden Ansichtskarten mit der königlichen Familie angeboten. Nach jedem Königsbesuch werden Gedenksteine oder Gedenktafeln mit der Unterschrift des ersten Mannes im Staat errichtet. Vom König werden Hausverstand, Bürgernähe und überparteiliches Verhalten erwartet. Echte Macht wird ihm nicht zugestanden. Die Macht im Staat geht wie in allen Demokratien vom Parlament aus, das vom Volk alle vier Jahre gewählt wird. Sei 1945 wird das Land fast ununterbrochen von Sozialdemokraten regiert. Der soziale Netz ist dicht geknüpft, läßt sich aber langsam kaum mehr finanzieren.

Norwegen ist in 19 »Fylke« unterteilt, vergleichbar mit unseren Bundesländern. In jedem Fylke gibt es mehrere Kommunen, die am ehesten unseren Landkreisen oder Bezirken entsprechen. Manche Kommunen sind noch in Gemeinden zergliedert, allgemein werden allerdings größere Verwaltungseinheiten angestrebt. Fylke und Kommunengrenzen werden an allen Straßen angezeigt.

Das Steuersystem ist enorm progressiv. Dadurch bleibt den Menschen auch bei nominell sehr hohen Einkommen relativ wenig als Nettoeinkommen. Anderseits rühmt sich Norwegen, keine Slums und wirklich armen Menschen im Land zu haben. Der Einkommensunterschied zwischen Sozialhilfe-Empfänger und Top-Manager ist ziemlich gering. Offenbar entspricht dieses System der Mentalität im Lande, durch andere Wahlergebnisse könnte es jederzeit geändert werden. Trotz wirklich beeindruckenden Leistungen der Industrie und hohem Lebensstandard haben die Norweger oft Angst, durch die geringe Einwohnerzahl irgendwie überfahren zu werden. Bei allem sozialen Denken ist daher die Einwanderungspolitik recht restriktiv. Diejenigen, die die Hürden schaffen, können von Beginn an mit allen Leistungen des Staates rechnen und werden wie überall langsam in die Volksgemeinschaft integriert.

Bis 1814 war Dänisch die Hochsprache in Norwegen. Der aufblühende Nationalismus brachte den Wunsch nach einer eigenen Sprache. Aus vielen norwegischen Dialekten wurden nun gleich zwei offizielle Schriftsprachen entwickelt, das Riksmål (auch Bokmål) und das Landsmål (auch Nynorsk). Das Storting schaffte es bisher nicht, eine dieser beiden Sprachen zur offiziellen und einzigen Sprache des Landes zu machen und so leistet sich Norwegen eben den Luxus von zwei Amtssprachen. Landsmål sprechen ungefähr zwanzig Prozent der Bevölkerung, Tendenz fallend. Vielleicht wird die Zeit das Problem einmal von selbst lösen. Wenn Sie also auf Fünfzig-Kronen-Scheinen und auf manchen Briefmarken die Bezeichnung »Noreg« statt sonst »Norge« lesen, ist dies kein Fehldruck sondern eben Landsmål. Muß ich noch erwähnen, daß alle skandinavischen Dialekte ähnlich sind und die Benützer sich untereinander verständigen könnten?

Preise:
Norwegen gilt gar nicht zu Unrecht als teueres Land.
Sehr teuer sind Genußmittel wie Alkohol und Zigaretten. Teuer sind Dienstleistungen aller Art, vom Kellner über den Mechaniker bis zum Arzt. Die Preise in den Supermärkten sind zwar nicht billig aber erschwinglich. Die Qualität der frischen Lebensmittel ist meist sehr gut. Bei technischen Artikeln kann man keine generelle Aussage treffen. Manche Dinge sind teurer, manche, wie zum Beispiel Angelausrüstung, eher etwas günstiger als bei uns.

Am billigsten reist, wer sich auf einer Reise mit dem Wohnmobil selbst im Supermarkt verpflegt und an Bord kocht. Ein gemütliches Restaurant, vielleicht noch mit einem Gläschen Wein, schlägt in die Reisekasse größere Löcher. Hierzu mehr unter Küche und Gastronomie.

Um Ihnen einen Überblick über die Preissituation im Supermarkt zu verschaffen, habe ich Ihnen ein paar Durchschnittspreise erhoben. Die Preise stammen vom Sommer 1993, rechnen Sie vielleicht mit einer Inflationsrate um die fünf Prozent. Wenn nicht anders angegeben, sind Preise für ein Kilogramm oder einen Liter angegeben. Alle Preise in NKR.

Brot, 750g	14,-	Rahm, 0,3 l	11,-
	bis 16,-	Norw. Butterkäse	68,-
Marmelade	16,-	Geitost (Ziegenkäse), 500 g	33,-
		10 Eier	20,-
Molkereiprodukte:			
Butter, 300 g	11,-	Obst:	
Milch	9,-	Äpfel	14,-
Fruchtyoghurt, 175 ml	5,-	Birnen	16,-

Bananen	10,-	Fisch:	
Orangen	13,-	Dorsch-Schnitten, 600 g	30,-
Nektarinen	20,-	Lachs-Schnitten, 500 g	40,-
		Steinbutt-Filet, 500 g	26,-
Gemüse:		Seehecht-Filet, 800 g	23,-
Karotten	10,-	Schokolade, 200 g	20,-
Chinakohl, Stück	10,-	Nesquick, 400 g	19,-
Gurken,Stück	10,-	Kaffee, 250 g	11,-
	bis 17,-	Kakao, 250 g	19,-
Zwiebel	13,-	Schoko-Trinkpulver, 800 g	32,-
Tomaten	28,-	Suchard Expressm, 400 g	13,-
Blumenkohl, klein	10,-	Nesquick, 400 g	18,-
Kartoffeln	3,-		
Soja-Öl, 0,5 l	15,-	Getränke:	
Oliven-Öl, 0,5 l	24-	Apfelsaft	5,-
		Orangensaft	8,-
Fleisch:		Orangennektar	13,-
Schweinskottelett	80,-	Coca Cola, 1,5 l	14,-
Rindskottelett	75,-	Fanta, Sprite, 0,5 l	5,-
Entrecote	137,-	Bier, Kl.2, bis 4,75%	15,-
Huhn (nur gebraten)	26,-	Alk., 0,5 l	
Grillwürstchen	25,-	Bier, alkoholfrei, 0,35 l	8,-
Wiener (Frankfurter)	50,-		

Nicht in allen Gemeinden gibt es Bier der Klasse zwei im Supermarkt. In diesen Gemeinden gibt es dann eigene Biergeschäfte »Ølutsal« mit größerer Auswahl. Wein und höherprozentige Alkoholika finden Sie nur in größeren Orten in den staatlichen »Vinmonopolet«-Geschäften. Hierüber erfahren Sie mehr im Kapitel Alkohol.

Zigaretten gibt es in den Supermärkten. Auch hier nimmt der Staat enorme Steuern, rechnen Sie für eine Packung 30, bis 40,-NKR. Viele Norweger drehen sich ihre Zigaretten selbst.

Radfahren:

Das Bergland Norwegen kann auch für Radfahrer ein Paradies sein – zumindest wenn die Ausrüstung stimmt. Karten und Informationsmaterial lassen sich problemlos vor Ort besorgen, viel wichtiger ist die realistische Einschätzung der eigenen Leistungsfähigkeit – Radfahren am Berg ist anstrengend.

Sollten Sie dennoch nicht auf Ihren Drahtesel am Wohnmobil verzichten wollen, rate ich Ihnen wenigstens ein Touren-, besser ein Mountain-Rad mitzunehmen (21 Gänge sind Pflicht). Klappräder und Fahrräder mit kleinen Rad-Durchmessern werden Ihnen in Norwegen nicht viel Freude bereiten.

Religion:

In Norwegen ist die lutherische Kirche Nationalkirche, ungefähr 96 Prozent der Bevölkerung gehören ihr an. Die Kirche übt nach wie vor einen starken Einfluß auf das öffentliche Leben aus. Der Gottesdienst am Sonntagvormittag ist Tradition. Das ist auch der Grund, warum viele Sehenswürdigkeiten am Sonntag erst zu Mittag öffnen. Dem Personal soll die Möglichkeiten zum Besuch des Gottesdienstes gegeben werden.

Innerlich entfremden sich, wie überall im Westen, besonders die Jugendlichen von der Kirche. In manchen Gebieten im Westteil der Südküste im Raum Egersund – Stavanger verbreiten sich in letzter Zeit immer stärker diverse Sekten.

Die katholische Kirche hat keine Bedeutung und kann auch vom Sektenboom nicht profitieren. Sie wurde den Norwegern lange genug als der Inbegriff von Intoleranz und Unterdrückung eingebleut. Freilich ist eine absolutistische Person wie der Papst nicht nach dem Geschmack der Bevölkerung. Über die Toleranz der derzeitigen Staatskirche wären allerdings auch lange Diskussionen möglich.

Sprache:

Für eine Reise nach Norwegen braucht niemand Norwegisch zu lernen. Dieses Unterfangen wäre allein schon durch die zwei offiziellen Landessprachen und die vielen Dialekte kaum zielführend. Zu den Landessprachen siehe die Bemerkungen im Abschnitt »Politik«.

Für eine Reise nach Norwegen sollte man aber unbedingt seine Englischkenntnisse auffrischen! Englisch hat die früher wichtige Zweitsprache Deutsch nahezu verdrängt. Nur in größeren Touristen-Informationen und Fremdenverkehrsbetrieben können Sie damit rechnen auch in Deutsch ein Gespräch führen zu können. Es soll auch nicht verschwiegen werden, daß die deutsche Sprache seit der Besetzung im Zweiten Weltkrieg gar nicht so gerne gehört wird.

Norwegische Texte lassen sich relativ gut verstehen. Die Sprache ist mit unserer Muttersprache und dem Englischen nahe verwandt. Gesprochenes Norwegisch ist für unsere Ohren praktisch unverständlich. In Norwegen wird jedermann mit Du angesprochen. Nur für den König gibt es auch noch eine Sie-Form.

Hier ein paar der allerwichtigsten Ausspracheregeln und einige wiederkehrende Begriffe.

æ	offenes ä, fast e	u	ü
hv	v	v	weiches w
sk,skj	sch	å(aa)	o
o	meist u	ø	ö

Die folgenden Begriffe werden Sie im Straßenverkehr und auf den Landkarten häufig finden. Die Schreibweise kann aber je nach Landesteil durchaus abweichen.

avgift	=	Gebühr	bilferje	=	Autofähre
båt	=	Boot, Schiff	bobil	=	Wohnmobil
bil	=	Auto	bom	=	Maut

bompenger	= Mautgebühr	parkering	= Parkverbot
bre	= Gletscher	forbudt	
bro, bru	= Brücke	rutetabell	= Fahrplan
dal	= Tal	seter	= Alm
dekk	= Reifen	skytebane	= Schießplatz
elv	= Fluß	stengt	= geschlossen
flyplass	= Flugplatz	svake kanter	= Fahrbahnrand nicht
fjell	= Berg, Gebirge		befahrbar
fossen	= Wasserfall	sykehus	= Krankenhaus
gate	= Straße	tog	= Zug
idrett	= Sport	ulykke	= Unfall
jernbanestasjon	= Bahnhof	vatn, vanet	= See
lege	= Arzt	vei	= Weg, Straße
omrade	= Gebiet, Zone	vidda	= Hochfläche
olje	= Öl	vik, våg,	= Bucht
øl	= Bier	vågen	
øy	= Insel		

Surfen:

Surfer finden in Norwegen am Meer fast immer mehr oder weniger Wind für ihren Sport. Freilich ist die Wassertemperatur recht niedrig, entsprechende Ausrüstung unbedingt nötig. Erschwerend ist ferner die reich gegliederte Küste und, nicht zu unterschätzen, der Einfluß und damit die Strömungen der Gezeiten. Die besten Surfwinde hat naturgemäß die Westküste des Landes.

Fazit: Surfanfängern sollten mildere Küsten suchen, Könner und kältefeste Sportler werden auch in Norwegen auf ihre Kosten kommen.

Mehr Informationen können über die norwegische Auskunftsstelle – siehe Abschnitt »Wichtige Adressen« – eingeholt werden.

Umweltschutz:

Zum Umweltschutz hat Norwegen eine recht zwiespältiges Verhältnis. Bedingt durch die Größe des Landes und die dünne Besiedelung ist das Problem Umweltschutz viel später ins Bewußtsein gedrungen als bei uns geplagten Mitteleuropäern. Das wirkt bis heute nach. Anderseits hat sich Norwegen in den letzten zwanzig Jahren dank des Öles zu einem hochindustrialisierten Land entwickelt. Die Abfallmenge und die Umweltverschmutzung stiegen wie überall mit. Trotz dieser Sendboten unserer Zeit betonen die Norweger unaufhörlich ihre große Naturliebe. Das Land wird peinlich sauber gehalten, überall gibt es Abfalleimer, die regelmäßig auch in entlegensten Gebieten geleert werden. Die Toilettenanlagen sind auch an großen Durchgangsstraßen immer sauber. In einer fast rührenden Broschüre werden die Touristen aufgefordert, nur ja keine Speisereste an Ziegen und Schafe zu verfüttern, damit diese armen Tierchen nicht krank werden. Aber was geschieht mit dem Müll? Das Land ist groß und irgendwo in der Wildnis ist immer Platz für eine Deponie. Mülltrennung und Wiederverwertung sind noch Fremdworte. Erst jetzt werden die ersten Glascontainer aufgestellt. In einer Deponie neben einem großen See sah ich hunderte von gebrauchten Kühlschränken im Freien gestapelt. Die Abwässer der Städte rinnen in den meisten Fällen noch immer ungeklärt ins Meer. Und was ist mit den Abwässern der tausenden von Hyttas, die im ganzen Land verstreut sind? Was geschieht mit den Industrieabfällen, die eigentlich fachgerecht entsorgt werden müßten?

Trotz aller Verschmutzung ist in der riesigen Natur des Landes bisher noch nicht allzuviel von den Schäden zu sehen. Man versucht Zeit zu gewinnen. Die Ursache für die sauren Seen wird auf die Luftverfrachtung aus dem Ausland geschoben. Der Rückgang der Fischbestände wurde mit Überfischung erklärt, über den Einfluß der ungeklärten Abwässer wird noch gestritten. Der gewaltige Ausbau des Straßennetzes wird mit dem großen Nachholbedarf begründet. Norwegen muß handeln, ziemlich bald und dann recht gründlich. Das Öl kann das Geld dazu liefern.

Tauchen:
Auch für Taucher ist Norwegen ein interessantes Land. Das Wasser ist meist klar und sauber. Es gibt eine interessante Unterwasserfauna und nicht zuletzt zahllose Schiffswracks vor allen Küsten. Natürlich gibt es Bestimmungen und Verbote, die für Sie wichtigste Einschränkung besteht in der Vorschrift, daß Ausländer nur in Begleitung eines Norwegers von Booten aus tauchen dürfen. Das dient nicht zuletzt Ihrer Sicherheit, es gibt zwischen den Inseln häufig auch Strömungen. Für ausländische Luftflaschen können Sicherheitszertifikate verlangt werden. Einen Tauchgang werden Sie daher am besten von einem der vielen Tauchzentren, -schulen oder -klubs aus unternehmen. Der norwegische Taucherverband (Norges Dykkeforbund) nennt gerne Adressen und Vorschriften. Die Anschrift finden Sie in Abschnitt »Wichtige Adressen«.

Tax-Free Einkauf:
Für Nicht-Skandinavier gibt es die Möglichkeit, ohne Mehrwertsteuer einzukaufen. Die Ersparnis beträgt knapp 17 Prozent. Der Rechnungsbetrag muß 300 NKR übersteigen. In den vielen gekennzeichneten Geschäften müssen Sie zunächst die Mehrwertsteuer bezahlen und Ihre Ware wird verpackt und versiegelt. Eine Benützung in Norwegen ist daher nicht möglich. Die Ausfuhrpapiere erhalten Sie vom Verkäufer, ebenso eine Liste, an welchen Grenzübergängen und zu welchen Zeiten Sie Ihr Geld zurückerhalten. An der Grenze müssen Sie in das Tax-Free-Büro und nicht zum Zoll gehen. Wenn Sie jetzt das ungeöffnete Paket und Ihre Papiere vorweisen, erhalten Sie die Mehrwertsteuer bar zurück.

Telefon:
Gleich vorweg: Norwegen hat ein hervorragend ausgebautes Telefonnetz. Auch in der abgelegensten Gegend finden Sie einen Apparat und promte Verbindung. Überlastete Leitungen gibt es nicht. Im Jahre 1993 wurden im ganzen Land die Telefonnummern umgestellt. Die Städte-Vorwahl wurde abgeschafft und durch eine Zahl ohne Null am Anfang ersetzt. In der nächsten Zeit ist also Vorsicht bei norwegischen Telefonnummern geboten. Die neuen Nummern haben immer acht Stellen und es gibt keine Ortsvorwahl. Die achtstellige Zahl ist immer zu wählen, gleichgül-

tig ob Sie im Ort, innerhalb Norwegens oder aus dem Ausland anrufen. Ihr Anruf (oder Telefax) nach Norwegen beginnt daher mit der Landesvorwahl 0047 für Norwegen und setzt sich gleich anschließend mit der neuen Nummer fort. Eine wegzulassende Null gibt es nicht mehr.

Post und Telefon sind in Norwegen zwei verschiedene Institutionen. Die Telefonzentralen Telecom erkennen Sie in den meisten Orten am Sendemast mit mehreren Antennen-Schüsseln. Normalerweise werden Sie die Telecom aber kaum brauchen, es sei denn, Sie benötigen für Ihr Telefongespräch unbedingt eine Quittung. Überall funktioniert das Telefon von den reichlich vorhandenen öffentlichen Apparaten. In dünn besiedelten Gebieten kann manchmal ein Schild auf eine Sprechstelle in einem Haus hinweisen.

Fast alle öffentlichen Telefone sind mit der Nummer des Apparates versehen. Wenn Sie sich rückrufen lassen, achten Sie nur darauf, daß bereits die neue Nummer vorhanden ist. Es gibt Münzfernsprecher die Ein- und Zehn-Kronen-Stücke schlucken und Wertkarten-Telefone. Die Vorwahl fürs Ausland lautet immer 095. Dann folgt die Landeskennzahl, die Ortskennzahl ohne Null und die Rufnummer. Sie wählen also nach

Deutschland: 095–49-(ø)(Stadt)-(Rufnummer)
Österreich: 095–43-(ø)(Stadt)-(Rufnummer)
Schweiz: 095–41-(ø)(Stadt)-(Rufnummer)

Trinkgeld:
In Norwegen erwarten eigentlich nur Kellner im Restaurant und Taxifahrer ein Trinkgeld in üblicher Höhe von fünf bis zehn Prozent der Rechnungssumme. Sonderleistungen, zum Beispiel die Überstunde eines Mechanikers, dürfen Sie angemessen honorieren.

Touristen-Information:
Mindestens in jedem Hauptort einer Kommune gibt es eine Touristen-Information. Diese von der Öffentlichkeit unterhaltenen Büros wurden zur Förderung des Fremdenverkehrs geschaffen.

Es ist völlig unmöglich, in irgendeiner Publikation alle Sehenswürdigkeiten, Sportmöglichkeiten, Freizeitaktivitäten, Campingplätze, Entsorgungsstationen, und, und, und...des ganzen Landes oder auch nur einer Region aufzunehmen. Das ist auch nicht nötig, der Wälzer wäre nur unübersichtlich.

Die Touristen-Information bietet alle Detail-Informationen zu einem bestimmten Gebiet. Das reicht vom Stadtplan bis zu den Abfahrtszeiten der Fähren, von der Hilfe beim Auffinden einer Gasfüllstation genauso wie zur Verständigung eines Arztes oder der Beschaffung von Konzertkarten. Als Ausländer haben Sie außerdem den Vorteil, daß das Personal immer englisch, häufig auch deutsch spricht. Die Hilfsbereitschaft gegenüber dem Gast ist in aller Regel sehr groß. In den Stadtplänen diese Buches ist immer die Lage der Touristen-Information angegeben. Die Touristen-Informationen haben üblicherweise von 10 bis 17 Uhr geöffnet, in größeren Städten auch länger.

Währung:

Die Landeswährung ist die norwegische Krone, abgekürzt NKR. Die Krone zählt zu den stabilen europäischen Währungen und hat ihren Kurs gegenüber der Deutschen Mark in den letzten Jahren nur wenig verändert.Folgende Richtwerte gelten gerundet:

1 NKR = 0,25 DM = 1,72 ÖS = 0,22 SFr

oder

1 DM = 4,00 NKR, 1 ÖS = 0,58 NKR, 1 SFr = 4,55 NKR.

Den günstigsten Wechselkurs gibt es zuhause auf Ihrer Bank. Die Spesen der norwegischen Banken sind höher. Euroschecks mit Scheckkarte werden überall akzeptiert und an den Banken problemlos in Kronen umgetauscht. Ein Tip, wenn Sie schon in Norwegen wechseln müssen: Der Anteil der Spesen wird beim Umtausch größerer Summen kleiner. Wechseln Sie daher Bargeld in größeren Beträgen, stellen Sie bei Euroschecks stets den Höchstbetrag von derzeit 1300 NKR aus.

Bargeld können Sie auch an allen größeren Postämtern wechseln, die auch von Ihrem Postsparbuch Abhebungen durchführen.

Der Gebrauch von Kreditkarten ist weit verbreitet, in allen größeren Geschäften und Restaurants werden sie angenommen. Außerhalb der größeren Orte und an kleinen Tankstellen empfiehlt sich Bargeld. Norweger denken praktisch. Die Krone ist zwar in 100 Öre unterteilt, Sie werden aber kaum je eine andere Öre-Münze als das 50-Öre-Stück erhalten. Zwischensummen werden ganz selbstverständlich gerundet, je nach Summe auch durchaus zu Ihrem Vorteil. Und weil es praktisch ist: An Münzen sind nur noch Ein-Kronen und Zehn-Kronen-Stücke in Umlauf. Papiergeld beginnt bei 50 Kronen, der meistverwendete Schein ist die 100 Kronen Banknote. Darüber gibt es noch Werte zu 500 und 1000 Kronen. Sie werden zwar meist eine Menge Zehn-Kronen-Münzen herumschleppen, das System ist aber wirklich einfach und Verwechslungen beim Geld sind auch für Ausländer leicht zu vermeiden.

Wandern und Bergsteigen:

Ein großes Naturland wie Norwegen lädt natürlich dazu ein, das Wohnmobil öfter stehen zu lassen und zu Fuß das Land zu erkunden oder auf einem Berggipfel die Aussicht zu genießen. Sie sind ja wohl nicht zuletzt wegen der Natur hierhergekommen.

Bitte bedenken Sie, daß man in Norwegen eigentlich überall ein ausgesprochen schönes Bergland vorfindet. Für größere Touren sollten Sie daher etwas Grundkondition und auch die passende Ausrüstung mitbringen.

Als Grundausstattung sind feste Schuhe mit Knöchelschutz, Rucksack, Regenschutz, warme Kleidung, Trinkflasche und trockene Wäsche zum Wechseln mitzunehmen. Das gilt auch schon für kleinere Touren, das Wetter kann ganz schnell von strahlendem Sonnenschein zu Regen, in höheren Lagen zu Schneefall, wechseln. Für größere Touren und immer bei unmarkierten Wegen sind gutes Kartenmaterial und ein Kompaß erforderlich.

Der norwegische Touristenverband heißt »Den Norske Turistforening« und ist mit unserem Alpenverein vergleichbar. Die Organisation unterhält eine große An-

zahl von Hütten unterschiedlichsten Standards. Sie finden alles von der Komfort-
hütte mit voller Verpflegung bis zur einfachsten Selbstversorgerunterkunft. Die
Hütten sind meistens mit markierten Wegen verbunden. Die Markierungen bestehen oft nur aus Steinhaufen oder einem aufgemalten, roten »T« und ersetzen keinesfalls die Mitnahme einer Karte. Für Selbstversorgerhütten gibt es einen zentralen
Schlüssel, der bei DNT in Oslo oder beim örtlichen Büro gegen Pfand ausgeliehen
werden kann. Leinenschlafsäcke lassen sich vor Ort kaufen, besser ist die Mitnahme
von zu Hause.

Gute Wanderkarten gibt es von allen Gebieten, man erhält sie in allen Buchhandlungen und den örtlichen DNT-Büros. Längere Touren sollten von zu Hause aus vor-
geplant werden. DNT Oslo verschickt deutsche Informationsbroschüren und auch
Tourenvorschläge. Reservierungen sind nur in größeren, bewirtschafteten Hütten
bei einem Aufenthalt von über drei Tagen möglich. Für eine Nacht werden Sie auch
in der Hochsaison nie abgewiesen, möglicherweise müssen Sie nur mit einem Ma-
tratzenlager vorliebnehmen. Die Adresse von DNT finden Sie im Verzeichnis der
wichtigen Adressen.

Wirtschaft:
Schon zum Ende des vergangenen Jahrhunderts entdeckte Norwegen sein vielleicht
wichtigstes Industriepotential, seine schier unerschöpfliche Wasserkraft. Dieser
Energieträger wurde bis heute konsequent ausgebaut. Das hat mehrere Folgen:

Norwegen besitzt heute eine sehr starke Elektro-Metallurgische und Elektro-
Chemische Industrie wie Aluminium- und Stickstofferzeugung. Kurz gesagt, Norwegen ist ein Eldorado für energieintensive Fertigung. Norwegen ist ein bedeutender
Exporteur von Strom, wobei naturgemäß Dänemark einen Hauptabnehmer abgibt.
Im ganzen Land gibt es kein einziges kalorisches Kraftwerk, von Atomenergie ganz
zu schweigen. In Norwegen war Energie nie ein Thema. Die gab es ganz einfach immer in ausreichender Menge. Noch heute stößt Energiesparen bei vielen Norwegern auf fragendes Kopfschütteln.

Gleich nach der Wasserkraft muß man bei Norwegens Wirtschaft vom Öl sprechen, das zu Beginn der Siebziger zu sprudeln begann. Mit dem Geld aus dem Ölgeschäft wurden zuerst alle Auslandschulden zurückgezahlt. Dann wurde ein ehrgeizi-
ges Straßenbauprogramm entwickelt und bis heute weitgehend durchgezogen. Das
hat die Verkehrsverhältnisse im Land wesentlich geändert und viele Transporte sind
vom Wasser auf die Straße gewandert. Letzten Endes dient das Öl zur Finanzierung
des sehr gut ausgebauten Sozialstaates. Durch das Öl hat Norwegen, trotz mancher
Krise der Weltwirtschaft, den hohen Standart bisher fast unverändert halten können.

Ein wesentlicher Wirtschaftszweig war und ist der Fischfang. Durch Überfischung waren die Fangergebnisse Mitte der Achtziger-Jahre stark zurückgegangen.
Durch strenge Fangquoten in den eigenen Gewässern erholen sich die Bestände
scheinbar wieder. In der Zwischenzeit wird Fisch von den Russen gekauft, die sich
an keinerlei Fangquoten halten und nur durch die Unzulänglichkeit ihrer Fangflotte
gebremst werden. Die traditionellen norwegischen Fischprodukte sind Hering, Ka-
beljau, Dorsch, Hummer und Lachs. Der Fisch wird in Form von Fertigware expor-

44

tiert, meist als Tiefkühlware oder in Konserven. Die Bedeutung von Trockenfisch ist durch die Entwicklung der ununterbrochenen Tiefkühlketten stark zurückgegangen. Sie können das bei Ihrer Reise leicht selbst an den vielen Fischtrocknungs-Gestellen beobachten, die an den Fjorden vor sich hin rotten. Fischfang wird heute nur noch professionell betrieben. Die Kutter sind blitzsauber und mit den modernsten Geräten ausgerüstet. Die Verarbeitung erfolgt in Fischfabriken so weit wie möglich automatisch. Der Zwang zur Rationalisierung hat vielen Menschen den Arbeitsplatz gekostet, heute arbeiten viel weniger Menschen als früher in der Fischindustrie, obwohl die Verarbeitungsmenge nicht weniger wurde. Landflucht tritt auch in den Fischerdörfern auf. Den Fischbeständen und der Fischerei wird auch in Zukunft das Staatsinteresse gelten. Norwegen weiß sehr wohl, daß Fische nachwachsen, nicht aber Öl.

Die Fischzucht hat auch erheblich an Bedeutung gewonnen. Durch die Massenzüchtungen entstanden ähnliche Probleme, die wir von unseren Haustieren kennen: Krankheiten, Pilzbefall, Bakterien. Um Übertragungen zu verhindern, entstanden Verbote, wie zum Beispiel das Übertragen von Wasser von einem Fjord zum anderen.

Überall an der Küste versucht man die verlorenen Arbeitsplätze aus dem Fischfang durch den Fremdenverkehr auszugleichen. Vorreiter sind hierbei die Lofoten, denen dabei ihr unglaublich schönes Land hilft. Die alten Unterkünfte (Rorbuer) der Saisonfischer werden zu mehr oder weniger komfortablen Urlaubswohnungen umgebaut und vermietet. Hätten Sie kein Wohnmobil, ich würde zu solch einem Quartier zumindest probehalber raten. Ähnlich wie an der Küste soll der Fremdenverkehr auch in anderen Regionen die Landflucht stoppen und Arbeitsplätze schaffen, wahrscheinlich der wichtigste Grund, warum der Staat große Summen in diese Projekte zuschießt. Devisenmangel ist in Norwegen kein Argument.

Neben der Fischerei war naturgemäß auch die Schiffahrt stets eine norwegische Domäne. Die Binnenschiffahrt war schon immer gut entwickelt, da viele Orte gar nicht anders erreicht werden konnten. Um die Jahrhundertwende entstand dann eine bedeutende Seehandelsflotte. Heute kämpft diese Flotte gegen niedrige Weltmarktpreise und gegen die hohen Löhne, die sie ihren eigenen Mannschaften zahlen muß.

Die Landwirtschaft betreibt zu 80 Prozent Viehzucht. Norwegen ist Selbstversorger bei Milch, Butter, Käse, Rind- und Schweinefleisch, Eiern und Kartoffeln. Brotgetreide, Obst, Gemüse und Zucker müssen ganz oder teilweise eingeführt werden.

Norweger sind oft nüchtern denkende Realisten. Niemand gibt sich der Illusion hin, das Öl würde ewig reichen. Von Euphorie über das Öl ist nichts zu spüren, eher von Skepsis, ob der Reichtum nicht etwa das Land verderben könnte. Ganz nüchtern wird versucht, das Geld aus dem Öl zukunftsicher anzulegen und das Land in Richtung Hochtechnologie zu führen. Erste Anfänge sind gemacht, norwegischer Hartnäckigkeit ist der Erfolg zuzutrauen.

Wohnkultur:
Holz ist das typische traditionelle Baumaterial, das auch heute noch oft verwendet wird. Bei vielen – hölzernen – Bauernhöfen sind die Wirtschaftsgebäude farbig, das

Wohngebäude weiß. Weiß war früher die teuerste Farbe und galt als Zeichen von Wohlstand. Tradition verpflichtet. Die berühmten norwegischen Grasdächer sind heute nirgends mehr echt in Gebrauch. Sie finden sie nur in den zahlreichen Volkskundemuseen, bestenfalls aus Nostalgie an Wochenend-Hyttas oder auf heimatgetrimmten Hotels.

Route 1:

Die Norwegische Südküste

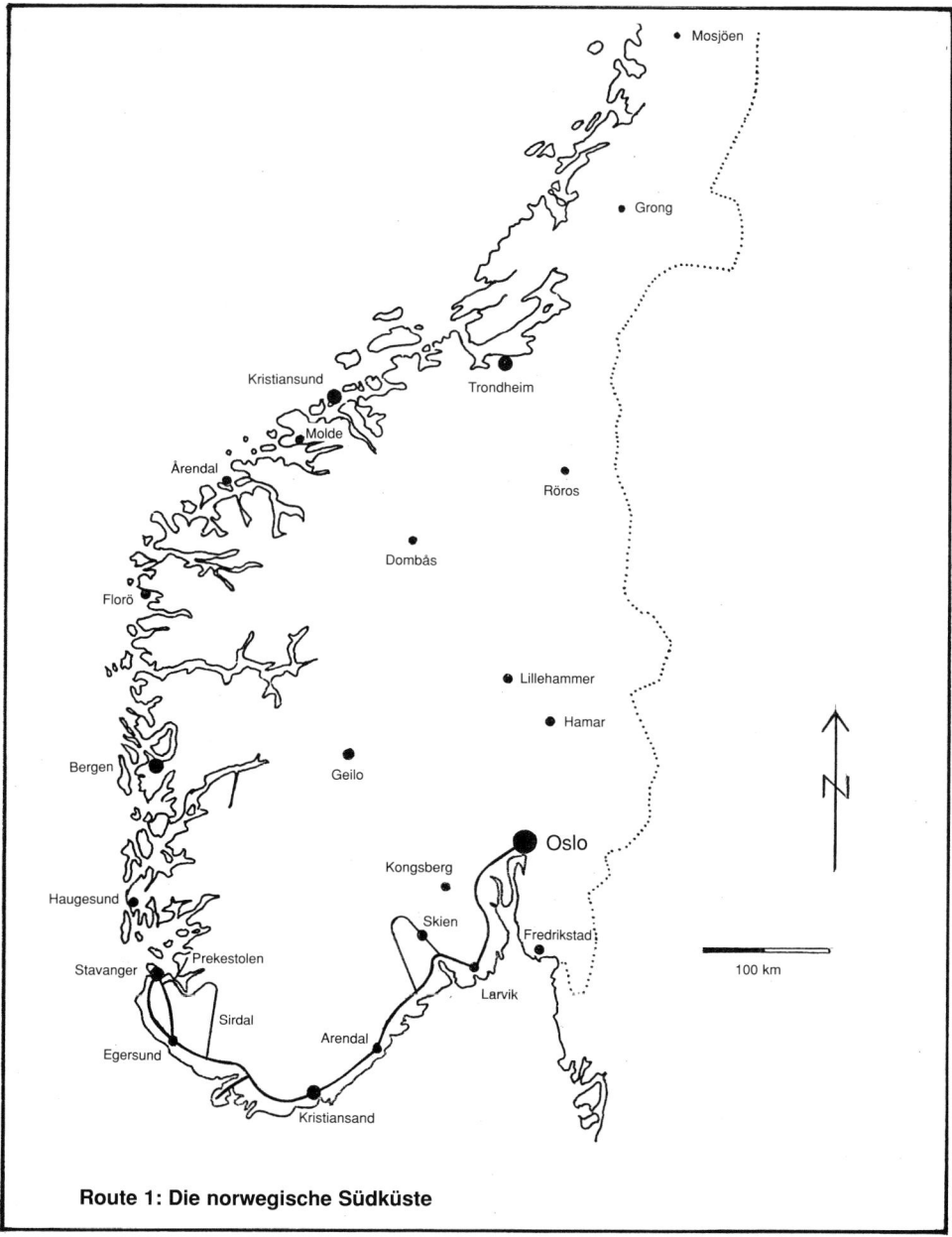

Route 1: Die norwegische Südküste

Routen-Infos:

Der Mitteleuropäer stellt sich unter Norwegen meist Fjorde, Nordkap und Lappland vor, dabei besitzt dieses Land auch eine zauberhafte Südküste. Wie Perlen reihen sich die »weißen« Städte mit ihren weiß gestrichenen Holzhäusern entlang der Küste.

Die Natur kommt auch hier nirgendwo zu kurz. Der reich gegliederten Küste ist fast über die ganze Länge ein unglaublich vielfältiger Schärengarten vorgelagert. Immer wieder locken kleine und größere, windgeschützte Sandstrände zumindest zum Sonnenbaden – der Golfstrom machts möglich. Fjorde gibt es natürlich auch. Vielleicht sind sie an der Südküste nicht ganz so lange und spektakulär wie die Fjorde der Westküste. An Schönheit brauchen sie sich nicht zu verstecken. Das Hinterland der Südküste ist meist hügelig, oft dicht bewaldet. Dieses Hügelland steigt nach Norden langsam an und geht in das Bergland Zentralnorwegens über.

Die Südküste ist für norwegische Verhältnisse dicht besiedelt. Die wichtigste Stadt ist Kristiansand, ein völliger Kontrast zu Stavanger, Zentrum des norwegischen Ölbooms und mit einer zauberhaften Altstadt gesegnet.

Routenverlauf:

Oslo – Larvik – Arendal – Kristiansand – Egersund – Stavanger

Besuchte Provinzen:

Die Strecke beginnt in der Provinz (»Fylke«) Akershus (Oslo), streift den Südteil von Buskerud und führt dann nach Vestfold, Telemark, Aust- und Vest-Agder ins Zentrum von Rogaland, nach Stavanger.

Größere Abstecher:

Telemarkkanal, Lyse-Fjord mit Prekestolen, Sirdal

Routenlänge:

Ohne Abstecher zirka 580 Kilometer, mit allen Abstechern zirka 1100 Kilometer.

Richtzeit für genußvolles Reisen:

Ohne Abstecher ab acht Tage, mit allen Abstechern ab zwölf Tage.

48

Cappelens kart Nr. 1: »Sør Norge – sør«
(Identisch: Kümmerly+Frey, Süd-Norwegen Süd, Blatt 1)

Besondere Sehenswürdigkeiten:

»Weiße« Städte: Risör, Tvedestrand, Arendal, Grimstad, Lillesand, Mandal, Farsund, Flekkefjord – Drammen: Tunnel »Spiralen« – Horten: Marinemuseum, Fotomuseum – Sandefjord: Walfangmuseum – Skien: Schiffsreise auf dem Telemarkkanal, Ibsens Venstöp – Vrangfoss: Schleusenanlage Telemarkkanal – Nås: Märchenwald – Lyngör: Bestbewahrtes Dorf im Schärengarten – Grimstad: Ibsenhaus, Schärenrundfahrt – Lillesand: Weiße Stadt mit besonderem Blumenschmuck – Brekkestö: Idylle im Schärengarten – Kristiansand: Fischmarkt, Elchsafari – Lindesnes: Leuchtturm am südlichsten Punkt des norwegischen Festlandes – Halbinsel Lista: »Schwarzer« Moränenstrand, Pflanzen- und Vogelschutzgebiete – Bergstraße zwischen Flekkefjord und Hauge – Egersund: Fayance-Museum – Stavanger: Alt-Stavanger, Konservenmuseum, »weiße« Stadt um den Brandwache-Turm – Prekestolen: Aussichtsplattform 600 Meter senkrecht über dem Lyse-Fjord – Gebirgslandschaft Svartevatn

Routenbeschreibung:

Diese Reise beginnt in Oslo. Der Hauptstadt ist ein eigenes Kapitel gewidmet, es kann sofort losgehen. Oslo ist groß geworden, endlos lang führt die Autobahn durch Stadtgebiet, nur manchmal findet das Auge einen Blick in das Inselgewirr des Oslofjordes. Bis Drammen sind ungefähr 40 Kilometer zu fahren.

Drammen hat sich aus einem alten Flößerort zur Industriestadt mit heute zirka 55 000 Einwohnern entwickelt. Im Jahr 1848 wurde hier der erste Arbeiterverein Norwegens gegründet. Hierauf ist die sechstgrößte Stadt im Lande sehr stolz.

Sehenswürdigkeiten:
Eine Besonderheit gibt es in der ansonsten nicht besonders auffallenden Stadt: den Tunnel »Spiralen« zum Aussichtsberg Bragernesåsen. Im Inneren des Berges steigt die Straße von 50 auf über 200 Meter in sechs Windungen hinan. Ein merkwürdiges Fahrgefühl! Der Tunnel wurde schon in den fünfziger Jahren gebaut. Die Stadt brauchte damals Schotter und die Einwohner wollten nicht einen ganzen Berg abtragen lassen. Die Durchfahrthöhe beträgt 3,35 Meter, fürs Wohnmobil sollte das kein Problem sein. Oben empfangen Sie eine wirklich schöne Aussicht, ein großer Parkplatz, eine kleine Kanonenbatterie aus dem Jahre 1904 und viele Wanderwege. Am Parkplatz stehen oft Wohnmobile zum Übernachten. Warum nicht? Öffnungszeiten des Tunnels: Montag bis Freitag von 7 bis 23 Uhr, Samstag und Sonntag von 8 bis 23 Uhr.

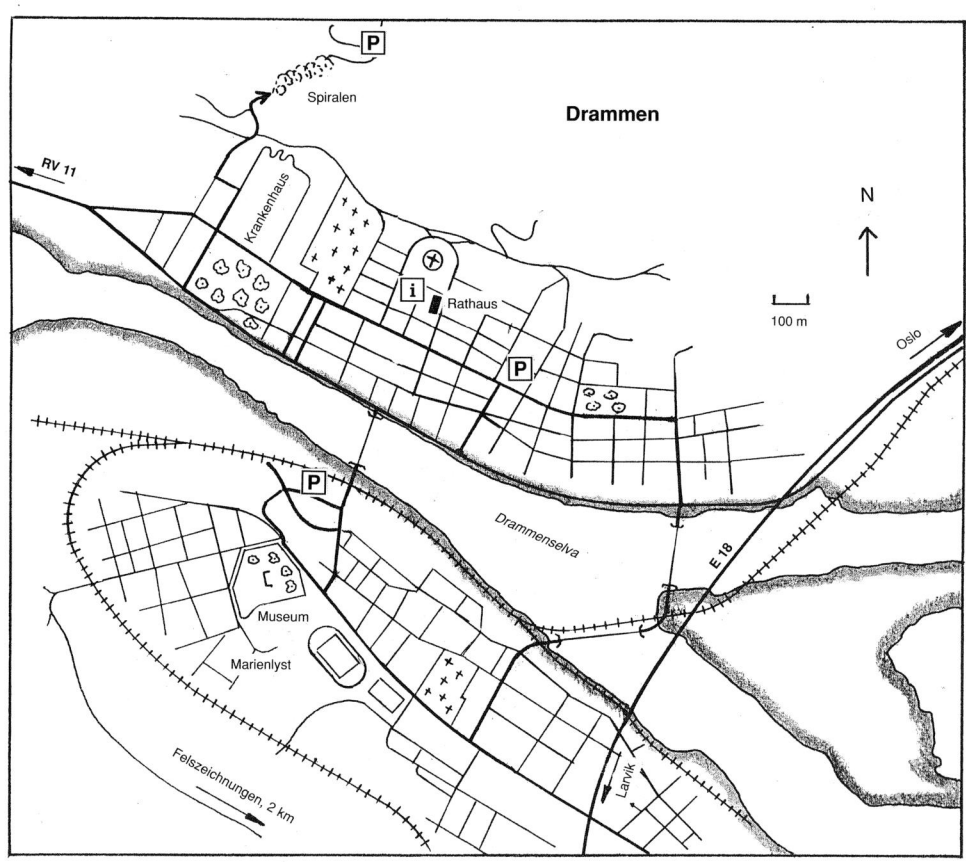

Im Stadtgebiet gibt es auch Felszeichnungen, deren Alter auf 5000 bis 6000 Jahre geschätzt wird. Viele sind es nicht.

Sehenswert ist eventuell auch das Museum, Bezirksmuseum für den Bezirk Buskerud.

Falls jemand baden möchte: Das große Freibad Marienlyst wartet mit geheizten Becken. Von einem Bad im Fluß ist dringend abzuraten. Erstens im Stadtgebiet wegen Abwässer sowieso, außerdem gilt der Drammenelva als stark quecksilberhaltig.

Sehenswürdigkeiten der Umgebung:

In Vestfossen, zirka 20 km westlich auf dem RV 11, gibt es den sehenswerten Herrenhof Fossesholm. Im 16. Jahrhundert war dies das größte Erbgut Norwegens, heute vollgestopft mit viel Interieur aus dem 18. Jahrhundert. Geöffnet ist täglich von 12 bis 18 Uhr.

Von Vestfossen sind es nur ungefähr vier Kilometer nach Fiskum. Der Fiskumvatnet ist ein Vogelreservat. Die kleine Kirche von Fiskum stammt angeblich aus dem Jahr 1200.

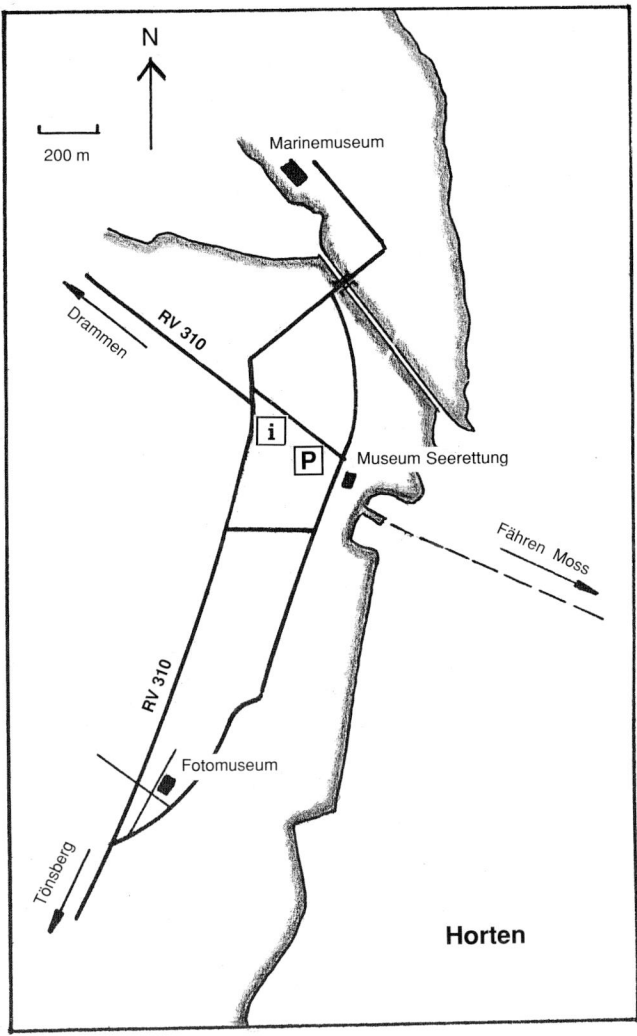

Zwischen Vikersund und Kröderen verkehrt im Sommer ein Dampfzug. Die Touristen-Information kennt die aktuellen Fahrzeiten. Achtung: Einen Motorzug gibt es auch, der ist natürlich nicht so schön. Die Rückfahrkarte kostet 90 NKR.

Nach Vikersund geht es von Drammen zuerst nach Westen am RV 11 Richtung Hokksund. In Mjöndalen bleiben Sie auf der linken, nördlichen Flußseite, erreichen am RV 238 Hokksund und biegen von hier auf den RV 35 nach Norden. Die Strecke Drammen – Vikersund beträgt zirka 45 Kilometer.

Der Drammenfluß bei Hokksund gilt als gutes Angel-Revier auf Lachs. Am Campingplatz »Båt und Camping« in Hokksund sind Angelscheine erhältlich.

Bevor die eigentliche Südküste beginnt, empfiehlt sich ein Besuch in Horten. Von Drammen führt die E 18 knapp 40 Kilometer nach Süden. Dort zweigt der RV 310 nach links ab, nach weiteren 11 Kilometern erreichen Sie Horten.

Horten ist Ausbildungsstätte für die norwegischen Marineoffiziere. Entsprechend viele Kadetten in Uniform bevölkern die Straßen. Weiters ist Horten Fährhafen, zu jeder vollen Stunde fährt eine große Autofähre über den Oslofjord in vierzig Minuten nach Moss. Die Stadt selbst ist für meinen Geschmack eher wenig interessant, sie birgt aber ein paar Leckerbissen als Sehenswürdigkeiten.

Sehenswürdigkeiten:
Das Marinemuseum verdient wirklich einen Besuch, sehr im Gegensatz zu vielen anderen Bootausstellungen, Bootmuseen und Marinemuseen, die meist nur für den Spezialisten interessant sind. In Horten wird seit 1853 alles gesammelt, was für die Seefahrt und die Marine interessant sein könnte. Viele Besonderheiten, darunter das älteste Torpedoboot der Welt sind zu sehen. Der Besuch lohnt auch für diejenigen, die sonst an der Seefahrt nicht so besonders interessiert sind. Das Museum hat ziemlich kurze Öffnungszeiten: Montag bis Freitag von 10 bis 15 Uhr, Samstag und Sonntag von 12 bis 16 Uhr. Der Eintritt ist frei.

Ein echtes Kuriosum steht unmittelbar an der Einfahrt zum Fährhafen, das Museum der norwegischen Seerettungsgesellschaft, ein schier unglaubliches Durcheinander aller möglichen Ausstellungsstücke, die teilweise mit Seerettung überhaupt nichts zu tun haben. Die Ausstellung umfaßt einen einzigen Raum. Ehrlich gesagt, der Besuch lohnt kaum, die fünf Kronen Eintritt dienen aber einem guten Zweck. Vielleicht läßt sich so die Wartezeit zur Fähre etwas abkürzen.

Ernstzunehmen ist hingegen das Fotomuseum. Die Sammlung ist angeblich eine der größten der Welt. Sie enthält alles aus der Entwicklung der Fotografie, von der Camera obscura bis zu modernen Apparaten. Auch Besonderheiten wie Riesen- oder Minikameras, Fotografien und Bücher übers Fotografieren sind vorhanden. Auch hier sind die Öffnungszeiten eher knapp: Montag bis Freitag von 10 bis 14 Uhr, Samstag geschlossen, Sonntag von 12 bis 14 Uhr. Der Eintritt kostet zehn Kronen. Ungefähr 2,5 Kilometer westlich von Horten, am Borrevatnet, gibt es eine schöne 18-Loch Golfanlage, in der auch Gastspieler willkommen sind. Telefon 33 07 32 40.

Die Fahrt nach Süden führt auf dem RV 310, die nächste Stadt, knapp zwanzig Kilometer nach Horten, ist dann Tönsberg.

Tönsberg rühmt sich, die älteste Stadt Skandinaviens zu sein. Das ist aufgrund der strategisch so günstigen Lage durchaus glaubwürdig. Nach einer Sage soll hier schon im neunten Jahrhundert eine Handelsstadt bestanden haben. Im Spätmittelalter war Tönsberg eine von Norwegens drei Hansestädten.

Aus diesen alten Zeiten hat freilich fast nichts die Jahrhunderte überdauert. Ein paar Ruinen und die alte Steinkirche von Sem sind noch zu sehen. Die Kirche wurde vor 1100 n. Chr.erbaut, die Inneneinrichtung ist aus viel späteren Epochen. Die Kirche finden Sie zirka zwei Kilometer nordwestlich vom Stadtzentrum.

Tönsberg heut ist keine »weiße« Stadt. Seit der Jahrhundertwende wurde in der Stadt munter gebaut, jede Zeit in ihrem Stil. Dennoch kann man dem Ort einen gewissen Charme nicht absprechen. An der Hafenpromenade wurden ein paar Packhäuser liebevoll restauriert, direkt am Wasser gibt es recht gemütliche Gaststätten.

Ein Einkaufsbummel zum Auffrischen der Vorräte lohnt. Besonders bei Regen hat Tönsberg Vorteile, da eine große Einkaufstraße mit vielen Geschäften vollständig überdacht wurde.

Einen Parkplatz fürs Wohnmobil finden Sie südlich des Stadtzentrums, kurz vor der Brücke nach Nötteröy (RV 308). Im Zentrum ist man von hier aus in weniger als zehn Minuten.

Das Museum- und Veteranenschiff »KYSTEN I«, Baujahr 1909, absolviert im Juli täglich eine Schärenrundfahrt.Die Fahrt dauert 3,5 Stunden und kostet 100 NKR.

Südlich von Tönsberg liegen die Inseln Nötteröy und Tjöme. Sie sind wie fast alle Inseln am Oslofjord dicht besiedelt beziehungsweise verhüttelt. Es gibt mehrere Campingplätze, freie Standplätze sind kaum zu finden. Ganz im Süden, beim Endpunkt der Straße RV 308 liegt Verdens Ende (Ende der Welt). Hier gibt es Badeplätze und das Aussichtsrestaurant im ehemaligen Leuchtturm.

Nach Tönsberg kehren Sie auf die E 18 zurück. Nach zirka zwanzig Kilometern ist Sandefjord erreicht. Die Bummelstrecke über den RV 303 lohnt eigentlich nicht zu fahren.

Sandefjord war neben Tönsberg und Larvik ein norwegisches Walfang-Zentrum. Um die Jahrhundertwende brannte die Stadt fast vollständig nieder. Heute ist Sandefjord eine kleine, moderne Industriestadt.

Sehenswürdigkeit:
Etwas lohnt allerdings einen Halt, sofern Sie sich für die Geschichte des Walfangs interessieren: das Walfang-Museum. Nirgendwo sonst in Norwegen finden Sie einen so guten Überblick über die Entwicklung, die Geräte und die Bedeutung dieses Wirtschaftszweigs. Öffnungszeiten: Montag bis Freitag von 11 bis 16 Uhr, Samstag und Sonntag von 11 bis 17 Uhr. Der Eintritt kostet 20 NKR.

Die nächst größere Stadt nach Sandefjord ist Larvik, weitere 15 Kilometer auf der E 18.

Larvik ist heute Industriestadt, eine Stadtbesichtigung eher von geringerem Interesse. Für Wohnmobil-Fahrer hat Larvik aber Bedeutung als Fährhafen. Hier landen die Schiffe aus Frederikshaven (Dänemark). Diese Verbindung ist der schnellste Weg zur norwegischen Südküste aus Mitteleuropa.

Auch ab Larvik sollte man auf der E 18 Richtung Eidanger bleiben. Beim Umweg über Stavern und Nevlunghavn sieht man kaum etwas vom Meer, er lohnt nur, falls gerade ein Campingplatz gesucht wird. Zwei Campingplätze gibt es zirka vier Kilometer westlich von Stavern, drei in der Umgebung von Nevlunghavn.

Die E 18 führt zwischen Larvik und Eidanger erstmals durch unverbautes, nicht landwirtschaftlich genutztes Land. Hier, besonders im Bereich der Fylkegrenze, bestehen Chancen auf einen halbwegs brauchbaren, freien Übernachtungsplatz.

Umweg:
In Eidanger verlassen Sie für eine Weile die E 18. Sie folgen dem RV 36 nach Porsgrunn und Skien bis Ulefoss, dann dem RV 359 bis Lunde. Von dort geht es weiter

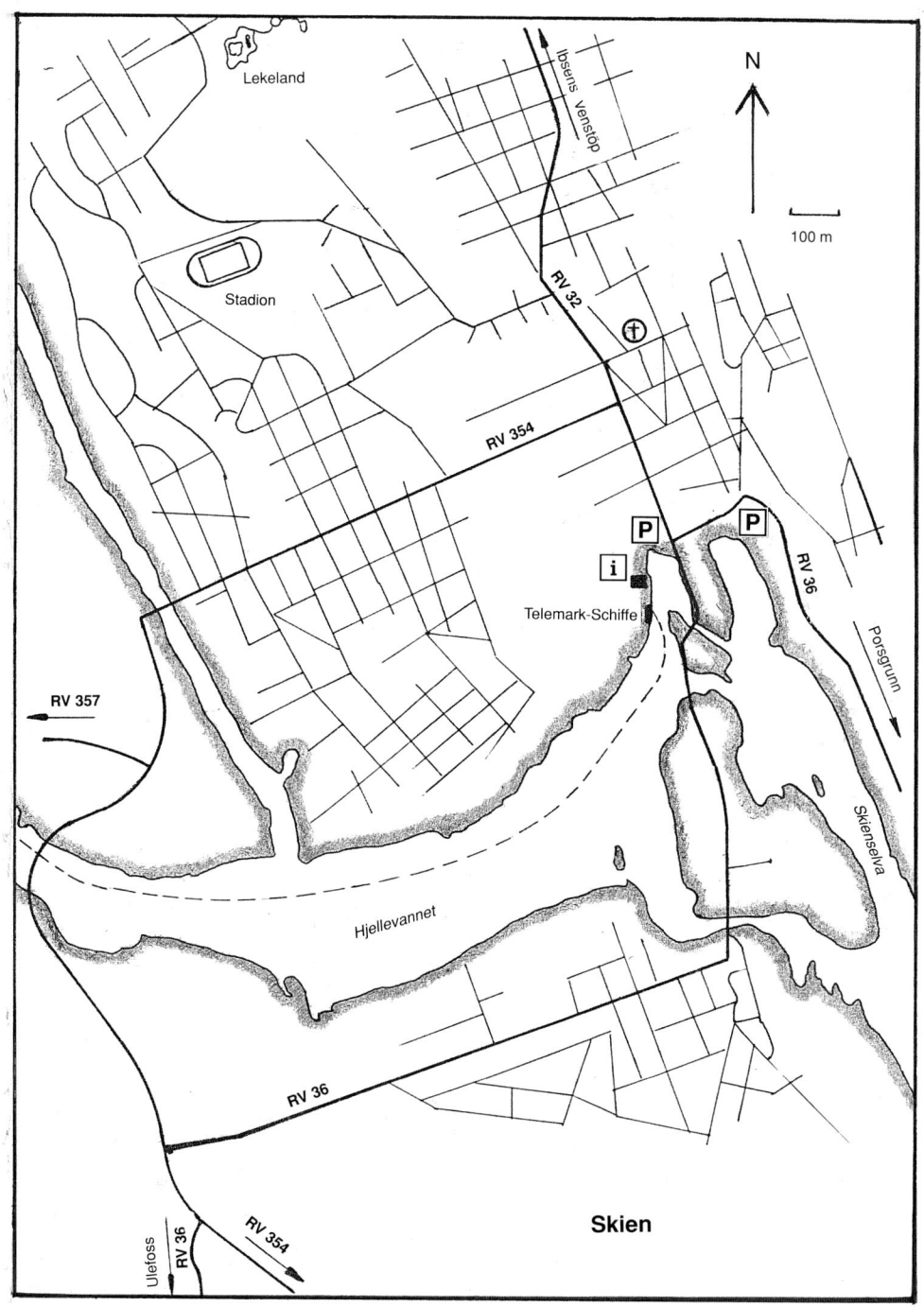

nach Kjeldal, Nås und Drangedal, von es weiter auf dem RV 38 bei Gjerdemyra
wieder auf die E 18 geht. Der Umweg beträgt gegenüber der direkten Fahrt auf
der E 18 nur 83 Kilometer und führt zur Ibsen-Stadt Skien, zum Telemark-Kanal

und in ein unglaublich schönes, unberührtes Wald- und Seengebiet im Herzen von Telemark.

Porsgrunn und Skien sind heute zusammengewachsene Städte, die von der Industrie dominiert werden. Skien erreichen Sie nach 13 Kilometern ab der Abzweigung in Eidanger. Skien besitzt auch heute noch einen recht bedeutenden Hafen, es ist Ausgangspunkt für den Telemarkkanal, der Schiffahrt bis ins 105 Kilometer entfernte Dalen ermöglicht. Der Stadtkern besteht aus Steinhäusern, die ab dem letzten großen Brand 1886 errichtet wurden. Die Randbezirke, besonders im Nordwesten, sind typische norwegische Holzhäuser.

Sehenswürdigkeiten:
Ibsens Venstøp in Gjerpen ist das ehemalige Landgut des Vaters, in dem der junge Ibsen einen großen Teil seiner Jugend verbrachte. Als der Vater verarmte, mußte Venstøp verkauft werden, kurz danach ging Ibsen mit 15 Jahren in eine Apothekerlehre nach Grimstad und kehrte nie wieder nach Skien zurück. Vielleicht haben diese schwierigen Familienverhältnisse auch Ibsens Gemüt mitgeprägt, das durch seine Dichtungen so düster und sprunghaft zu Tage tritt. Auch wer sich nicht für Ibsen interessiert, das Gut Vensstøp lohnt den Besuch. Die Atmosphäre aus der Mitte des vorigen Jahrhunderts ist gut erhalten, der Hof liegt in friedvoller, sanft hügeliger Umgebung. Allzuviele Erinnerungsstücke und Einrichtungsgegenstände darf man aber nicht erwarten. Vom Stadtzentrum Skien nach Venstøp sind es ungefähr fünf Kilometer auf dem RV 32, die eindeutige Beschilderung bringt Sie zuletzt auf ein ganz schmales Sträßchen. Der Eintritt kostet 15 NKR, die Führungen und Beschreibungen sind nur englisch, geöffnet ist jeden Tag von 10 bis 18 Uhr.

Lekeland ist Norwegens ältester Familienpark. Wer seinen Kindern ein paar Stunden Umhertollen zubilligen will, hat täglich von 11 bis 18 Uhr dazu Gelegenheit. Der Eintritt kostet 15 NKR, für Kinder 5 NKR.

Ab Skien ist auch ein Ausflug auf dem Telemarkkanal möglich. Diese ungewöhnliche Reise führt in die lebende Museumstechnik der Kanalanlagen und Schiffe. Das Schiff M/S Victoria ist über hundert Jahre alt! Sie werden in eine paradiesische Seen- und Flußlandschaft entführt, die mit dem Wohnmobil ansonsten verschlossen bleibt. Empfehlenswert ist die Fahrt bis Lunde. Von dort läßt sich die Rückreise nach Skien entweder mit dem Bus oder auch dem talwärts fahrenden Gegenschiff antreten. Die Schiffe verlassen Skien um 8,30 Uhr, Rückkehr mit dem Bus ist um 14,50 Uhr, mit dem Schiff um 17,50 Uhr. Der Spaß ist nicht ganz billig, die Rückfahrkarte per Schiff kostet 240 NKR für Erwachsene, 120 NKR für Kinder von vier bis 15 Jahren. Am besten erfrägt man am Vortag in der Touristen-Information von Skien die aktuellen Abfahrtszeiten und besorgt auch gleich das Ticket.

Man verläßt Skien auf dem RV 34. Die Straße überwindet einen Hügel und führt dann zum Norsjø-See hinunter. Ungefähr sieben Kilometer hinter Skien findet sich der einzige brauchbare Übernachtungsplatz auf einem Stück der alten Straße, gut geschützt hinter einem Felsen. Dann kommt bis Ulefoss nur Bauernland.

In Ulefoss ist die Abzweigung des RV 359 eindeutig beschildert. Kurz danach treffen Sie auf die erste Schleusenanlage mit drei Kammern. Direkt am Parkplatz und

Der Telemarkkanal

Schon seit alten Zeiten wurden Baumstämme aus dem holzreichen Herzen der Telemark nach Skien geflößt. Dalen liegt aber 72 m über dem Meeresspiegel, zahlreiche Wasserfälle erschwerten Holztransport und Schiffahrt. In der Mitte des 19. Jahrhunderts begannen daher Kanalplanungen.

Zuerst wurde der Abschnitt von Skien zum Norsjø-See im Jahr 1861 fertiggestellt. In den Jahren von 1887 bis 1892 wurde dann die Strecke vom Norsjø-See bis in den Bandak-See gebaut. Es waren acht Stationen mit insgesamt 18 Schleusen für die Gesamtstrecke nötig, für damalige Zeiten eine große Leistung an Ingenieurs-Technik und Steinbaukunst. Dieser Kanal ist praktisch unverändert noch bis heute in Betrieb, er wurde eigentlich nie modernisiert und stellt heute ein lebendes Museum dar. Eines der Schiffe, die M/S Victoria, ist sogar schon hundert Jahre alt, allerdings mit modernerer Technik.

Bei den Schleusen von Vrangfoss bin ich als Techniker lange gestanden. Das Bedienen der Schleusentore durch zwei Wärter von Hand lasse ich aus Traditionsgründen gelten. Ungläubiges Staunen haben allerdings die alten, undichten und klemmenden Holztore hervorgerufen, die nicht nur großen Wasserverlust verursachen sondern auch aussehen, als wollten sie demnächst dem Wasserdruck nachgeben. Und beim Anblick der meterdicken, aber auch schon undichten Steinmauern glaube ich mich erinnern zu können, schon einmal von Erosion durch fließendes Wasser gehört zu haben. Mein privates Gefühl nach dem Kanalbesuch: Sehen Sie sich das ganze so bald wie möglich an!

am RV 359 gibt es eine Touristen-Information. Spätestens hier (besser schon in Skien) sollten man die aktuellen Schleusenzeiten erfragen.

Tip: Die Schleusenzeiten sind Mittelwerte, man sollte daher mindestens eine halbe Stunde früher kommen! Normalerweise wird in Ulefoss die Bergfahrt um 10,30 Uhr, die Talfahrt um 15,40 Uhr geschleust.

Nach der Schleuse Ulefoss folgt eine besonders schöne Fahrt entlang des Flusses. Die Straße zwängt sich zwischen schönen Villen und dem Wasser durch. Nach wenigen Kilometern ist die gut beschilderte Zufahrt zur Schleusenanlage Vrangfoss erreicht.

Diese Anlage ist mit ihren fünf Kammern die höchste und zugleich schönste Schleusenanlage des ganzen Telemark-Kanals. Die Umgebung ist wie ein Park, neben der Schleuse gurgelt das Wasser des Vangfossen. Ein Kraftwerk nutzt auch das Gefälle, ist aber von außen kaum sichtbar, es wurde im Felsen versteckt. Über den Fluß führt eine Brücke, von dem aus man in Ruhe dem Schleusen zusehen und prächtig fotografiern kann. Die Schleusezeit beträgt hier ungefähr eine Stunde. Die Bergfahrt wird normalerweise um 11,50 Uhr, die Talfahrt um 14,20 durchgeführt (Mittelwert!).

Nach der Schleuse geht es wieder auf den RV 359 zurück. Auf halbem Weg von Ulefoss nach Lunde, also bald nach der Schleusenzufahrt Vrangfoss, lockt ein Hinweis: Badeplatz Nomestranda. Zum Rasten und Baden ein Traumplatz, leider aber Campingverbot. Einen Kilometer später gibt es allerdings auch noch einen recht schönen Parkplatz, wieder ein Stück alter Straße, direkt am See. Hier gibt es kein

Campingverbot, wenn Sie frei campieren wollen, hier ist ein Übernachtungsplatz.

Lunde ist ein langes Straßendorf. Hier verlassen Sie den RV 359 Richtung Kjeldal. (Zum Freizeitpark von Bø wären es von hier noch 19 Kilometer). Bis Kjeldal führt die Straße entlang des Flusses und zeigt nochmals eine kleine Schleuse mit einer Kammer. Kurz nach der Schleuse verlassen Sie den Fluß und biegen Richtung Nås und Drangedal nach links ab.

Bis Nås folgt ein fast unbewohntes, geschlossenes Waldgebiet, ein richtig hoher und dichter Märchenwald. Die Straße ist kurvenreich und rumpelig und schüttelt das Wohnmobil ordentlich durch. Verkehr ist praktisch nicht vorhanden, dennoch ist an flottes Weiterkommen nicht zu denken. Die Fahrt führt durch Hügelland, ein Traum aus Wäldern, Seen, Mooren und riesigen Flächen von Erika. Derjenige, der die Einsamkeit nicht fürchtet und den Wald liebt, findet reichlich schöne Übernachtungsplätze. Manche davon liegen direkt an einem kleinen Waldsee, allerdings ist nicht jeder See wegen des Sumpfgürtels zugänglich. Nach der Kommunengrenze ist die Straße manchmal schon neu trassiert, an der Landschaft ändert sich bis Nås nichts, am Poltern der Räder ebensowenig.

Ab Nås kehrt man wieder in die Zivilisation zurück, die Straße wird normal breit und gut, es beginnt Menschenland. Bis Drangedal geht es entlang des Nåsvatn, auf halbem Weg trifft man auf die Eisenbahn. Freie Übernachtungsplätze lassen sich kaum mehr finden. In Drangedal geht es auf den RV 38. Die Landschaft bleibt schön und abwechslungsreich bis zur E 18. Bei der Bahnunterführung Merkebekk wartet ein Parkplatz am See. Freie Übernachtungsplätze bleiben selten, kurz vor der E 18 winkt in Våsjö immerhin ein Campingplatz.

Ab Gerdemyra folgen Sie wieder der E 18, nach 31 Kilometern zweigt dann nach links der RV 416 ab, nach weiteren elf Kilometern erreichen Sie Risör. Gleich bei der Abzweigung in Röd und kurz danach in Moen gibt es einen Campingplatz.

Risör ist die erste der »weißen« Städte der Südküste. Die Holzhäuser stammen durchwegs aus der zweiten Hälfte des vorigen Jahrhunderts. Das Stadtensemble ist bis heute bewahrt worden, alle Häuser sind selbstverständlich weiß gestrichen. Es lohnt wirklich, durch die Gassen zu schlendern.

Risör ist ein beliebter Hafen für Yacht-Touristen, im Sommer sind die Straßen entsprechend belebt. Im Herbst gibt es ein sogenanntes Holzboot-Festival bei dem viele Schiffe den Besitzer wechseln. Viele Künstler haben Risör als Domizil entdeckt, es gibt eine Unzahl von Galerien und kleinen Handwerksbetrieben.

Risör leistet sich einen Stadtwärter, besser gesagt einen Nachtwächter. Jeden Mittwoch im Juli können Sie ihn ab 20 Uhr ab dcm Marktplatz bei seinem Rundgang durch die Stadt begleiten. Der Unkostenbeitrag beträgt zehn NKR pro Person.

Für Gäste hat Risör einen großen, kostenfreien Parkplatz angelegt, Sie sehen ihn schon bei Ortsbeginn unter der Hauptstraße. Von diesem Parkplatz ist man in längstens zehn Minuten im Zentrum am Hafen. Parkplätze im Zentrum sind rar und kostenpflichtig.

Von Risör fahren Sie wieder acht Kilometer am RV 416 zurück und biegen dort nach links in den RV 411 Richtung Laget und Lyngör ab. Dieses Straßenstück ist ein

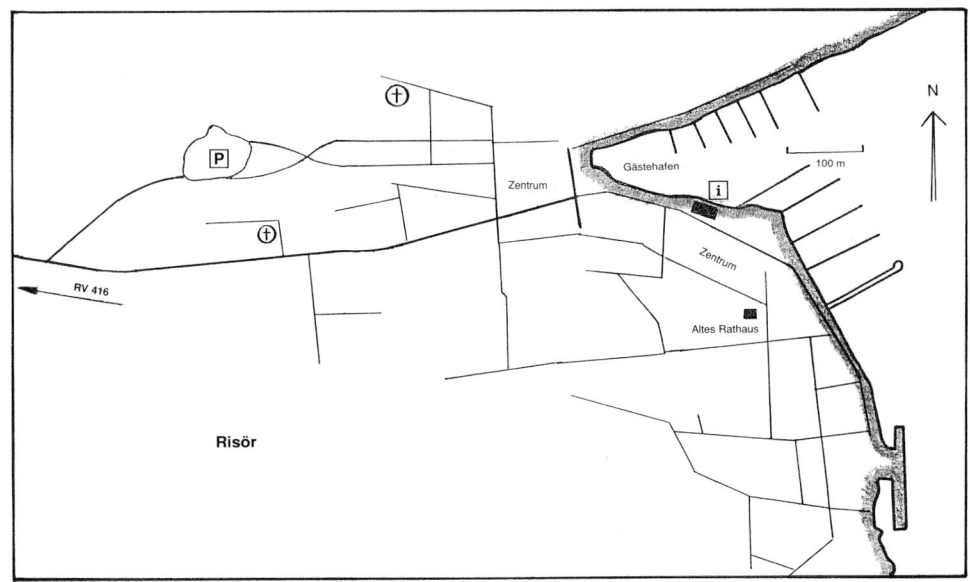

echter Leckerbissen. Sie fahren durch Wälder und entlang von Fjorden und Seen. Zum freien Campieren finden sich genügend schöne Plätzchen. Die Straße ist teilweise sehr schmal. Wer seine Füße etwas vertreten will, zweigt in Laget nach der Brücke Richtung Åkvåg ab. Vom Straßenende in Åkvåg führt ein Fußweg nach etwa 15 Minuten zu einer Schlucht.

In Bergendal biegen Sie vom RV 411 nach Gjerving ab. Ab Gjerving fährt das Boot nach Lyngör. Da es in Lyngör keine Straße für Autos gibt, muß das Wohnmobil in Gjervink geparkt werden, was durchaus mühsam sein kann. Versuchen Sie es zuerst am Parkplatz bei der Boot-Abfahrt. Hier hängen auch die Abfahrzeiten aus. Ist der Parkplatz voll, muß man nach Gjerving zurück und einen gebührenpflichtigen Parkplatz aufsuchen. Das Boot fährt ungefähr alle eineinhalb Stunden, die Überfahrt kostet 20 NKR.

Lyngör lohnt jedenfalls alle Mühe. Der Ort wurde vor wenigen Jahren zum bestbewahrten Dorf gekürt. Lyngör ist über mehrere Inseln verteilt, es gibt keine Autos, das Boot ist das einzige Verkehrsmittel. Wenn mehrere Ortsteile besuchen will, sollte fragen, in welcher Reihenfolge die Fähre die Inseln anfährt. Lyngör hat unglaublich viel Flair. Am Vormittag ist noch nicht viel los, es läßt sich ungestört durch die hügeligen kleinen Gassen spazieren. Außerhalb der Siedlung bieten sich schöne Spaziergänge mit Blick in den Schärengarten an. Ab Mittag hat dann auch die »Blaue Laterne« geöffnet, ein urgemütliches, altes Gasthaus.

Nach Lyngör bleiben Sie auf dem RV 411 Richtung Tvedestrand. Auch diese Straße lohnt zu fahren! Seen und Fjorde wechseln einander ab, immer wieder kann der Blick über die Schären schweifen. Die Chancen auf schöne, freie Übernachtungsplätze sind hier sehr gut.

Tvedestrand ist ebenfalls rund um den Hafen eine »weiße« Stadt, freilich nicht so groß und im Ensemble so gut erhalten wie Risör. In der Fußgängerzone gibt es ein

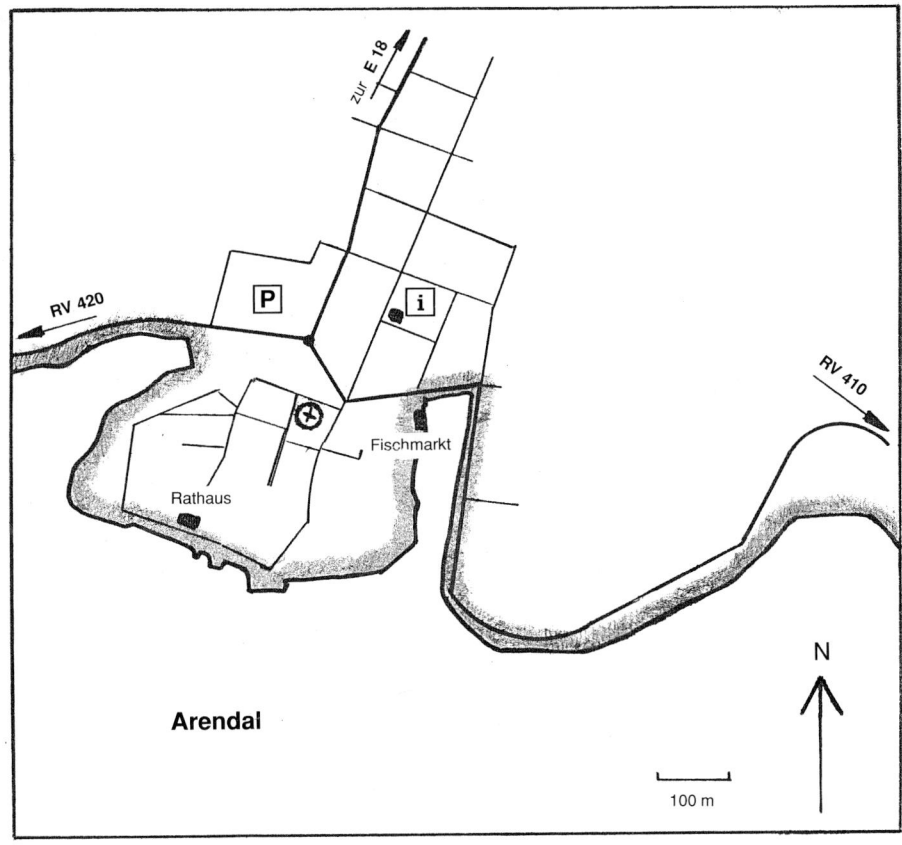

ganz schmales, eigentümliches Haus mit Eingang in drei Etagen. Am Hafen liegt eine kleine Glashütte in der Sie bei der Arbeit zusehen und natürlich auch etwas kaufen können. Geöffnet ist Montag bis Freitag von 10 bis 16 Uhr, im Juli auch am Wochenende.

Wer Zeit hat, sollte ab Tvedestrand auf dem RV 410 nach Arendal bummeln. Die Straße führt allerdings viel durch Wald und nur selten am Wasser. Übernachtungsplatz wird hier keiner zu finden sein. Als schnelle Alternative bietet sich von Tvedestrand nach Arendal natürlich die E 18 an (26 Kilometer). Diese Stadt bezeichnet sich gerne als das »Venedig des Nordens«. Mit Venedig hat Arendal natürlich nichts gemein. Freilich ist die Lage der Stadt sehr schön, die Siedlungen verteilen sich auf mehrere Inseln. Arendal ist Kommunen-Hauptort und entsprechend quirlig ist auch das Leben in den Straßen. Irgendwie ist es gelungen den alten Stadtkern auf der Halbinsel westlich vom Hafen zu erhalten und Arendal nennt sich zu Recht daher auch »weiße« Stadt.

Ein Bummel durch die Gassen der Altstadt lohnt gewiß. Am Hafen gibt es am Vormittag einen kleinen Fischmarkt, bei dem Sie fangfrischen Fisch bester Qualität kaufen können. Ein Kiosk bereitet auch Fischimbisse frisch zu. Parken (gebührenpflichtig) können Sie am besten gegenüber der Kirche neben dem Busbahnhof. Ei-

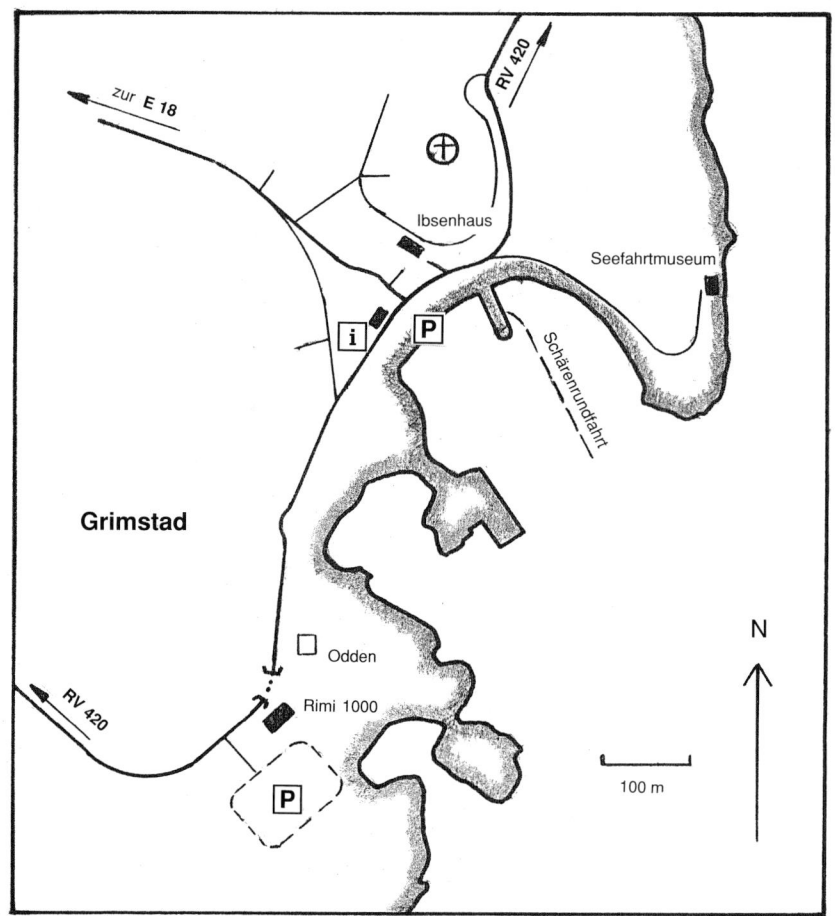

nen schönen Campingplatz finden Sie fünf Kilometer außerhalb auf der Insel Hisöy:
Nidelv Brygge og Camping.

Das nächstes Ziel ist Grimstadt, von Arendal auf der E 18 knapp 20 Kilometer entfernt, vom Campingplatz Hisöy kommend auf dem RV 420.

Grimstad ist ein kleines, ganz entzückendes Städtchen. Rund um den Hafen gibt
es viele alte, schöne und weiße Häuser. Manchmal steht unvermittelt ein Backstein-
bau dazwischen. Die Gassen sind verwinkelt, vielleicht wirkt Grimstad dadurch im
Stadtbild lebendiger als etwa Risör. Der Dichter Henrik Ibsen probierte hier eine
Apotheker-Lehre, an seinem Ruhm versucht die Stadt natürlich mitzunaschen.

Sehenswürdigkeiten:

Das Ibsenhaus lohnt unbedingt einen Besuch, man muß sich keineswegs für Ibsen interessieren. Schon das Gebäude ist sehenswert: schief, verwinkelt, seit 150 Jahren unverändert. Im Inneren wartet dann die alte Apotheke, in der der junge Ibsen lernen
sollte. Darüberhinaus ist das ganze Haus voll mit alten Einrichtungsgegenständen,
wie Möbel, Geschirr, Gläser, Kleidung, Öfen und unendlich viel Krimskrams. Hier

sieht es nicht nach Museum sondern echt nach Wohnen im vorigen Jahrhundert aus. Öffnungszeiten: Montag bis Samstag von 11 bis 17 Uhr, der Eintritt kostet 15 NKR.

Das Seefahrtsmuseum ist eigentlich keinen Besuch wert, es sei denn, Sie erfreuen sich am Spaziergang dorthin. Unmittelbar daneben ist eine perfekte Sammlung aller Werkzeuge, die je zur Herstellung eines Segelschiffes benötigt wurden. Diese Sammlung ist derzeit privat und nicht zugänglich, es laufen aber Bestrebungen, dies zu ändern. Die aktuelle Situation kennen die Touristen-Information oder das Stadtmuseum (= Ibsenhaus).

Ab Grimstad ist auch eine Schärenrundfahrt per Schiff möglich und lohnend. Der alte Kutter tuckert zwei Stunden durch den Schärengürtel. Erklärungen gibt es keine, das Landschaftserlebnis versteht man auch ohne Worte. Die Schwierigkeiten des Schärengartens für die Schiffahrt sieht man an unzähligen Fahrwasser-Zeichen. Die Abfahrt erfolgt täglich um zwölf Uhr. Der Spaß kostet 90 NKR pro Person. Das gleiche Schiff veranstaltet übrigens am Abend auch Angel-Touren am Meer. Die aktuellen Preise und Fahrzeiten erfragen Sie am besten in der Touristen-Information.

Im Stadtzentrum ist das Parken gebührenpflichtig. Falls Sie aber die Uferstraße (RV 420) zirka 500 Meter nach Süden fahren, finden sich gleich hinter dem kurzen Tunnel das Kaufhaus Rimi 1000. Links hinter dem Kaufhausparkplatz sehen Sie einen großen, kostenlosen Parkplatz, auf dem man sogar ungestört umsonst übernachten kann. Von diesem Parkplatz sind es zu Fuß keine zehn Minuten ins Zentrum.

Unser nächstes Ziel ist Lillesand. Der direkte Weg führt natürlich über die E 18. Hier bietet sich sogar einmal ein freier Übernachtungsplatz an, zirka 13 Kilometer nach Grimstad, unmittelbar vor der Kommunengrenze. Es gibt hier einen großen Parkplatz mit Kiosk und WC, ein Stück alter Straße führt über die alte Brücke zu einem weiteren Parkplatz unterhalb des Straßenniveaus der E 18. Der Lärm ist hier erträglicher aber natürlich vorhanden. Wer in dieser Gegend einen Campingplatz sucht, nimmt die ansonsten nicht allzu attraktive Straße nach Homborsund, Abzweigung zirka zehn Kilometer nach Grimstad. Ab der E 18 geht es zuerst drei Kilometer auf Asphalt bis Homborsund, von dort weiter auf enger Sandstraße zum Campingplatz »Breivik«. Die Lage im Schärengarten ist wirklich schön. Vom Campingplatz kann man über Eide zur E 18 zurückkehren. Die Entfernung von Grimstad nach Lillesand beträgt 19 Kilometer.

Lillesand lohnt ebenfalls den Bummel zwischen den weißen Häusern. Zwei Dinge fallen besonders auf: Die Häuser stehen hier nicht so eng nebeneinander wie in Risör oder Grimstad, wohl wegen der Brandgefahr. Die Stadt wirkt dadurch großzügiger aber nicht so heimelig. Außergewöhnlich ist auch der reiche, ungewöhnliche Blumenschmuck. Viele baumähnliche Eisengestelle sind über und über mit Blumen dekoriert, wohl Ausdruck der Sehnsucht nach Licht und Wärme. Lillesand besitzt auch einen großen Gästehafen, Schiffe aus vielen Nationen legen hier gerne an. Entsprechend bunt ist das Treiben, gemütliche See-Restaurants warten auf Gäste. Verschiedene Schärenfahrten per Schiff werden auch hier angeboten, unter anderem bis Kristiansand. Die Touristen-Information am Hafen kennt die stark schwankenden Abfahrtszeiten und aktuellen Preise. Das Wohnmobil steht am besten (gebührenpflichtig) am großen Parkplatz am Hafen, mitten im Zentrum.

Abstecher nach Brekkestö, Insel Justöya

Diesen kurzen Abstecher sollte man sich bei halbwegs gutem Wetter nicht entgehen lassen. Er führt mitten hinein in die Schärenwelt.

Sie verlassen Lillesand auf der E 18, nach ungefähr vier Kilometern zweigt die Straße nach Brekkestö ab. Schon nach zwei Kilometern steht man vor der Brücke zur Insel. Die Aussicht von dort ist großartig. Vor und nach der Brücke kann man allerdings nur schlecht parken, es lohnt sich trotzdem die Mühe.

Nochmals zwei Kilometer nach der Brücke steht ein Hinweis auf den Campingplatz »Justöy Bibel-Camping«. Der Platz zwischen den Schären ist nach 500 Meter rippiger Sandstraße erreicht.

Drei Kilometer nach dem Hinweis auf den Campingplatz beginnt Brekkestö. Bitte unbedingt gleich am Ortsbeginn parken, auch wenn viele Parkplätze dort privat sind. Im Ort gibt es absolut keinen Parkplatz. Der Ortsbeginn ist durch ein Schild »Wohnstraße« markiert, ab diesem Schild sind es zu Fuß fünf bis zehn Minuten in den Ort und an die Mole. Brekkestö ist ein ganz entzückendes, malerisches Schärendorf. Sie sollten nicht nur den Ort besichtigen, sondern unbedingt auch einen oder beide Aussichtspunkte besteigen, Gehzeit jeweils nur fünf bis zehn Minuten.

Den ersten Aussichtspunkt erreichen Sie ab der Dorfmitte, wenn Sie dem Schild »Utkikken« (Ausblick) folgen. Der Pfad bringt Sie nach fünf Minuten zu einem kleinen Turm, einem Seezeichen. Wer will, kann auf den Granithügeln noch weitergehen. Hier ist die Aussicht auf die äußeren Schären besonders gut. Den zweiten Aussichtspunkt erreicht, wer von der Mole (=Straßenende) nach rechts dem Bootssteg zirka 50 Meter weit folgt. Von hier ist der Felskopf über der Mole leicht zu besteigen. Welch ein Blick! Hier, zwischen den vielen Inseln, sind Autos absolut hilflos. Das Boot ist das einzig mögliche Verkehrsmittel, viele Häuser sind gar nicht anders zu erreichen.

Abstecher nach Ulvöysund, Insel Ulvöya

Auch diese Abstecher bietet, ähnlich wie der Abstecher nach Brekkestö, eine Reise zu den Inseln und Schären, »typisch« für Norwegens Südküste. Hinter Lillesand biegt nach elf Kilometern auf der E 18 der RV 401 nach links ab. Auf dem RV 401 fahren Sie zunächst 6,5 Kilometer, dann kommt die Abzweigung nach Ulvöysund. Von hier aus sind es nochmals sechs Kilometer.

Wieder endet die Straße an der Mole, wieder gibt es im Ort keine Parkmöglichkeit. Macht nichts. Parken Sie 200 Meter vor dem Ort, bevor sich die Straße zum Meer senkt. Hier ist ein größerer Parkplatz mit einem roten Telefonhäuschen. Nur ein Teil des Parkplatzes ist privat. Der beste Aussichtspunkt liegt auch in der Nähe dieses Parkplatzes: 50 Meter Richtung Ort auf der Straße und dann rauf auf den Felskopf zur rechten Seite. Das dauert keine fünf Minuten, darunter liegt »Schärengarten pur«.

Unterwegs nach Ulvöysund hat man zwei Kilometer vor dem Ort den Wegweiser Camping »Skottevik« passiert. Ab diesem Schild ist noch ein Kilometer zum Platz zu fahren. Dieser Campingplatz ist ein Riesending! Eine große Fläche steht gut ge-

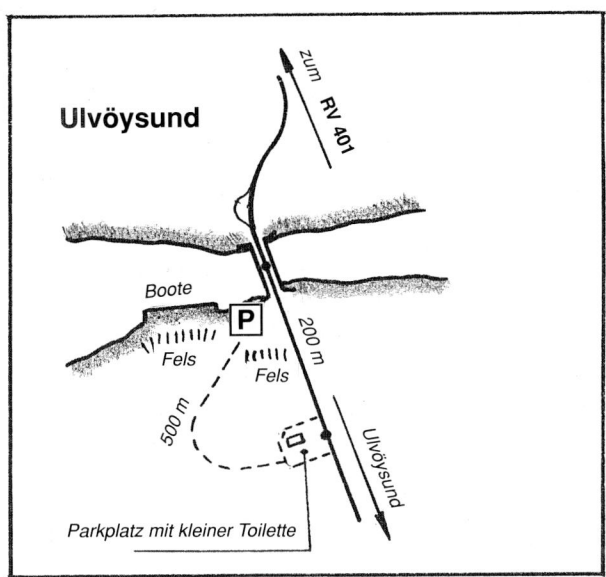

Ulvöysund

zum RV 401

Boote

P

Fels

Fels

200 m

500 m

Ulvöysund

Parkplatz mit kleiner Toilette

schützt für Wohnmobile bereit. Es gibt ein Freibad, Tauchservice und Tauchschule, Tennisplatz, viel Geräte zur Unterhaltung der Kinder, Bootverleih, und, und, und. Blick aufs Wasser haben Sie von Ihrem Wohnmobil aus nicht, ein schönes Plätzchen in den Schären zum Sonnen oder Baden sollte kein Problem sein.

Tip für Freicamper: An dieser Straße gibt es ausnahmsweise einen freien Übernachtungsplatz am Wasser. Fünf Kilometer nach der Abzweigung vom RV 401 oder ein Kilometer vor Ulvöysund überquert die Straße auf einer Brücke einen kleinen Sund. Es gibt hier einen Boot-Anleger, neben dem findet sich Platz fürs Wohnmobil.

Entlang des RV 401 Richtung Kristiansand läßt sich kaum ein freier Übernachtungsplatz finden, eventuell bei einem kleinen See an der Fylkegrenze. Die Besiedelung wird dann schnell dichter, die große Stadt ist nicht mehr ferne.

Kristiansand ist mit 65 000 Einwohnern die fünftgrößte Stadt Norwegens. Nach einem Brand verordnete im Jahr 1641 König Christian IV. einen geplanten, quadratischen Grundriß des Straßennetzes. Die rechtwinklig kreuzenden Straßen haben sich trotz mehrerer weiterer Brände bis heute im Zentrum erhalten. Die einzige Ausnahme bildet der Dom, sein Kirchenschiff steht West-Ost, zu den übrigen Straßen also schief. Kristiansand ist auch ein wichtiger Fährhafen. Die Schiffe von und nach Hirtshals in Dänemark benötigen vier Stunden für die Überfahrt.

Sehenswürdigkeiten:
Der bemerkenswerteste Teil der Innenstadt ist Posebyen, das weiße Viertel mit schönen, alten Holzhäusern. Der übrige Teil der »Kvadraturen« ist ein buntes, nicht unsympathisches Gemisch von Bauten aller Stilrichtungen. Erfreulicherweise wurde auf große, häßliche Betonklötze verzichtet. Die Häuser der Kvadraturen werden

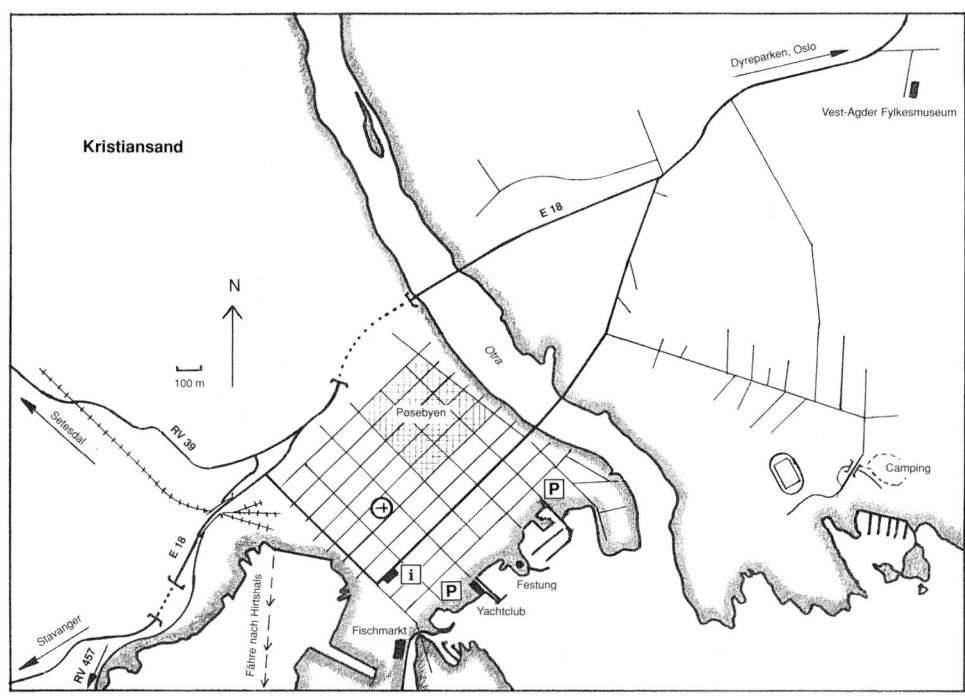

auch nicht durch freie Stromleitungen verbunden. Welch Wohltat für Auge und Fotografen! Die Festung Christiansholm, eine Rotunde mit fünf Meter dicken Mauern, bietet einen schönen Blick über den Yachthafen und die Stadt. Die Festung ist meist nur im Juli zugänglich. Über Besichtigungsmöglichkeiten weiß die Touristen-Information bescheid. Ein Erlebnis für Auge und Nase ist auch der große Fischmarkt, der Montag bis Freitag von 6,30 Uhr bis 16 Uhr und Samstag von 6,30 Uhr bis 13,30 Uhr geöffnet hat. Im Sommer wird es kaum passieren, daß man wirklich irgendwo einen Elch trifft. Die Touristen-Information bietet Elchsafaris mit erfahrenen, auch deutschsprechenden Führern an. Der Erfolg ist fast garantiert. Die große Safari dauert von 16 bis 24 Uhr, ein Abendessen ist inclusive und kostet stolze 580 NKR. Die kleine Safari dauert von 21 bis 24 Uhr, Essen gibt es keines und der Preis ist mit 180 NKR deutlich günstiger. Die beiden Safaris werden abwechselnd veranstaltet, die aktuellen Zeiten und Preise sind zu erfragen. Kristiansand bietet natürlich auch Schärenrundfahrten per Schiff an. Die zweistündige Fahrt beginnt täglich um 13,30 Uhr und kostet 70 NKR pro Person. Die dreistündige Fahrt führt mit Zwischenstopp in den alten Handelsort Hellesund auf der Insel Helgöy, beginnt um 17 Uhr und kostet 90 NKR.

Wer sich für Freilichtmuseen interessiert, kommt im Vest-Agder Fylkesmuseum voll auf seine Kosten. Öffnungszeiten täglich von 10 bis 18 Uhr, Eintritt 20 NKR. Das Museum liegt nahe der E 18, zirka vier Kilometer Richtung Oslo. Ebenfalls an der E 18, 13 Kilometer nach Kristiansand Richtung Oslo, finden Sie Kristiansands Dyrepark. Dies ist ein großer Tier- und Freizeitpark mit Raubtieren, Wellen-Schwimmbad und der Märchenstadt Kardemomme. Das Areal ist täglich von 11 bis

64

Lebhaft: die über-
dachte Einkaufs-
passage in
Tönsberg (Route 1).

Einsam: in den
Schären bei
Grimstad (Route 1).

66 oben links: Luftig: der neue Leuchtturm von Lindesnes Fyr (Route 1).
oben rechts: Schmal: Bergstraße am Jössing-Fjord (Route 1).
unten: Charmant: Altstadt von Stavanger (Route 1).

oben: Empfehlenswert: Ausflug von Stavanger Richtung Svartevatn (Route 1).
unten: Atemberaubend: Ausblick auf den Sirdal-See (Route 1).

Königlich: Kloster
Utstein, ursprüng-
lich Sitz von König
Harald Schönhaar
(Route 2).

Urzeitlich: Latefoss-
Wasserfall bei
Odda (Route 2).

oben: Romanisch: Marienkirche in Bergen (Route 2).
unten: Gesucht: Bergens einziger Wohnmobil-Standplatz (Route 2).

70   oben: Typisch: die Fähren wurden zu einem heimlichen Wahrzeichen Norwegens
(Route 2).
unten: Freundlich: die Kleinstadt Florö, die erst seit 1940 per Auto erreicht werden
kann (Route 2).

**Westwärts: ein Blick auf
Leikanger am Vanylvs-Fjord
(Route 2).**

**Eisig: das Briksdal unterhalb
des Jostedal-Gletschers
(Route 2).**

72   oben: Lohnend: Aufenthalt in Ålesund (Route 2).
      unten: Rar: Freier Standplatz auf Giske (Route 2).

19 Uhr geöffnet, mit dem Eintrittspreis von 140 NKR sind auch alle Vergnügungen bezahlt. Gleich gegenüber gibt es dann noch ein Automuseum mit gleichen Öffnungszeiten und einem Eintrittspreis von 45 NKR.

Ungefähr neun Kilometer südlich von Kristiansand liegt das Kanonenmuseum, eine ehemalige Wehrmachts-Batterie. Sie erreichen den Bau auf dem RV 457, von welchem Sie unmittelbar vor der Tunneleinfahrt zur Insel Flekkeröy links abbiegen. Von hier sind es noch 800 Meter auf einer schmalen Sandstraße bis zum Parkplatz. Sie erreichen die Kasse und den Eingang zu Fuß in drei Minuten. Auch im Areal gibt es noch einen Parkplatz. Die Anlage ist sehr gut erhalten, es gibt eine deutsche Broschüre und deutsche Führungen. Geöffnet ist täglich von 11 bis 18 Uhr, der Eintritt kostet 20 NKR.

Ein wesentlich erfreulicherer Ausflug von Kristiansand aus bietet sich zu einer Fahrt mit einem alten Dampfzug der Setesdalbahn an. Mittwochabend und Sonntagmittag schnauft die alte Garnitur von Grovane nach Beihölen und zurück. Von Kristiansand fahren Sie zunächst zehn Kilometer am RV 39 nach Mosby, dann nochmals so weit am RV 405 nach Grovane. Der Spaß dauert eine gute Stunde, die Rückfahrkarte kostet 40 NKR.

Kristiansand ist auch eine Wohnmobil-freundliche Stadt mit Übernachtungsmöglichkeiten im Stadtzentrum. Die beste Möglichkeit besteht beim Yachtklub, wo einige Stellplätze vorhanden sind. Gegen eine Gebühr von 70 NKR erhalten Sie Stromanschluß und können die Toiletten und den Freizeitraum benützen. Sind die Stellplätze voll, stellt man sich gleich nebenan auf den großen Parkplatz. Ist das Stromkabel lang genug, funktioniert alles wie auf den Stellplätzen. Auf diesem Parkplatz sowie auf dem Parkplatz beim Hallenbad können Sie über Nacht auch kostenlos stehen, niemand hat etwas dagegen. Parkgebühren werden nur von Montag bis Freitag von 8 bis 17 Uhr, am Samstag von 8 bis 13 Uhr eingehoben. Die Stunde kostet 4 NKR, eine Tages-Parkkarte 25 NKR. Die übrige Zeit ist frei. Natürlich gibt es hier keinen Strom und kein WC. Eine öffentliche Toilette befindet sich im kleinen, roten Haus neben dem Festungseingang.

Eine Möglichkeit zur Gasfüllung gibt es im Industriegebiet Randesund, Barstolveien 56: Propangasspesialisten. Das Industriegebiet liegt zirka sechs Kilometer Richtung Oslo.

Nach Kristiansand heißt das nächste Ziel Mandal, das man bequem auf der E 18 nach 38 Kilometer erreicht. Eine Bummelstrecke führt über den RV 456 nach Sögne. Die Aussicht ist schön und geht über die Schären manchmal bis aufs freie Meer. Freie Übernachtungsplätze sind kaum zu finden.

Mandal ist ein malerisches, kleines und weißes Städtchen. Langgestreckt und schmal zieht sich die Altstadt am Westufer des Mandalselva dahin. Der Ort verfügt über auffallend viele Restaurants und Pubs. Sie sind in der südlichsten Stadt Norwegens. An die Flußmündung, wenige Minuten vom Stadtkern entfernt, schließt Sjörsanden an, einer der längsten Sandstrände Norwegens. Ein großer Campingplatz liegt unmittelbar daneben. Der Naturpark Furulunden befindet sich gegenüber.

In der Stadt sind Parkplätze rar, am ehesten vielleicht neben dem Fluß.

Kriegsgedenkstätten

Überall in Norwegen wird die Erinnerung an Krieg und Besatzung durch Deutschland wachgehalten. Diese Besatzung – nicht zuletzt durch die zahlreichen Greueltaten – war für Norwegen zweifellos ein Schock, der bis heute nicht ganz abgeklungen ist. Deutschland war vor dem Krieg immer eine Art Vorbild an Kultur und Entwicklung, das Volk der Dichter und Denker. Durch die Hanse teilte man auch ein Stück weit eine gemeinsame Geschichte. Und dann dieser Überfall! Die Demütigung saß tief, wahrscheinlich verstärkt durch die Tatsache, daß die eigene Abwehr nicht länger standhalten konnte und das NS-Regime furchtbar wütete.

Insbesondere die ältere Generation hat zum Teil zweifelsohne immer noch Vorbehalte. Ich erlaube mir trotzdem, den Sinn diese Gedenkstätten anzuzweifeln. Wo ist ihre positive Wirkung? Der Völkerverständigung können sie wohl nicht dienen, es fördert kaum die Freundschaft, wenn ein Partner immer auf der Anklagebank sitzt. Als Mahnmal für die Zukunft? Hier erhebt sich die Frage wer gemahnt werden soll. Die Norweger brauchen die Mahnung nicht, sie haben sie nicht vergessen und wollten sowieso keine Besatzung. Und die Ausländer, allen voran Deutsche und Österreicher? Ich kann mir nicht vorstellen, daß ein paar Kriegsrelikte ein echter Beitrag zum »nie wieder« sind. Die Jungen sagen gelangweilt, das geht sie nichts an, ein paar Alte fühlen sich schlimmstenfalls euphorisiert, was sie nicht alles geleistet hatten, militärisch ist der Krempel sowieso nur Museumsware.

Man verläßt Mandal auf der E 18 und erreicht nach 13 Kilometern Vigeland. Hier wurde der Bildhauer Vigeland geboren, dessen Hauptwerke in Oslo im Frognerpark zu bewundern sind. Seine Heimatstadt besitzt auch einige Skulpturen. Der folgende Abstecher ist eigentlich ein »Muß«.

Abstecher nach Lindesnes:

Ab Vigeland folgen Sie dem RV 460, bis Lindesnes sind 27 Kilometer zu fahren. Die Straße ist Musterbeispiel einer Schärenstrecke, abwechslungsreich und natürlich mit vielen Kurven. Die kleine Ortschaft Snig fällt durch ungewöhnlich schöne und gepflegte Häuser auf. Auf halber Strecke, kurz vor Spangereid, gibt es einen Campingplatz mit langem Sandstrand.

Unmittelbar nach der Kirche von Spangereid sieht man Föhrenwald, Wiesen, Strand und auch ein paar Zufahrtswege. So schön es hier ist, vergessen Sie die Idylle als Übernachtungsplatz, hier ist Naturschutzgebiet und natürlich campieren nicht erlaubt; gerastet darf werden. Zehn Kilometer nach der Kirche von Spangereid weist eine Tafel zum Örtchen Lillehavn. Nach einem Kilometer sind Sie in einem kleinen Fischerdorf, das zunächst, unnorwegisch, ein wenig verschlampt wirkt. Von Tourismus will hier scheinbar niemand etwas wissen, das Dorf lebt offenbar wirklich noch ausschließlich vom Fischfang. Einige Kutter liegen im Hafen, einige Mini-Betriebe verarbeiten den Fang. Ein winziger Krämerladen ist nur für die Versorgung der wenigen Bewohner ausgelegt. Mir hat das Dorf wegen seiner unpolierten Natürlichkeit und auch wegen seiner traumhaften Lage zwischen den Schären ganz besonders gut gefallen.

Parken in Lillehavn: Sie können der Straße bis zur Mole folgen, hier gibt es etwas Parkraum. Zwischen den Häusern wird die Straße unglaublich schmal. Besser ist der Parkplatz auf der Halbinsel: Gleich zu Ortsbeginn steht ein auffallendes Seefahrtszeichen. Von hier führt eine steile Straße hinunter auf einen größeren Parkplatz. Drei Kilometer nach der Stichstraße Lillehavn erreicht man, in Lindesnes, den südlichsten Festlandszipfel von Norwegen.

Dieser Punkt hatte für die Schiffahrt schon seit jeher praktische und auch emotionale Bedeutung. Für die Küstenschiffahrt begann hier der beschwerliche Weg nach Norden, für die Hochsee-Schiffer endete hier Norwegen beziehungsweise begann nach langer Fahrt die Heimat. Wo sonst hätte das erste Leuchtfeuer des Landes stehen sollen? Im Sommer werden für den Eintritt ins Leuchtturm-Gelände 15 NKR eingehoben. Das Besteigen des Turmes selbst kostet wie überall in Norwegen nochmals drei NKR, die der Rettungsgesellschaft für Schiffbrüchige zufließen. Trotz der Kosten sollte man sich die Aussicht vom Turm keinesfalls entgehen lassen. Der jetzige Leuchturm wurde 1915 erbaut und ist aus vielen Teilen zusammengeschraubt. Daneben steht auch noch der alte, steinerne Turm. Das Feuer brannte auf der Dachfläche, die schalenförmigen Öffnungen dienten als Luftfang. Es gab offenbar stets genug Wind um das Feuer von unten, wie bei einer Esse, mit Sauerstoff zu versorgen.

Ein großer Parkplatz liegt jeweils beim Restaurant und am Straßenende. Hier gibt es auch Toiletten und ich habe hier manchen Kollegen auch übernachten sehen. Auf den Schären versuchen viele ihr Anglerglück.

Von Lindesnes müssen Sie nicht zur E 18 zurückkehren. Bei der Kirche in Spangereid zweigt eine kleine Straße Richtung Lyngdal ab. Auf den nächsten zwanzig Kilometern finden Sie nur teilweise Asphalt, der Rest ist gut zu fahrende Sandstraße. Die Strecke ist schön und abwechslungsreich. Den Ort Lyngdal können Sie sich ersparen. Lyngdal ist ein sauberes, ganz normales Straßendorf.

Stattdessen biegt die Route auf den RV 43 Richtung Farsund ab. Die breite Ebene von Lyngdal endet unvermittelt am Fjord. Steile Felswände stehen zu beiden Seiten des Wassers, die Straße folgt dem Ufer einmal näher, einmal weiter. Farsund ist nach 20 Kilometern erreicht.

Farsund ist wieder eine hübsche, »typische« Kleinstadt der Südküste. Die weißen Häuser stammen fast alle aus der Zeit unmittelbar nach dem letzten Stadtbrand im Jahre 1901. Farsund sind Inseln und Halbinseln vorgelagert, die Stadt hat auch sie erobert. Der RV 43 führt über eine Insel in die Stadt. Unmittelbar nach der zweiten Brücke gibt es einen Parkplatz direkt am Wasser; Farsund ist das Eintrittstor zu der ungewöhnlichen Halbinsel Lista.

Nach sechs Kilometern folgt Vanse, und hier ändert sich die Landschaft schlagartig: Die Fahrt geht durch eine weitgestreckte Ebene, üppige Felder umgeben die Straße. Man glaubt beinahe, nicht mehr in Norwegen zu sein. Der RV 43 endet einen Kilometer nach dem langen Straßendorf Borhaug beim Leuchtturm Lista-Fyr, zehn Kilometer nach Vanse. Hier gibt es einen größeren Parkplatz, WC, und wer will, kann hier die Nacht verbringen. Der Parkplatz ist schief, beim Wohnmobil ist ein Niveauausgleich erforderlich. Von Lista-Fyr nach Kvinesdal nimmt man am besten die Strecke durch in einen der unberührtesten Teile der ganzen Südküste. Die Strecke ist 45 Kilometer lang, 1,5 Stunden reine Fahrzeit sind schon zu veranschlagen.

Lindesnes Fyr

In Lindesnes wurde im Jahr 1655 das erste Leuchtfeuer Norwegens errichtet. Es brannte ein Kohlefeuer. Der viereckige Steinturm wurde 1799 gebaut, da man auch eine Landmarke benötigte. 1854 wurde die Kohlefeuerung durch einen Petroleumbrenner mit einem Blinkprisma ersetzt. Blinkprisma und Petroleumbrenner übersiedelten auch noch 1915 in den neuen Turm, das Prisma arbeitet noch heute. Erst 1954 wurde auf elektrischen Betrieb umgestellt. Angeblich gab es früher auch einen Inspektor, der 1782 zur Überwachung des Feuers ernannt wurde. Neben seinem Haus stand eine Kanone, die wurde abgefeuert um die Wachmannschaft zu wecken oder ein ungenügendes Feuer zu rügen.

In Borhaug verlassen Sie den RV 43 und biegen auf den RV 463 ein. Schon nach zwei Kilometer geht es Richtung Stave und Vere. Ab Vere endet der Asphalt, die Straße ist aber gut zu fahren. Dann kommt der kaum wahrnehmbare Ort Penne, kurz davor sind Felszeichnungen zu besichtigen. In Jöllestö versteckt sich ein winziger Hafen hinter einer hohen Mole, die Westküste wird nicht durch Schären geschützt. Bis hierher sind Sie immer auf der alten Moräne gefahren, der Abbruch ist wiederholt deutlich zu sehen. An der Küste liegen diese runden Steine verstreut, schwarz und naß und scheinbar unbeweglich im seichten Wasser. Und doch wird der nächste größere Seegang die Gesteinsmühle wieder in Gang setzen, wird weiter an den Steinen schleifen, solange bis auch der letzte Brocken zu Sand geworden ist. Die Menschen haben ihre Felder mit Steinmauern geschützt, üppig wächst die nächste Ernte heran. Lista hat genug Regen.

Immer wieder fasziniert in Norwegen der schnelle Landschaftswechsel, so auch hier: Hinter Jöllestö beginnt unvermittelt wieder das Norwegen der Berge, Seen und Wälder. Die Straße wird noch schmäler. Man glaubt sich am Ende der Welt, die Natur scheint völlig unberührt. Bei den ganz wenigen Häusern von Heskestad drängen sich Fragen auf: Wohin gehen die Kinder in die Schule? Wohin muß man einkaufen fahren? Wo lebt wohl der nächste Arzt? Das Leben muß hier einem anderen Zeitablauf folgen.

Besonders eindrucksvoll ist auch die Fahrt entlang des Framvaren-Sees. Steile Felsen tauchen in das Wasser, hohe Berge ragen in den Himmel. Die Straße windet sich schmal und kurvenreich hoch über der glitzernden Fläche. Man glaubt durch einen Urwald zu fahren. Welch ein Gegensatz zum Land noch vor 15 Kilometern!

Bei Gjervollstad erreichen Sie den RV 465 und damit wieder Asphaltstraße. Die Landschaft bleibt unglaublich schön. Nach zwei Kilometern erscheint ein größerer Gebirgssee mit Inseln, Felsen, viel Erika und wenig Bäumen. Hier und beim nächsten See sind eventuell Übernachtungsplätze zu finden. Dann geht es langsam hinunter zu Feda-Fjord und nach Kvinesdal. Fjord von oben – ein wirklich schöner Anblick.

Kvinesdal – ein typischer Ort an einem Verkehrsknotenpunkt. Geschäfte, Post, Bank sind da, der Flair fehlt. Von Kvinesdal führt die E 18 zuerst durch die Ebene, dann gibt es wieder einen Landschaftswechsel am Fjord. Es folgt ein schöner Teil

Halbinsel Lista

Der Süd-West-Teil von Lista ist das Ende einer Moräne, die einst im Meer abgelegt wurde und durch das Steigen des Landes wieder ans Tageslicht kam. Lista muß einmal ein großes Naturparadies gewesen sein. Besonders viele Zugvögel nutzten Lista zum Absprung über das Meer. Das flache Land mit seinen vielen Mooren und Tümpeln schenkte den Tieren ausreichend Nahrung.

Heute ist das Land weitgehend vom Menschen kultiviert worden. Die Felder wurden mit Steinmauern umgeben, damit der Wind nicht die kostbare Erde fortträgt.In den letzten Jahren scheint allerdings doch bewußt geworden zu sein, welcher Schatz hier vor der Haustüre lag. Man versucht nun zu retten, was noch zu retten ist. Schutzzonen für Wild und Pflanzen wurden eingerichtet, die Strände sind fast durchwegs als Naturreservat ausgewiesen. Beim Leuchtturm Lista-Fyr wird eine Vogel-Beobachtungsstelle unterhalten.

Die Südküste besteht vielfach aus langgestreckten Sandstränden, die von Felshängen und Dünen umgeben sind. An manchen Stellen, zum Beispiel bei Östhasselstrand, ist das Baden gestattet. Die Westküste, etwa von Borhaug bis Jöllestö, weist merkwürdige flache Geröllformation auf. Das Land um die Westspitze (Steinodden) ist Pflanzen- und Vogelschutzgebiet. Wer will, sollte den Feldstecher mitnehmen und vom Parkplatz bei Lista-Fyr losgehen. Der Norden von Lista ist wieder bergig, voll Wasser und Seen: eben typisch Norwegen.

der Hauptstraße. Die E 18 steigt nach Feda wieder in die Berge, es folgen zwei Seen, beim zweiten gibt es gute Chancen, einen brauchbaren Platz zum Übernachten zu finden. Manchmal laden auch Stücke der alten Straße zum Rasten ein. Ab Kvinesdal erreichen Sie nach 23 Kilometern Flekkefjord und biegen auf den RV 44 ab.

Flekkefjord ist die westlichste der weißen Städte der Südküste. Die kleine Stadt lebte um 1600 vom Handel mit Holland. Es wurden hauptsächlich Bauholz und Steine zum Dammbau verschifft. Heute blühen Handel, Gewerbe und Kleinindustrie.

Die Stadt lohnt einen kleinen Bummel durch die Gassen der Altstadt. Eine große, achteckige Kirche dominiert das weiße Zentrum. Im Norden der Stadt liegt der Stadtteil Hollenderbyen (Holländerstadt). Die Häuser hier dienten den holländischen Seefahrern als Quartier und sind deutlich kleiner und einfacher. Ein wenig Hintergrundinformation aus dieser Zeit zeigt das Museum, ein Gebäude aus dem Jahr 1724, das selbst unter Denkmalschutz steht. Sie finden es ebenfalls im Norden der Stadt, schräg gegenüber vom Rathaus.

Parkplätze fürs Wohnmobil sind im Zentrum rar. Bequem parken können Sie an der westlichen Seite des Flusses. Von hier gehen Sie leicht in zehn Minuten ins Zentrum.

Nach Flekkefjord führt der RV 44 in imposantes Bergland. Zuerst geht es einmal kräftig hinauf. Ab Kvanvik windet sich dann die Straße teilweise in Serpentinen in ein ganz enges Flußtal hinab. Das Örtchen Åna Sira nützt eine kleine Verbreiterung des Flusses, um sich zwischen hohen Felswänden ans Ufer zu pressen. Gleich anschließend geht es wieder steil hinauf, die Straße erreicht 250 Höhenmeter. Ein wildes Bergland, durchmischt mit vielen Seen, erwartet den Besucher. Die Berge sehen wie große

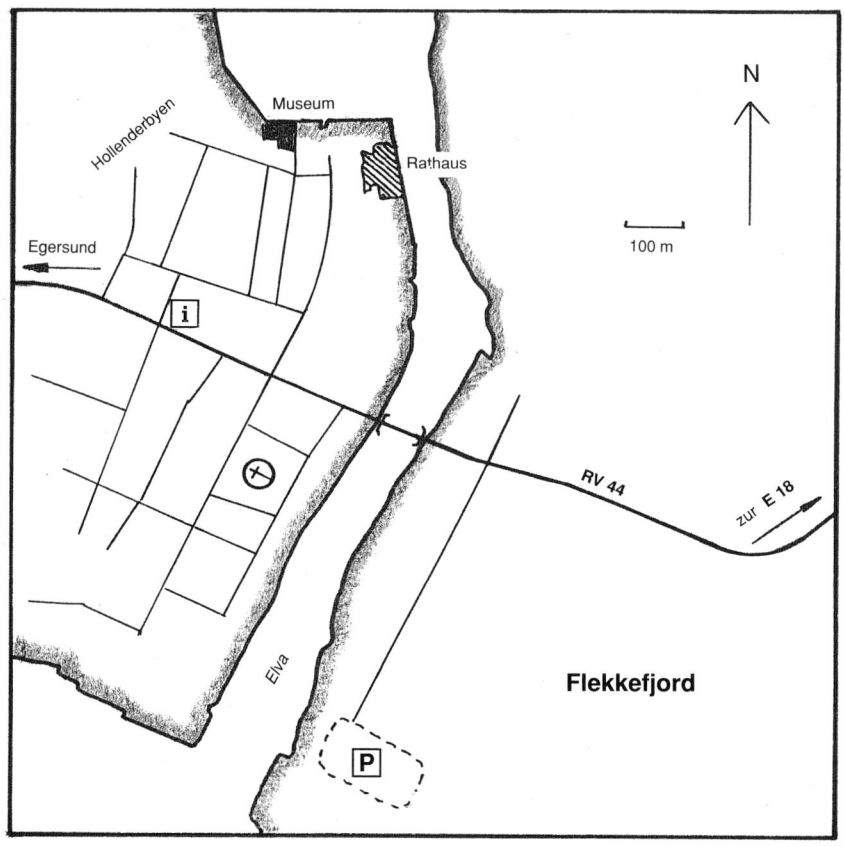

Patzen Teig aus, zu Granit erstarrt und runzelig geworden. Mitten in dieser Urland-schaft fällt plötzlich ein großer Staudamm auf. Er begrenzt ein Schlammbecken mit Ti-tan-Abfällen. Vom Titanerz-Abbau ist ansonsten nicht sehr viel zu sehen. Die Abbau-flächen sind weiträumig gesperrt, die Verarbeitung und die Silos teilweise in den Berg gebaut. Nur am Jössing-Fjord sind eine gar nicht riesige Schiffsverladestelle und die Rohre zu sehen, durch die früher der Schlamm in den Fjord gepumpt wurde.

Der Jössing-Fjord ist eng und die Straße führt am Fjordende sofort wieder auf en-ger, kurvenreicher Strecke in die Berge. Nach zwei Kilometern gibt es einen Park-platz, der einen eindrucksvollen Blick in die Tiefe erlaubt. Reste der alten Straße las-sen einen schaudern, wie hier vor noch nicht allzu langer Zeit der Straßenverkehr ab-gewickelt wurde. Wie spät hat Norwegen das Auto entdeckt, wie wichtig war einst der Schiffsverkehr!

Unmittelbar vor Hauge wird ein Ruggestein (Wackelstein) als Sehenswürdigkeit gepriesen. Ein mannshoher Stein kann von einem kräftigen Menschen bewegt wer-den. Die richtige Stelle zum Anfassen ist durch die aufgemalten Fußabdrücke leicht zu finden.

Zum Ruggestein zweigen Sie vom RV 44 vor Hauge ab und folgen der Beschilde-rung zu einem Parkplatz nach 1,7 Kilometer. Von hier müssen Sie zu Fuß 700 Meter

Titan

Titan ist ein sehr leichtes, hochfestes und daher hochbegehrtes Metall. Es ist in der Natur weit verbreitet, meist aber nur in sehr geringer Konzentration. Hier in Südnorwegen liegt eines der größten abbauwürdigen Titanerzgebiete der Welt.

Der Titanabbau östlich von Hauge begann bereits im vorigen Jahrhundert am Blåfjell. Dieser Abbau hat mit dem heutigen nichts zu tun, die alten Gruben können besichtigt werden.

Die neuen Gruben sind streng abgeschlossen, mit dem Naturschutz gab es schon genug Ärger. In den fünfziger Jahren lief die Großproduktion so richtig an, dreißig Jahre wurde der titanhaltige Schlamm im Jössing-Fjord abgelagert. Greenpeace schlug Anfang der achtziger Jahre schließlich Alarm, Norwegen hatte seinen ersten Umweltskandal. Der Streit, wie giftig und gefährlich der Schlamm nun wirklich ist, geht immer noch weiter. Einig scheint man sich lediglich darüber zu sein, daß der Schlamm feucht bleiben und nicht als Staub verwehen sollte. Heute werden riesige Land-Deponien errichtet. Die Wiederbegrünung bereitet erhebliche Probleme. Die Deponiepläne reichen bereits bis ins Jahr 2070, die Wartungsverpflichtung noch viel weiter.

auf einer Sandstraße zum Stein gehen. Vom gleichen Parkplatz aus können Sie auch die alten Gruben am Blåfjell besichtigen. Dieser Ausflug dauert ungefähr vier Stunden.

Hauge, 32 Kiolometer nach Flekkefjord, ist Hauptsitz der Titania A/S, ansonsten jedoch ein eher wenig attraktives, größeres Dorf.

Von Hauge empfiehlt sich der Abstecher nach Sogndalstrand. Dieses kleine, ehemalige Fischerdorf wird liebevoll restauriert. Berg und Fluß lassen den Häusern kaum Raum. Der alte Mini-Hafen wirkt verschlafen, nicht weit davon wurde allerdings ein größerer Bootshafen angelegt. Der Hügel am Ortsende gewährt einen schönen Blick auf Ort, Hafen, ein paar Schären und das offene Meer. Parken Sie unbedingt auf dem kleinen Parkplatz am Ortsanfang, der Ort selbst ist sehr eng und praktisch ohne Parkmöglichkeit.

Umweg über Nesvåg und Birkeland:
Diese Straße empfiehlt sich nur für geübte, sichere Wohnmobil-Fahrer und auch nur nur dann, wenn das Wohnmobil nicht allzu breit ist. Die Strecke ist unglaublich schmal und oft ohne Ausweichmöglichkeit, allerdings auch praktisch ohne Verkehr. Ab Birkeland fahren Sie auf Sandstraße. Sie kommen in einen sehr entlegenen Teil der Südküste. Besonders sehenswert sind die beiden Orte Flekefjord und Nesvåg. In Flekefjord endete einst der Schienenweg vom Blåfjell, hier wurde das Erz verladen. Nesvåg besitzt einen winzigen Hafen, ganz wenig Häuser und ein paar Bootsschuppen. Der Ortsnamen ist an die Felswand gemalt. Nach Birkeland kurvt die Straße eng um jeden Felsbrocken durch eine urtümliche Landschaft. Die wenigen Kilometer dauern scheinbar ewig. Bei Åvendal erreichen wir wieder den RV 44.

Auch der RV 44 ist vor Egersund wirklich schön, freilich nicht so wild wie die Ausweichstrecke. Kurz vor der Kommunengrenze gibt es viele Seen, Reste der alten

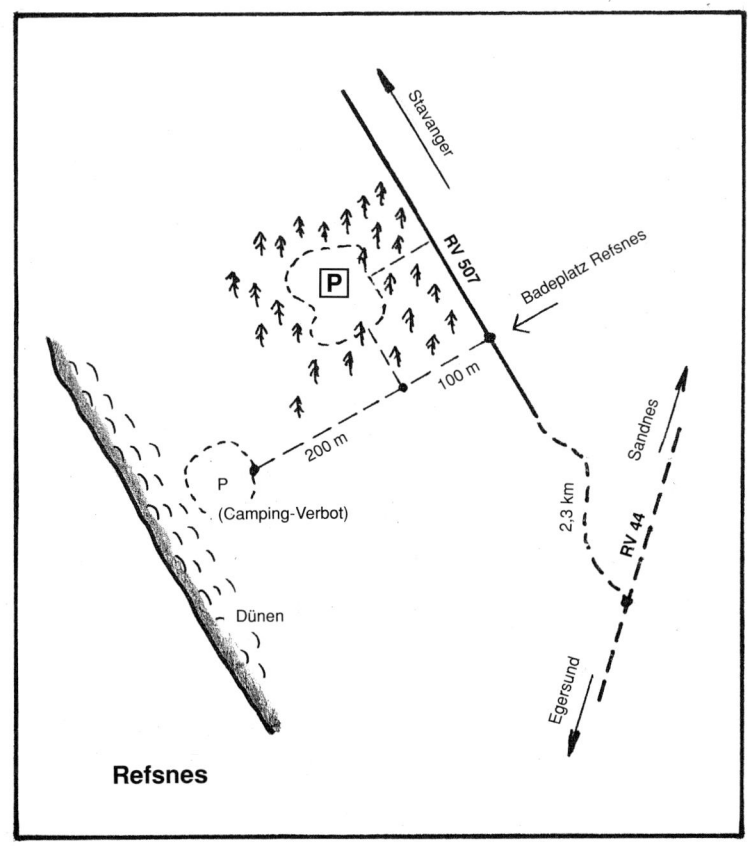

Refsnes

Straße und eine Sandstraße zu einem tiefer gelegenen See bieten viele Parkplätze und auch freie Übernachtungsmöglichkeiten. Erst acht Kilometer vor Egersund sind Sie wieder in »normaler« Gegend (ohne Parkplätze). Von Hauge nach Egersund auf dem RV 44 sind es 29 Kilometer, der Umweg über Birkeland beträgt nur zwei Kilometer.

Egersund ist ein durchschnittliches, nicht unsympathisches Städtchen mit einer Fußgängerzone aus Häusern aller Stilrichtungen. Auffallend sind viele Kirchen der verschiedensten christliches Sekten. Egersund ist seit 1993 auch Fährhafen nach Dänemark.

Bemerkenswertestes Museum von Egersund ist das Fayance-Museum. Die Fayance-Manufaktur war bis 1979 ein wesentlicher Wirtschaftszweig der Stadt. Nach dem Ende der Produktion erhielt die Stadt die fabrikseigene Sammlung, das Archiv und die Gipsformen. Zum Museum gehört auch eine komplett ausgestattete Töpferei. Geöffnet ist wochentags von 11 bis 17 Uhr, am Sonntag von 14 bis 18 Uhr. Sowohl am RV 44 als auch am RV 42 sind deutliche Hinweisschilder angebracht.

Ab Egersund folgen Sie weiterhin dem RV 44. Langsam werden die Berge niedriger, die Straße folgt zunächst unmittelbar der Küste. Sie haben das Schärenge-

80

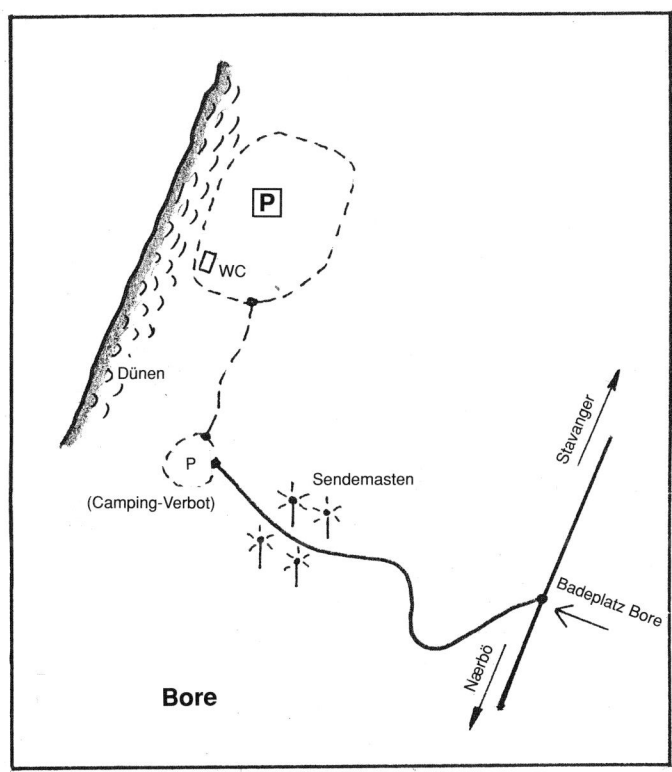

biet verlassen, nur gelegentlich sind noch ein paar Felsbrocken im Wasser zu sehen.

Ab Brusand treten die Berge ganz zurück, das flache, wellige Jæren beginnt. Die Moränenstufen sind gegen Osten gut zu sehen. Weite Felder und große landwirtschaftliche Produktionsbetriebe bestimmen das Landschaftsbild.

Einsam steht das Leuchtfeuer von Kvassheim, nicht weit vom RV 44. Die Gebäude daneben und der kleine Fischereihafen sind vom Lauf der Zeit gezeichnet.

In Nærbö verlassen Sie den RV 44 und wechseln auf den RV 507. So bleibt diese unnorwegische, windige Landschaft mit ihren üppigen Feldern noch länger ein Begleiter.

Mit freien Übernachtungsplätzen sieht es entlang der Küste eher schlecht aus. Die Felder reichen oft bis an die Strände, die außerdem oft Naturschutzgebiet sind. Dies trifft vor allem dort zu, wo Sanddünen und Sandstrände zum bleiben verlocken würden. Es gibt aber zwei Ausnahmen:

Nachdem Sie zirka 2,3 Kilometer auf dem RV 507 zurückgelegt haben, lockt ein Schild zum Badeplatz Refsnes. Hier gibt es einen großen, windgeschütztn Platz in einem Kiefernwald. Zum Strand sind noch 300 Meter zu gehen. Der Parkplatz am Weg dorthin hat bereits Campingverbot, die Strandzone ist Naturschutzgebiet.

Bei Bore, ungefähr 8,5 Kilometer nach dem Standplatz bei Refsnes, gibt es nochmals eine freie Übernachtungsmöglichkeit. Eine Tafel weist zunächst zum »Badeplatz Bore«. Nach 2,5 Kilometer Asphaltstraße, mitten durch einen Wald von Sendemasten, erreichen Sie einen Parkplatz mit Campingverbot. Die Straße wird ab hier Sandstraße und schlecht. Zwei weitere Kilometer quälen Sie sich so bis zum Parkplatz »Elvenes«. Das ist eine riesige Fläche, Windschutz bietet nur die Seite an den Dünen. Sogar ein WC ist hier vorhanden. Der Strand beginnt gleich hinter den Dünen, ein Stück draußen im Meer warnt der Leuchtturm Feilstein-Fyr die Schiffahrt vor den Untiefen der Küste.

Bald nach Ihrem Standplatz mündet der RV 507 in den RV 510. Es wird wieder hügeliger, die Bebauung nimmt stark zu, das Häusermeer von Sandnes – Sola – Stavanger beginnt.

Natürlich könnten Sie nun direkt nach Stavanger hineinfahren. Wer Stavanger nur »von hinten« sehen will, nimmt nach dem Flugplatz in Sola den RV 509.

Stavanger ist Norwegens Ölzentrum. Hier finden sich große Industriebetriebe, Bohrinseln und dazwischen auch große Wohngebiete. Obwohl die Preise für Grund und Boden enorm sind, verzichten nur wenige Norweger auf das eigene Haus und den Garten. Oslo ausgenommen, gibt es wohl in ganz Norwegen keine so große, bewohnte Fläche.

Wer nicht direkt in Stavanger übernachten will: Ab Madla zum RV 1, Richtung Haugesund. Am RV 1 kommt dann bald das Schild Richtung Leuchtturm Tungenes-Fyr. Nach ein paar Kilometern, hinter Randaberg, treten die Siedlungen zurück, es gibt (noch) Felder. Der Leuchtturm steht am nördlichsten Zipfel der Halbinsel. Direkt zum Turm kann man nicht fahren, aber 100 Meter vorher, bei der Omnibus-Schleife am kleinen Bootshafen ist ein Parkplatz angelegt. Kein Mensch kommt die ganze Nacht vorbei, nur ein Schiff nach dem anderen zieht am Byfjord, dem Haupt-Schiffahrtsweg nach Stavanger, seine Bahn.

Stavanger – jeder verbindet heute die Stadt mit ihren 100 000 Einwohnern mit Erdöl. Seit 1969, seit der Entdeckung des Ekofisk-Erdölfeldes in der Nordsee, blüht die Stadt wieder auf, wächst über die ganze Halbinsel Sola. Das war natürlich nicht immer so, Stavanger hat viele Höhen und Tiefen durchgemacht. Im Mittelalter war Stavanger Bischofssitz und verlor ihn dann später wieder. Im vorigen Jahrhundert und bis in die Sechziger-Jahre unseres Jahrhunderts war Stavanger einer der wichtigsten Erzeuger von Fischkonserven in Europa und verlor diese Bedeutung durch den Rückgang der Fischbestände. Irgendwie hat Stavanger alle Widerwärtigkeiten bisher zu meistern gewußt; am meisten verblüfft, wie Stavanger mit dem Ölboom fertig wurde. Die Altstadt wurde hervorragend bewahrt, Alt-Stavanger (westlich des Vågen) wirkt richtig verschlafen. Beim östlichen Teil ist dies anders. Rund um den alten Brandwache-Turm pulsiert das Leben, liegen Geschäfte und Einkaufstraßen. Und dennoch: die weißen Häuser sind seit vielen Jahren unverändert, keine Betonburgen und Glaspaläste verschandeln das Stadtbild. Das Öl findet außerhalb statt, dort allerdings kräftig. Da das geförderte Öl nicht in Stavanger raffiniert wird, ist die Stadt sauber und geruchsfrei geblieben. Zur Sicherheit hat die Konservenindustrie auch noch Platz in der Stadt. Die Fischbestände könnten sich vielleicht wieder erholen, das Öl wird sich nicht vermehren.

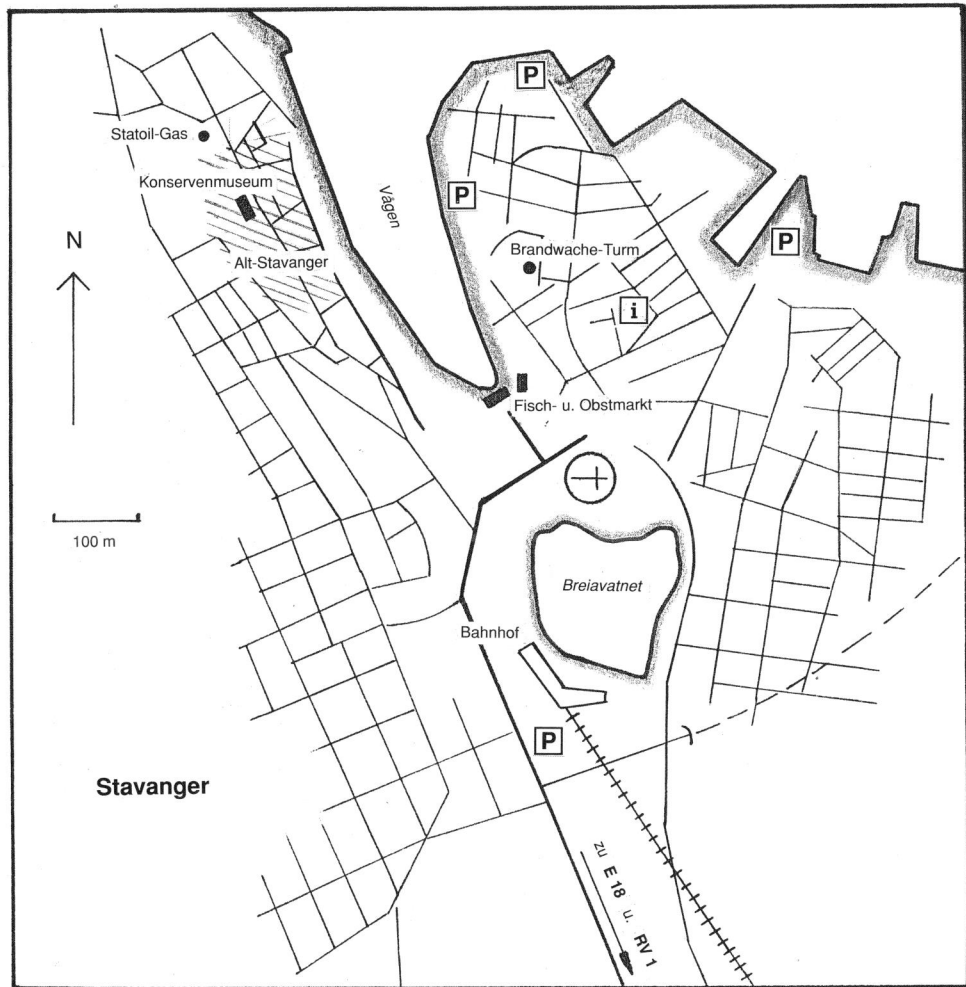

Sehenswürdigkeiten:

In Stavanger sollten Sie unbedingt einen Spaziergang durch die Altstadt machen und den Unterschied zwischen dem östlichen und dem westlichen Teil erleben. In der Kirkegata, im Ostteil, haben die Studenten Mitte August ihre Schulbücher auf der Straße aufgelegt. Lebhaftes Handeln kündet das neue Schuljahr an. An der Ostseite des Hafens gibt es gemütliche Gaststätten.

Sehenswert ist natürlich auch der Fischmarkt, der wochentags am Vormittag im inneren Teil des Vågen stattfindet. Gleich nebenan, überragt vom Dom, ist auch der Obst und Gemüsemarkt.

Ein einmaliges Kuriosum ist in Stavanger das Konservenmuseum. Eine ehemalige Konservenfabrik wurde zum Museum umgestaltet. Es sind noch die alten Maschinen und Räucheröfen vorhanden. Eine (Leih-) Broschüre in deutscher Sprache erklärt die einzelnen Arbeitsgänge. Auch andere nette Erklärungen lassen sich finden: »Die norwegische Sardine ist geräuchert und eingebüchst. In Deutschland gibt es geräucherte Sardinen, aber nicht eingebüchst. Frankreich büchst auch ein, räuchert aber nicht.« Alles klar? Im Museum können Sie übrigens Sardinen auch kaufen, geräuchert, eingebüchst und mit Ablaufdatum. Das Museum ist an Werktagen von 11 bis 15 Uhr geöffnet. Der Eintritt kostet 20 NKR.

Stavanger ist zu Recht auch stolz auf seinen Dom. Im Jahre 1125 wurde mit dem Bau begonnen, 1272 brannte die Kirche teilweise nieder und wurde gleich wieder aufgebaut. Seither ist nichts Wesentliches mehr passiert und die Kirche wurde stilrein bis heute erhalten. Der Hauptteil zeigt stark den romanischen, der Anbau mit dem Chor den gotischen Einfluß. Bunte Fenster erinnern stark an Frankreich. Der Dom wirkt nordisch, wuchtig und schlicht in der Ausführung, das steht einem Gotteshaus gut an. Der Dom ist wochentags von 9 bis 18 Uhr, Sonntag von 12 bis 18 Uhr geöffnet.

Die Bewohner von Sandnes mögen mir verzeihen, wenn ich ihr Havanna-Badeland bei Stavanger nenne, aber Stavanger und Sandnes sind zusammengewachsen, die Grenzen für Außenstehende kaum sichtbar. Vielleicht wenn es wieder einmal regnet: Das Bad ist für Groß und Klein ein Bad der Superlative. Geöffnet wird täglich von 12 bis 22 Uhr.

Stavanger hat Wohnmobilfahrer noch nicht entdeckt und ernst genommen. Es gibt keine ausgewiesenen Parkplätze. Allerdings darf man in der ganzen Stadt auf den öffentlichen Parkplätzen unbehelligt stehen und auch übernachten. Parkgebühr wird von Montag bis Freitag von 8 bis 17 Uhr, am Samstag von 8 bis 13 Uhr eingehoben. Die übrige Zeit ist kostenlos. Eine Stunde parken kostet sechs NKR. Die Touristen-Information empfiehlt den großen Parkplatz beim Bahnhof. Eine Gasfüllung ist bei Statoil am Rande der westlichen Altstadt möglich, Kreuzung Rosenberggata / Øvre Strandgata.

Ausflug ab Stavanger zum Prekestolen und ins Sirdal:
Der Prekestolen ist ein einmaliger Aussichtspunkt, die Straße ins Sirdal führt in wilde, unberührte Natur. Für den ganzen Ausflug sollten Sie mindestens zwei Tage Zeit haben. Die Strecke von Stavanger zum Prekestolen ist 60 Kilometer lang, die Strecke Stavanger – Prekestolen – Sirdal – Sira – Stavanger bringt 340 Kilometer auf den Tacho.

Der Prekestolen (Predigtstuhl, Kanzel) ist ein Felsplateau von zirka 25 mal 25 Meter, 600 Meter nahezu senkrecht über dem Lysefjord und einer der beeindruckendsten Aussichtspunkte von ganz Norwegen. Ab Stavanger gibt es Ausflugsschiffe, von denen können Sie die Kanzel von unten betrachten. Wer hinauf will, muß einen Fußmarsch von ungefähr zwei Stunden (eine Richtung) in Kauf nehmen. Natürlich ist auch von Stavanger aus der Besuch des Prekestolen allein möglich. Das ist in einem Tag zu schaffen.

Von Stavanger geht es zurück nach Sandnes, weiter auf dem RV 13 bis zur Fähre Lauvvik – Oanes. Die Überfahrt dauert ungefähr 15 Minuten und kostet Zone drei. Die Fähren verkehren recht häufig. Von Oanes führt eine unglaublich schmale, kurvenreiche und bergige Straße bis Botne. Ausweichstellen gibt es nur wenige. Diese alte, urnorwegische Bergstraße wird auch kaum in nächster Zeit ausgebaut, da eine neue Trasse über Höllesli bereits im Bau ist. Die neue Straße wird 1994 oder 1995 zur Verfügung stehen.

Ab Botne ist die Straße breit und gut. Bis zur Prekestolhytta auf 300 Meter Höhe geht es ab Jössang entsprechend nach oben. Auf den letzten 3,5 Kilometer besteht Zelt- und Campingverbot. Versuchen Sie bei der Prekestolhytta am ersten, oberen Parkplatz ihr Wohnmobil zu parken. Sie sparen so ungefähr 100 Höhenmeter Aufstieg.

Besonders wichtig sind für diese Tour Schuhe mit nicht zu dünner, griffiger Sohle. Mit Sandalen werden Sie das Ziel, wenn überhaupt, nur unter Qualen erreichen. Ich persönlich bin ein Verfechter von hohen Schuhen mit Knöchelschutz. Ebenfalls wichtig: Marschverpflegung und eventuell ein Getränk. Auf zwei Drittel des Weges gibt es unbedenkliches Bachwasser – wer's mag. In der Hochsaison hat ein kleiner Kiosk oberhalb der Plattform geöffnet. Und auch bei schönstem Wetter: Regenschutz nicht vergessen!

Die Gehzeit dauert in einer Richtung ungefähr zwei Stunden, mit kleinen Kindern natürlich deutlich mehr. Der Weg überwindet einen Höhenunterschied von 300 Metern und wird bald ziemlich schlecht, man balanciert ständig auf Steinen herum. Der Aufstieg ist eindeutig markiert. Die Aussicht entschädigt für alle Mühen, Fjord-Norwegen liegt zu Füßen. Bis zum Gipfel gehen ab der Kanzel nur mehr wenige, er gehört Ihnen auch im Sommer meist allein. Von hier sieht man weit in den Hidle-Fjord mit seinen vielen Inseln hinein. Ab der Kanzel sind für diesen Genuß nochmals 20 Minuten Aufstieg zu veranschlagen.

Vom Prekestolen geht es wieder zurück zur Fähre. Drei Kilometer nach Lauvvik zweigt der RV 508 nach Süden Richtung Oltedal ab. Bis Oltedal überqueren Sie ein Hochland. In Oltedal ist ein Blick auf die Tankuhr angebracht. Die nächsten 60 Kilometer gibt es keine Tankstelle. Nach Oltedal sieht das Tal wie ein entwässerter Fjord aus, was es wohl auch ist. Bevor die Straße ins Dirdal einschwenkt gibt es noch einen Traumblick auf den Högs-Fjord, den Beginn des Lyse-Fjords, und ganz kurz kann man den Prekestolen sehen.

Bei Gilja sind eventuell Übernachtungsplätze zu finden, dann verschwindet die Straße in einer engen Schlucht bis Byrkjedal. In Byrkjedal stehen die Berge wie eine Wand vor dem Wohnmobil und zwingen die Straße, nach Nord-Ost abzudrehen. An der Kreuzung in Byrkjedal gibt es eine Kerzenfabrik mit Verkauf und großer Auswahl an norwegischen Kerzen.

Hinter Byrkjedal folgt ein wildes, schönes Tal, das wie mit einem Hobel bearbeitet wirkt. Am Talgrund gibt es eine dünne Grasdecke, hier finden nur ein paar Schafe Futter. Die Straße klettert langsam und stetig bis auf 730 Meter Höhe. An der Fylkegrenze überraschen in der Einöde plötzlich Hütten und Wintersporteinrichtungen. Dann wird es wieder einsam. Tip: Am Ende des Gravatn führt eine alte Sandstraße ans andere Seeufer.Ein Standplatz für Genießer, Liebhaber von Einsamkeit und wilder Natur.

Im Örtchen Svartevatn gibt es eine Tankstelle, ein kleines Geschäft und eine Reparaturwerkstatt. Byrkjedal – Svartevatn ist eine Strecke, die für Wohnmobile wie geschaffen scheint. Außer dem genannten Übernachtungsplatz finden sich zahlreiche weitere Standmöglichkeiten.

Wer eine Fahrübung auf einer unglaublichen Serpentinenstrecke absolvieren will, sollte von Svartevatn nach Norden und kurz vor Ådneram nach Lysebotn fahren. Die Straße stellt alle Serpentinenstrecken Norwegens in den Schatten, und das heißt wohl genug. Diese Strecke müssen Sie auch zurückfahren, nach Lysebotn gibt es keine andere Straße und auch keine Autofähre.

Das Sirdal ist bekannt für seine Schafzucht, die Natur läßt den Menschen auch kaum eine andere Überlebenschance. Jedes Jahr im Herbst werden die Schafe in einem großen »Almabtrieb« von den Bergen geholt. Das Fleisch dieser Tiere soll besonders gut schmecken. Durch dieses einsame, dünn besiedelte Tal führt der RV 468 nach Tonstad. Die wenigen kargen Stückchen Erde werden streng gehütet, freie Übernachtungsplätze sind praktisch nicht mehr zu finden. In Liland können Sie aber auf einem Campingplatz übernachten.

Nicht alles, was auf -stad endet, ist für unsere Begriffe Stadt. Tonstad zum Beispiel ist ein kleines Dorf. Hier gibt es zwei Möglichkeiten, die direkte Straße (RV 42) nach Svålestad nehmen oder die Urlandschaft entlang des Sirdalsvatn erkunden. Diese Strecke ist um gut 40 Kilometer länger und auf den nächsten 38 Kilometern eng, kurvenreich und empfehlenswert.

In Tonstad treffen Sie den RV 42. bleiben ungefähr 1,5 Kilometer Richtung Stavanger darauf und biegen dann nach Süden, nach Sira ab. Die Straße steigt auf den nächsten fünf Kilometern ziemlich kräftig an und bleibt dann stets hoch über dem Sirdal-See und verliert sich im Hochland, vorbei an vermoorten Seen und durch große Wälder – Natur pur. Wo dem Menschen eine winzige Chance bleibt, liegen kleine Bergbauernhöfe, die von steilen Wiesen ein bißchen Futter für ihre Tiere ernten. Nach Virak endet der Asphalt, die Straße bleibt sehr schmal, aber ansonsten gut zu fahren. Immer noch endlose Wälder, unterbrochen vom Ausblick auf den See, sind ständige Begleiter. So schön es hier ist, nur recht selten bietet sich ein Plätzchen zur Rast oder Übernachtung an. Neun Kilometer vor der E 18 beginnt wieder der Asphalt.

Ungefähr fünf Kilometer nach Sira, beim Örtchen Tronvik, zweigt der alte Postweg Tronåsen ab, er ist von 8 bis 20 Uhr geöffnet. Bloß nicht mit dem Wohnmobil hinauf, die Steigung erreicht 33 Prozent (!!) und die Straße ist oft nicht breiter als 2,5 Meter. Und Sie müßten darauf auch wieder zurück! Viel besser ist, bei der Abzweigung der Bergstraße den großen Parkplatz zu benutzen, ein klein wenig abseits vom Lärm der E 18..

Die E 18 ist bis Stavanger eine schöne, abwechslungsreiche Straße, gut ausgebaut sowieso. Die Streckenführung vermeidet die Ebene und das Bauernland von Jæren, vermutlich war der Boden dort zu kostbar für eine breite Straße. Nach der Abzweigung Egersund werden die Berge flacher.

In Ålgard, 30 Kilometer vor Stavanger, wartet zuletzt noch der Kongepark an der E 18. Das ist wieder ein riesiger Vergnügungspark, an dem Sie die Kinder wohl kaum vorbeibringen. Zur Not liegt ein großer Campingplatz direkt daneben.

In Stavanger ist der Endpunkt der Route »Norwegische Südküste« erreicht. Hier können Sie per Fähre »aussteigen«, natürlich auch weiterfahren (Route 2) oder, mittels Fähre von Dänemark kommend, auch in die nächste Route durch das klassische Fjordland Westnorwegens erst einsteigen.

86

Route 2:

Das klassische Fjord-Norwegen

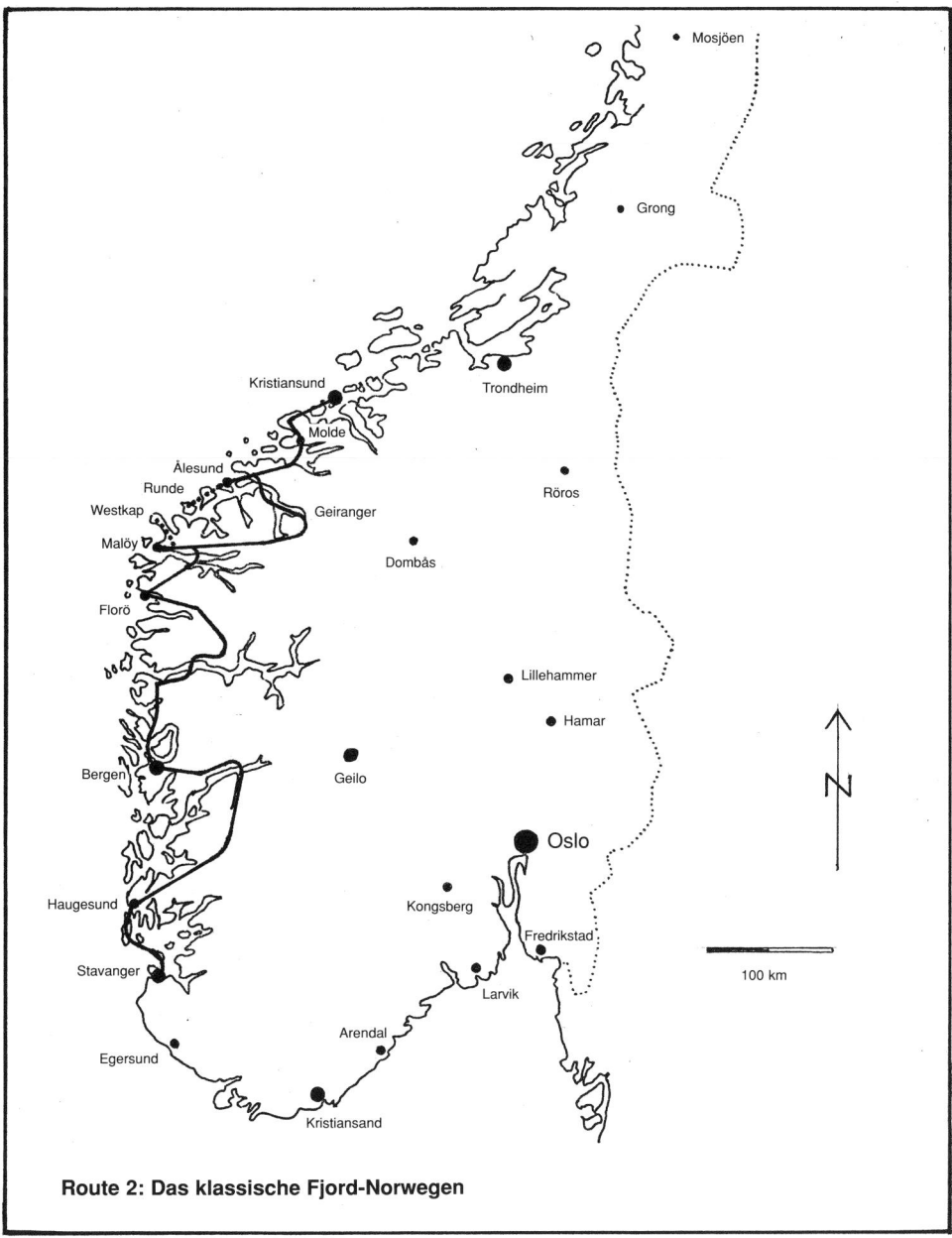

Route 2: Das klassische Fjord-Norwegen

Das klassische Fjord-Norwegen bedeutet in erster Linie die reich gegliederte West-küste des Landes. Ein breites Band von Inseln und Schären trennt die eigentliche Küstenlinie vom offenen Meer, durchschnitten von zahllosen Fjorden, die oft weit ins Land hineinreichen. Für den Straßenverkehr ergeben sich zahlreiche Hinder-nisse in Form von Fähren und Bergstraßen.

Die gesamte Westküste lieget im direkten Einfluß des warmen Golfstroms. Ent-sprechend ausgeglichen, für die geografische Breite sogar untypisch mild, gestaltet sich das Klima. Die Durchschnittstemperaturen im Januar unterschreiten kaum den Gefrierpunkt. Die Berge der Westküste sind auch erstes Hindernis für die feuchten Westwinde vom Atlantik. Entsprechend hoch ist die durchschnittliche Niederschlag-menge. Im Bergland hinter und zwischen den Fjorden erfolgt ein jäher Klimawech-sel. Polare, arktische Luft bringt im Winter große Kälte und in den zahllosen Berg-seen schwimmt bis weit in den Sommer hinein das Eis.

Die wichtigste Stadt war und ist Bergen, lange Zeit auch Hauptstadt des Landes. Dank der Ölfunde hat Stavanger stark an Bedeutung gewonnen; auch die Städte weiter im Norden wie Florö, Ålesund, Molde oder Kristiansund haben durch die Landflucht und Industrialisierung an Einwohnerzahl und Bedeutung gewonnen. Al-len gemeinsam ist die traumhaft schöne Lage.

Routenverlauf:

Stavanger – Haugesund – Bergen – Florö – Malöy – Geiranger – Ålesund – Molde – Kristiansund

Besuchte Provinzen:

Die Strecke beginnt in der Provinz (»Fylke«) Rogaland und führt weiter nach Nor-den in die Provinzen Hordaland, Sogn og Fjordane und More og Romsdal.

Größere Abstecher:

West-Kap, Briksdal, Vogelinsel Runde

Routenlänge:

Ohne Abstecher zirka 1280 Kilometer, mit allen Abstechern zirka 1580 Kilometer.

Richtzeit für genußvolles Reisen:

Ohne Abstecher ab 14 Tage, mit allen Abstechern ab 18 Tage.

Cappelens kart   Nr. 1: »Sør Norge – sør«
                 Nr. 2: »Sør Norge – nord«
                 Nr. 3: » Midt Norge«
(Identisch: Kümmerly+Frey   Süd-Norwegen Süd, Blatt 1
                            Süd-Norwegen Nord, Blatt 2
                            Mittel-Norwegen, Blatt 3)

Besondere Sehenswürdigkeiten:

Stavanger: Kloster Utstein – Skudeneshavn, eine der schönsten Kleinstädte Norwegens – Avaldsnes: Olavkirche mit Nähnadel Mariens – Haugesund: Denkmal Haraldshaugen – Akra–Fjord – Wasserfall Latefoss – Bergen: Standseilbahn Flöyen, Fischmarkt, Bryggen, Lepramuseum, Aquarium, Hanseatisches Museum, Villa des Komponisten Grieg in Troldhaugen – Bergstraße Gaular–Fjell – Kleinstadt Florö – Westkap – Briksdal mit Gletscherabschluß – Aussichtspunkt Dalsnibba – Geiranger–Fjord – Stordal: Rosenkirche – Ålesund: Inselstadt im Jugendstil – Vogelinsel Runde – Molde: Moldepanorama – Atlanterhavsveien: Eine Straße hüpft über Inseln – Kristiansund: Inselgruppe und Stabkirche Grip

Routenbeschreibung:

Ausgangspunkt ist Stavanger, Endpunkt der Route 1. Die Tour beginnt auf dem RV 1 Richtung Haugesund.

Keine zehn Kilometer nach Stavanger wartet ein technisches Meisterwerk, auf das Norwegen sehr stolz ist: der angeblich – bislang – längste und tiefste Unterwassertunnel der Welt. Der Byfjord wird in einer Länge von 5,8 Kilometern und bis zu einer Tiefe von 223 Metern unter dem Meeresspiegel unterquert. Die Ausfahrt sehen Sie schon ab dem tiefsten Punkt. Unmittelbar nach dem Tunnel ist Maut fällig. Unter sechs Meter Fahrzeuglänge kommen Sie mit 74 NKR davon, über sechs Meter zahlen Sie stolze 256 NKR.

Abstecher zum Kloster Utstein:
Gleich nach der Brücke auf die Insel Mosteröy weisen Tafeln den Weg. Vom RV 1 sind ungefähr 7,5 Kilometer zu fahren. Die Straße wird immer schmäler, vor dem Kloster ist ein nicht allzugroßer Parkplatz, ein Wendeplatz ist immer frei. Der nächste Parkplatz erfordert 15 bis 20 Minuten Fußmarsch.

Utstein ist Norwegens einziges erhaltenes Kloster aus dem Mittelalter und war ursprünglich Herrschaftssitz von König Harald Schönhaar, der Norwegen erstmals im Jahre 880 einte. Um 1270 erhielten Mönche das Gut als Kloster als der Hof nach Bergen verlegt wurde. Das Kloster wurde 1750 wieder aufgelöst und diente danach weltlichen Zwecken. Die Kirchenform könnte aus Schottland stammen. Das Schiff ist rechteckig, hat also keine Kreuzform. Der Turm sitzt nach dem Chor in gleicher Breite mitten auf dem Gebäude. Das Kloster ist von hohen, schützenden Bäumen umgeben. Die eigenartige, wuchtige Form und die Lage auf der entlegenen Insel machen den ganz besonderen Reiz der alten Abtei aus.

Das Klosterinnere kämpft gegen die Zeit. Es gibt neben dem Taufbecken keine wirklich alten Einrichtungsgegenstände mehr. Das Wohngebäude der Mönche wurde für weltliche Zwecke adaptiert. Und dennoch: Die alten Mauern erzählen von längst vergangenen Zeiten, sie haben Menschen und Kulturen gesehen, die wir bestenfalls aus den Geschichtsbüchern kennen.

Utstein hält Montag geschlossen, von Dienstag bis Samstag ist von 13 bis 16 Uhr, am Sonntag von 12 bis 17 Uhr geöffnet. Führungen gibt es in Englisch, ein deutsches Informationsblatt liegt auf. Der Eintritt kostet 20 NKR.

Zurück zum RV 1, verschwindet die Straße gleich wieder in einem Tunnel, fast ebenso lang und tief wie der Byfjordtunnel. Maut zahlt man für das ganze Straßensystem bis zur Fähre nur einmal, bei diesem Tunnel wird also nicht mehr kassiert. Nach zehn Kilometern erreichen wir am Westzipfel von Rennesöy den Fährhafen Mortevika. Von hier laufen die Fähren nach Arsvågen und zu unserem nächsten Ziel Skudeneshavn aus.

Die Fähren nach Skudeneshavn verkehren in Abständen von gut zwei Stunden. Ein rechtzeitiger Blick auf den Fahrplan kann vielleicht längere Wartezeiten vermeiden helfen. Die Überfahrt dauert 55 Minuten. Es gibt keinen Zonentarif.

Skudeneshavn wurde vor wenigen Jahren als eine der schönsten Kleinstädte Norwegens ausgezeichnet. Die weißen Häuser sind meist um die 150 Jahre alt, Skudeneshafen hatte Glück, kein großer Brand hat die Stadt zerstört. Heute werden die Häuser liebevoll gepflegt und erhalten. Skudeneshavn nennt sich im Sommer Künstlerstadt. Es gibt auffallend viele Ateliers und Werkstätten. Wer hier ein bißchen stöbern will, sollte um die Mittagszeit kommen. Am Abend schläft die kleine Stadt.

Die Insel Karmöy, die sich schöner Strände rühmt, hat Wohnmobil-Fahrer weitgehend vergessen. Wohl gibt es diese Strände, übernachten dürfen Sie bei keinem. Im Übrigen ist die Insel recht dicht bebaut. Ich habe nur einen einzigen freien Übernachtungsplatz gefunden, einen Parkplatz mit Informations-Tafel, sechs Kilometer nördlich von Skudeneshavn auf dem RV 511. Direkt am Stadtrand von Skudeneshavn gibt es einen einfachen Campingplatz.

Ob ab Skudeneshavn bei der Weiterfahrt die West- oder Ostseite der Insel benützt wird (RV 47 oder RV 511), ist reine Geschmacksache. Im Westen trifft der Blick aufs freie Meer und die Sandstrände, im Osten den schönen Blick in den Karmsund. Surfer finden an der Westseite bei Åkrasanden meist gute Bedingungen.

Bei Avaldsnes sollten der Besuch der Olavskirche nicht versäumt werden. Zunächst verblüfft, daß auf der dichtbesiedelten Insel praktisch die ganze Landspitze um die Kirche nicht verbaut wurde. Felder und Weiden bilden die friedliche Umgebung des Gotteshauses. Der heilige Ort wurde respektiert. Ein schöner

Die Nähnadel Mariens

An der Olavskirche bei Avaldsnes gibt es einen sechs Meter hohen Bautastein, der sich schräg gegen die Kirchenwand neigt, diese allerdings nicht berührt. Dieser Stein wird Nähnadel Mariens genannt. Eine Sage will wissen, daß der Weltuntergang dann stattfindet, sobald der Stein die Kirche berührt. Soweit man weiß stand der Stein auch, als die Kirchenmauer einbrach. Beim Wiederaufbau der Kirche kam die Mauer dem Stein bedenklich nahe. Der drohende Weltuntergang wurde durch ein Kürzen des Steines verhindert.

Seit damals ist der Weltuntergang wieder 15 Zentimeter entfernt.

Blick reicht bis zu Karmöy-Brücke, aufs Festland und in den Karm-Sund. Das Gotteshaus wurde 1250 erbaut. An gleicher Stelle hatte schon ein Hof von König Harald Schönhaar im neunten Jahrhundert bestanden. Die Kirche verfiel später, wurde aber wieder originalgetreu aufgebaut. Heute dient sie erneut ihrem ursprünglichen Zweck. Am Friedhof fallen einige ungewöhnliche Gräber mit Gußeisen-Einfassung auf.

Von Avaldsnes können Sie auch zum Bergbau-Museum in Visnes fahren, das liegt vier Kilometer westlich vom RV 47. Hier wurde bis 1972 Kupfererz gefördert. Wußten Sie, daß das Kupfer der Freiheitsstatue in New York von hier kam?

Karmöy wird über die Karmöy-Brücke verlassen. Wie so viele hohen Brücken bietet sie eine herrliche Aussicht. Von der Brücke sieht man auch sehr gut, wie strategisch günstig der Platz für die Olavskirche gewählt wurde.

Haugesund mit seinen knapp 30 000 Einwohnern ist zur Industriestadt geworden. Die Stadt hat es nicht verstanden, ihren alten Kern zu bewahren, im Gegensatz etwa zu Stavanger oder Bergen. Verschiedene wirtschaftliche Krisen – Ausbleiben der Heringsschwärme, Schiffahrtskrise – haben die Region stark getroffen. Erst mit der Entdeckung des Nordsee–Öles hat die Stadt wieder einen Aufschwung genommen. Haugesund ist auch Konferenz- und Kongreßstadt geworden. Eine große Fußgängerzone bietet ein komplettes Warenangebot.

Ungefähr zwei Kilometer nördlich vom Zentrum liegt das Monument Haraldshaugen, eine nationale Gedenkstätte. Hier befand sich einst das Grab von König Harald Schönhaar, dem ersten Einiger Norwegens. Im Monument ist seine Grabplatte eingefügt. Der große Obelisk symbolisiert die Einheit des Reiches, die hohen Steine der Einfassung stellen die alten Bezirke dar.

Für Wohnmobile gibt es in Haugesund keine ausgewiesenen Plätze. Für Langzeitparker wird der Parkplatz beim Stadion empfohlen (kostenlos). Eine kleine, vergammelte Einfahrt führt auf den großen Platz. Toiletten gibt es keine. Ins Zentrum dauert es zehn Minuten. Der Platz strahlt keinerlei Charme aus, ich würde hier nur übernachten, falls ich den Abend im Zentrum verbringen und anschließend nicht mehr autofahren und nicht weit gehen will.

Unmittelbar neben dem Denkmal Haraldshausen finden Sie einen großen Campingplatz. Von hier dauert ein Fußmarsch ins Zentrum eine halbe Stunde.

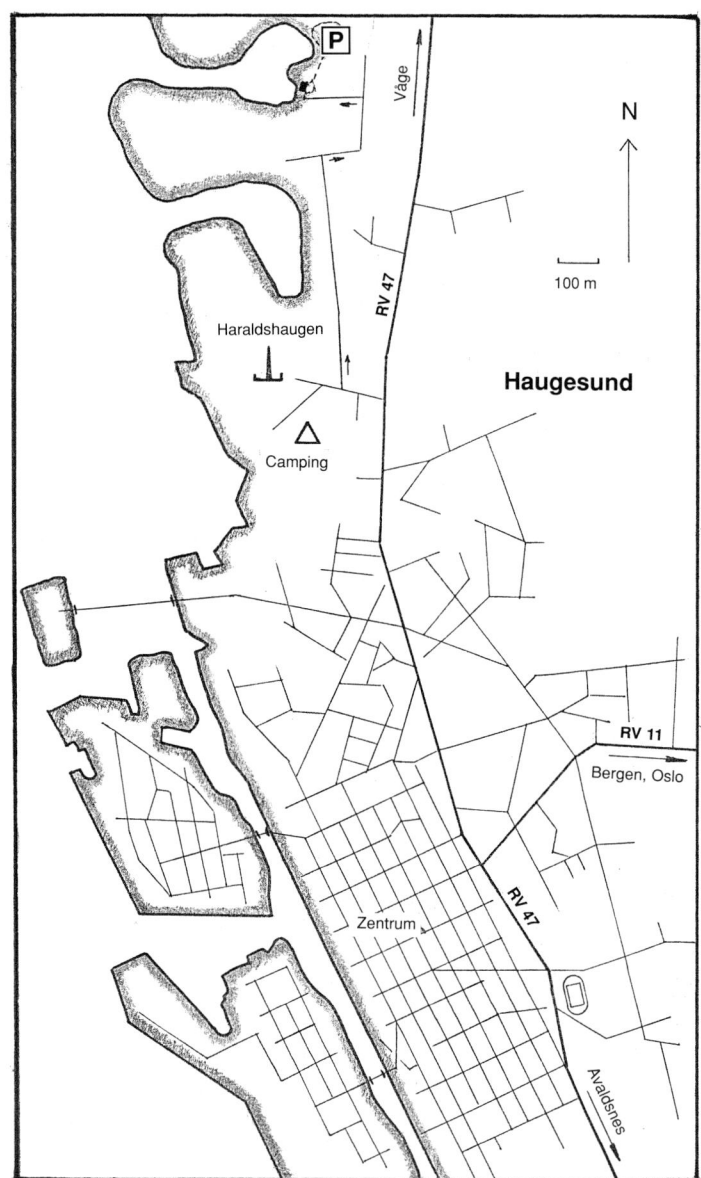

Tip für Freicamper:

Es gibt einen schönen Übernachtungsplatz zwischen den Schären, nicht allzu weit von der Stadt entfernt. Sie folgen der Beschilderung zum Denkmal Haraldshaugen, am Denkmal folgen Sie dann den Tafeln zum Badeplatz Kvalsvik. Die Straße führt um ein paar Ecken durch eine Siedlung und wird zuletzt sehr schmal. Sie kommen zu einem kleinen Parkplatz mit WC, folgen der Straße aber noch weitere 300 Meter und erreichen einen großen Parkplatz am Wasser.

Man verläßt Haugesund Richtung Osten am RV 11, bis zur Einmündung in den RV 1 nach 13 Kilometern reichen die Vorstadtsiedlungen. Ein kurzes Stück, fünf Kilometer, heißt die Straße gleichzeitig RV 1 und RV 11. Dann zweigt der RV 1 zum direkten Weg nach Bergen ab, wir wollen aber tiefer ins Fjordland und bleiben auf dem RV 11. Nach der Abzweigung wird die Strecke richtig schön, eine typische norwegische Landschaft, ein Gemisch aus Wald, Fels, Seen, Mooren und viel Erika. Den kleinen Ort Ölen erreichen Sie nach 30 Kilometern.

Ölen ist ein kleines Nest in schöner Lage in einem Winkel des gleichnamigen Fjords. Von hier aus werden Rundflüge über den Gletscher Folgefonn angeboten. Da der Anflug über ein verzweigtes Fjordland erfolgt, ist dieser Flug, entsprechendes Wetter natürlich vorausgesetzt, ein großes Erlebnis. Es müssen vier oder fünf Plätze in der kleinen Maschine bezahlt werden, pro Person sind 550 NKR zu berappen.

Die nächsten 30 Straßenkilometer führen zum Beginn des Åkra-Fjordes. Der Åkra-Fjord ist ein berauschend schöner Fjord, der als schmale Wasserzunge ins Landesinnere verläuft. An beiden Seiten stürzen die Felswände unglaublich steil ins Wasser. Die Nordseite ist so unwegsam, daß es dort bis heute keinen Weg und keine Straße gibt.

Der Åkra-Fjord verlangt derzeit noch volle Konzentration und fahrerisches Können. Die Straße verläuft in 50 bis 100 Metern Höhe über dem Wasserspiegel und ist bis zum Langfoss noch im Urzustand, sie ist meist sehr schmal und zusätzlich stark befahren. Rechnen Sie mit Wartezeiten, wenn sich zum Beispiel ein Lkw und ein Autobus aneinander vorbeiquälen. Die Straße wird derzeit ausgebaut. Mindestens bis 1995 ist mit Baustellen zu rechnen. Der sehr teure Ausbau wird durch eine geringe Maut mitfinanziert. Die Landschaft jedenfalls rechtfertigt jede Mühe und die Befriedigung, ein Stück altnorwegischer Straße bezwungen zu haben, ist nicht in Geld aufzuwiegen.

Nach knapp 20 Kilometern mündet die Strecke bei Langfoss wieder auf die neu ausgebaute Straße; unmittelbar dort ist auch ein Parkplatz, von dem der gewaltige Wasserfall gebührend bestaunt werden kann. Nach dem Langfoss ist die Straße jetzt in Ordnung. Am Fjordende geht es das Sördal – eher eine Schlucht denn ein Tal – kräftig hinauf. Im engsten Teil, nach dem Rullestad-See, sieht man Reste eines noch viel älteren Weges: Seine Benutzung muß schon zu Fuß haarsträubend gewesen sein. Im oberen Sördalen finden Freicamper erstmals eine Chance auf einen Übernachtungsplatz. Einige Serpentinen führen dann bis 400 Meter Höhe hinauf zur Abzweigung des RV 13 Richtung Odda.
Hier trifft die Route vier auf diese Strecke.

Odda liegt auf Meereshöhe. Es geht also gleich wieder in ein paar Serpentinen hinunter und es folgt ein besonders schönes Stück der Fahrt. Zunächst stürzt der große, zweiarmige Latefoss-Wasserfall unmittelbar neben der Straße den Berg herab, sein verwehendes Wassers benetzt die Fahrbahn. Weitere Wasserfälle von den gegenüberliegenden Berghängen folgen. Das enge, V-förmige Tal gibt den Blick nach Norden auf die Gletscherausläufer des Folgefonn frei. Auch über dem Tal hängen immer wieder Gletscher-Eiszungen von den Bergrändern. Nach dem Sandvin-See folgt der Sörfjord, ein Nebenarm des Hardanger-Fjordes. Dort liegt Odda.

Odda ist ein kleines Industriestädtchen, am Fjordende quetschen sich die Häuser um eine häßliche Fabrik. Auch entlang des Fjordufers gibt es noch weitere Betriebe. In der Größe und Schönheit des Fjordes zeigen diese häßlichen, zum Broterwerb aber wohl notwendigen Werke, die Kleinheit menschlicher Umtriebe.

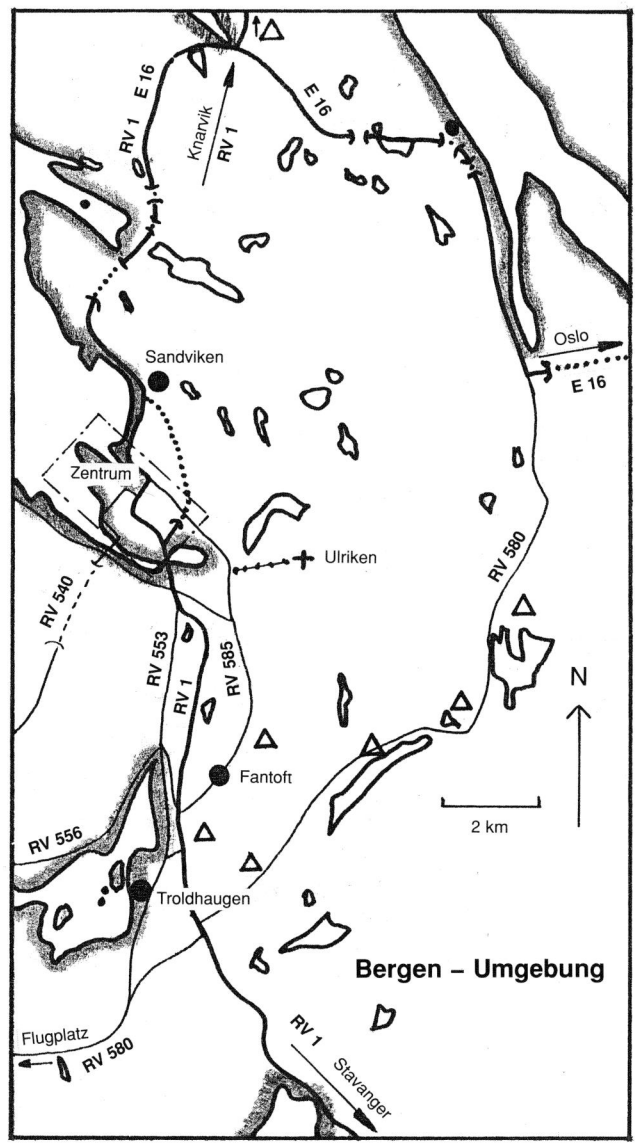

Bis Kinsarvik (41 Kilometer nach Odda) folgt eine »typische« Fjordstrecke: Wasser, steile Felsen, Gletscher auf den Berggipfeln. Die hier vorgeschlagene Route um das Ostufer des Sörfjordes ist besser und der Ausblick schöner.

Ab Kinsarvik können Sie mit zwei Fähren hintereinander direkt über den Hardangerfjord zum RV 7 übersetzen. Kinsarvik–Utne kostet Zone acht, Utne-Kvanndal Zone 10. Auf die erste der beiden Fähren kann verzichten, wer ab Odda am RV 550 das Westufer des Sörfjordes nach Norden fährt.

Die dritte, günstigste und schönste Alternative ist die Weiterfahrt von Kinsarvik auf dem RV 13 bis Brimnes. Die Fähre nach Bruravik kostet Zone drei. Der lange

Vallavik-Tunnel führt schon nach zwölf Kilometern zur Abzweigung des RV 7. Der ganze Umweg bis Kvanndal waren nur 42 Kilometer.

Hier verläßt die Route vier diese Reise.

Hinweis: Der RV 7 ist in noch gar nicht so alten Straßenkarten als E 16 eingetragen. Das ist heute schon falsch. Die neue E 16 führt von Bergen über Dale nach Voss. Das hat zur Folge, daß die schöne, aber auch kurvenreiche und langsamere Strecke des RV 7 entlang des Hardanger-Fjordes vom Durchgangsverkehr praktisch befreit wurde – ein doppelter Grund, diese Route nach Bergen einzuschlagen.

Bis Norheimsund verzaubert eine Straße an steiler Felsenwand, viele Kurven, schmal und wunderschön. Der Fykessund wird auf einer Brücke überquert, die so schmal ist, daß eine Ampelregelung notwendig wurde. Entlang des Fjordes ist das Fehlen des Durchgangsverkehrs besonders wohltuend. Der Kurvenspaß Kvanndal-Norheimsund dauert genußvolle 40 Kilometer. An Standplätze fürs Wohnmobil ist an der Steilküste nicht zu denken. Bei Norheimsund gibt es zwei Campingplätze.

Vier Kilometer hinter Norheimsund gibt es eine besondere Laune der Natur zu bewundern: Bei Steinsdalen fällt ein großer Wasserfall über einen Felsvorsprung; ein kleiner Weg führt hinter das fallende Wasser.

Die Straße hat inzwischen den Fjord verlassen und windet sich hinauf in die Berge, um die Vidda zu überqueren. Am Tokagjelet (acht Kilometer nach Norheimsund) wurde ein Schigebiet geschaffen. Der große Parkplatz wirkt im Sommer reichlich öde, gibt aber zur Not einen Übernachtungsplatz her. In der anschließenden Wildnis läßt sich auf den nächsten 15 Kilometern eventuell auch noch ein schönes Plätzchen finden. Ab dem Samnanger-Fjord muß sowieso auf einem Campingplatz übernachtet werden. Bis Bergen ist eine Unzahl von Tunnels zu durchfahren. Hinter dem Hochland geht es durch eine Schlucht hinunter zum Samnanger-Fjord. Nach dem Fjord, wie könnte es anders sein, fahren Sie wieder bergauf und erreichen die neue E 16, die, meist autobahnmäßig ausgebaut, schnell nach Bergen bringt.

Bergen ist, mehr noch als jede andere Stadt, der Inbegriff für das Fjordland Norwegen, obwohl Oslo mehr als doppelt so viel Einwohner zählt (Groß-Bergen hat 215 000) und Oslo heute Bergen weit in den Schatten stellt. »Ich bin nicht aus Norwegen, ich bin aus Bergen« ist ein geflügeltes Wort der Bergenser. Vielleicht kommt die Selbstsicherheit nur daher, daß Bergen lange die einzige wirklich bedeutende Stadt des ganzen Landes war. Bergen hat noch heute Atmosphäre; es wurde 1070 offiziell von König Olav Kyrre gegründet, bestand aber als Handelsplatz und Königshof wahrscheinlich schon viel länger. Mit dem Einzug der deutschen Hanse um 1350 errang diese das Handelsmonopol mit dem Nordland, die Stadt blühte auf. Die große Zeit der Hanse endete Mitte des 16. Jahrhunderts, als Dänemarks Einfluß auf Norwergen immer größer wurde. Dem Handel in der Stadt tat dies wenig Abbruch, deutsche Kaufleute blieben bis ins späte 19. Jahrhundert. Bis 1830 war Bergen die größte Stadt Norwegens. Heute muß Bergen um seine Bedeutung als zweitgrößte und zweitwichtigste Stadt Norwegens bangen. Im Norden nutzt Trondheim konsequent die besseren geographischen Bedingungen des Hinterlandes und des Verkehrs, im Süden hat Stavanger rechtzeitig den Ölboom erkannt und ist eindeutig Ölhauptstadt des Landes geworden. Übrigens haben Bergen und Stavanger einige ver-

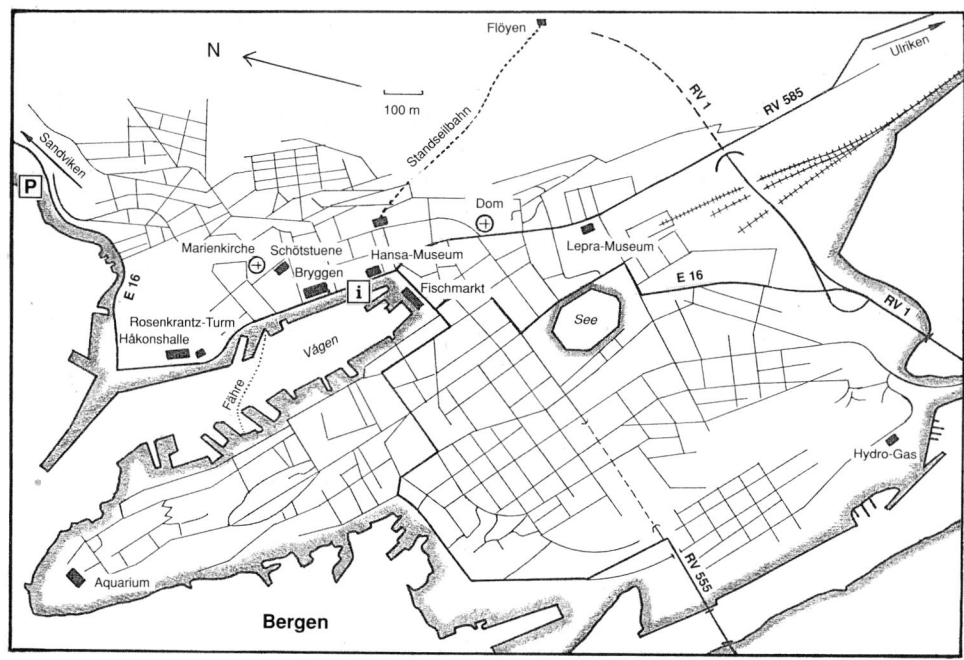

Bergen

blüffende Ähnlichkeiten. Die Stadtpläne der alten Stadt sind fast deckungsgleich: Beide haben einen nach Nord-Nordwest geöffneten Hafen, der Vågen heißt, beide haben im Süden des inneren Hafenbeckens in der Stadt einen See. Beide Städte nennen den Haupt-Schiffahrtsweg Byfjord. Sogar der Dom steht an fast der gleichen Stelle im Stadtplan. Einen Nachteil besitzt Bergen allerdings in der Tatsache, die regenreichste Stadt des Landes zu sein. Über 2000 Millimeter Regen fallen im Jahresdurchschnitt schön gleichmäßig verteilt vom Himmel. In Oslo oder auch in Mitteleuropa sind es um die 600 Millimeter. In Bergen verläßt man am besten nie ohne Regenausrüstung sein Wohnmobil. Ein Tag ist für einen Besuch Bergens eigentlich ohnehin zu wenig. In zwei oder mehr Tagen wachsen die Chancen auf ein paar schöne Stunden ohne Regen.

Sehenswürdigkeiten:

Bergen besitzt unglaublich viel Atmosphäre. Der Hafen ist mit Segelschiffen und Fischerbooten gefüllt, in den alten Brygge-Häusern herrscht reges geschäftliches Treiben. Ein Wikingerfürst hält Hof, ein Schiff der Hurtigroute verläßt die Stadt zur Fahrt ins Nordland: Die Stadt strahlt ein wirres Durcheinander aus längst vergangenen Jahrhunderten aus.

Bergens Wahrzeichen sind die Bryggen, die alten hanseatischen Handelshäuser. Die wurden immer wieder nach jedem Brand neu errichtet, wieder im bewährten Grundriß und Stil. Heute wird dieses Kleinod natürlich liebevoll gepflegt. Am besten folgt man einer Führung, die täglich ab dem Museum um 11 Uhr und 13 Uhr beginnen, eineinhalb Stunden dauern und auch in deutscher Sprache gehalten werden. Der Preis von 50 NKR erscheint hoch, berechtigt aber am gleichen Tag noch zum

96

Eintritt ins Brygge-Museum, ins Hanseatische Museum und in die Schötstuene.

Das Hanseatische Museum, eines der bestbewahrten Holzgebäude der Stadt, ist im Stil des 18. Jahrhunderts eingerichtet und vermittelt einen guten Eindruck vom Leben der Hanse-Kaufleute. Es ist täglich von 11 bis14 Uhr geöffnet, Eintritt 15 NKR. Um das Thema Hanse abzurunden, empfiehlt sich ein Blick in die Schöt-stuene, die alten Gesellschaftsräume der Hanseaten. Sie sind täglich von 10 bis 16 Uhr geöffnet, der Eintritt kostet 15 NKR.

Was wäre Bergen ohne seinen Fischmarkt? Am inneren Ende des Vågen wird je-den Wochentag von 8 bis 15 Uhr Fisch fangfrisch angeboten, außerdem gibt es Obst, Blumen und Gemüse. Es herrscht ein babylonisches Sprachengewirr. Auch wer Fisch nicht mag, sollte sich das nicht entgehen lassen. Stichwort Meerestiere: Ber-gen besitzt ein wirklich sehenswertes Aquarium. Auch Seehunde und Pinguine sind zu bewundern. Vom Fischmarkt spazieren Sie bequem in 15 Minuten zum Aqua-rium. Geöffnet ist täglich von 9 bis 20 Uhr, der Eintritt kostet 30 NKR. Fütterungs-zeiten für Robben, Pinguine und Otter um 11, 14 und 18 Uhr. Falls Ihnen Wotan gnä-dig ist, lohnt sich eine Fahrt mit der alten Standseilbahn zum Fløyen, sie bietet eine grandiose Aussicht. Die Bahn verkehrt bis 23 Uhr jede halbe Stunde. Die Rückfahr-karte kostet 28 NKR. Die Talstation liegt im Zentrum. Bergen beherbergt ein ganz ungewöhnliches Museum, das Lepramuseum in der Nähe des Bahnhofes. Norwe-gen hatte bei der Lepraforschung ganz wesentlichen Anteil. Es war der Bergenser Arzt und Forscher Armauer Hansen, der 1873 den Lepra-Virus entdeckte und da-mit die Bekämpfung der Seuche ermöglichte. Das Museum ist in einem ehemaligen Barackenhospital für Aussätzige untergebracht, entsprechend ist die Atmosphäre. Öffnungszeiten täglich von 11 bis 15 Uhr, Eintritt 15 NKR.

Zwei wesentliche Kirchenbauten prägen das Bild von Alt-Bergen: die Marienkir-che und der Dom. Die Marienkirche ist Bergens ältestes Gebäude und wurde in der ersten Hälfte des zwölften Jahrhunderts errichtet, ist also ein romanischer Bau. Sie war auch die Kirche der Hansekaufleute. Im Inneren gibt es Reste von Fresken. Ber-gen möge mir verzeihen, ich persönlich finde, die berühmte Barockkanzel paßt nicht in diese sonst so schöne und stimmungsvolle Umgebung. Die Marienkirche ist Montag bis Freitag von 11 bis 16 Uhr zugänglich, Samstag und Sonntag geschlossen. Der Dom ist ein nicht überzeugendes Gemisch aller Stilrichtungen, jede Epoche hat daran herumgebaut. Montag bis Freitag von 11 bis 14 Uhr können Sie hineingehen, Samstag und Sonntag ist geschlossen. Zu Bergens Tradition gehören natürlich auch die alte Königshalle Håkonshallen (erbaut um 1250) und gleich daneben der Rosen-krantz-Turm, ein kombinierter Festungs- und Wohnturm, erbaut um 1560. Die Ge-bäude liegen in einem schönen Park. Besichtigungen sind täglich von 10 bis 16 Uhr möglich, Eintritt 10 NKR. Etwas außerhalb vom Zentrum wurde in Sandviken das Freilichtmuseum Alt-Bergen errichtet. Die Häuser befinden sich natürlich nicht am Original-Standort. Es wird das Stadtleben Bergens vor 200 Jahren konserviert.

Sehenswürdigkeiten der Umgebung:
Die Aussicht vom Fløyen, entsprechendes Wetter vorausgesetzt, kann noch durch den Rundblick vom Berg Ulriken (643 m) übertroffen werden. Sie können vom Zen-

trum (Touristen-Information) eine Rückfahrkarte Bus / Seilbahn um 70 NKR kaufen oder zur Talstation am RV 585 fahren, zirka drei Kilometer vom Zentrum entfernt. Die Rückfahrkarte mit der Gondel allein kostet 45 NKR. Bahn und Busse verkehren von 9 bis 21 Uhr.

Bergen besitzt, genauer: besaß, auch eine Stabkirche. Die stand ursprünglich am Sogne-Fjord, wurde aber 1883 nach Fantoft verlegt. Am 6. Juni 1992 brannte sie leider fast vollständig nieder. Das Gebäude soll bis 1994 wieder errichtet werden. Sie können dann eine Stabkirche aus dem zwanzigsten Jahrhundert bewundern. Bei der Rekonstruktion dürfen Touristen zusehen. Fantoft liegt am RV 585, ungefähr acht Kilometer vom Zentrum entfernt.

Bergen ist außerdem Heimatstadt des Komponisten Edvard Grieg. Sein Heim in Troldhaugen kann besichtigt werden. Das Haus wurde 1885 gebaut und war 22 Jahre sein Zuhause. Nach dem Tod Griegs im Jahre 1907 wurde nichts mehr verändert. Geöffnet hat Troldhaugen täglich von 9,30 bis 17,30 Uhr. Der Eintritt kostet 15 NKR. Wer sich für Griegs Musik begeistert: In Troldhaugen werden im Sommer häufig am Abend Konzerte gegeben. Kombinieren Sie den Besuch Troldhaugens mit einem Konzert. Besser können Sie Grieg wohl kaum erleben. Termine und Karten gibt es in der Touristen-Information.

Dieser kurze Bergen-Streifzug vermittelt natürlich nur ein kleine Auswahl dessen, was hier erlebt werden kann. Natürlich hat die Stadt noch zahlreiche weitere Museen, Sammlungen, Rundfahrten, Konzerte, Sportmöglichkeiten, Clubs... zu bieten. In der Touristeninformation erhalten Sie den Bergen-Guide in deutsch, da steht dann alles genau drinnen. Wer viel besichtigen will, sollte den Kauf einer Bergen-Card in Erwägung ziehen. Mit den öffentlichen Bussen und auf den Fløyen fährt man dann kostenlos, auch mehrere Museen sind im Preis enthalten oder gewähren Rabatt. Am besten stellen Sie sich ein Programm nach Ihren Wünschen mit dem Bergen-Guide zusammen und rechnen dann nach, ob die Bergen-Card lohnt. Sie kostet für 24 Stunden 100 NKR, für 48 Stunden 150 NKR und ist auch in der Touristen-Information erhältlich.

Für Wohnmobil-Fahrer ist wichtig zu wissen, daß das Übernachten im Stadtgebiet verboten ist. Bergen hat aber einen großen Wohnmobil-Parkplatz geschaffen, recht zentral am äußeren Hafen. Die Nacht kostet je Fahrzeug (nicht je Person) 65 NKR, nach Wunsch noch 20 NKR extra für Strom. Duschen und Toiletten sind kostenfrei vorhanden. Auch das Chemo-WC und der Wassertank können kostenlos entsorgt beziehungsweise gefüllt werden. Der Weg ins Zentrum dauert 10 bis 15 Minuten, öffentliche Busse gibt es auch. Fahren Sie den Platz nicht zu spät an, im Sommer ist er meist recht stark belegt. In der näheren Umgebung von Bergen gibt es eine Reihe von Campingplätzen. Fast alle sind im Südosten der Stadt angesiedelt. Gegebenenfalls sollten Sie darauf achten, ob Busverbindung nach Bergen besteht und ob die Fahrt mit der Bergen-Card kostenlos ist. Bergen bietet eine gute Möglichkeit, die Gasflaschen aufzufüllen. Hydro-Gas hält ein Sortiment Anschlüsse für ausländische Gasflaschen bereit. Ich habe für fünf Kilo Propangas 122 NKR bezahlt. Die Gastankstelle liegt in der Thormøhlensgate nicht weit vom Zentrum zu finden.

Nachdem nun in Bergen ausreichend Stadtluft geschnuppert wurde, geht es wieder

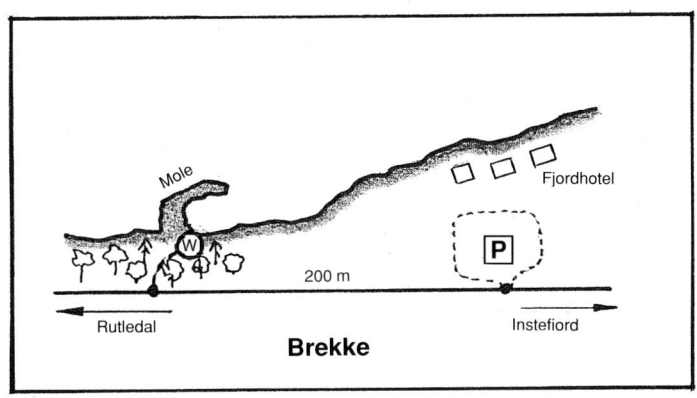

hinein in die Natur, ins Fjord- und Schärenland. Sie verlassen Bergen Richtung Norden auf dem RV 1 und erreichen nach zirka 20 Kilometern Steinestö. Die Fähre bringt Sie in 15 Minuten nach Knarvik. Das kostet Zone sechs. Diese Fähre wird es bald nicht mehr geben: Ab 1994 soll sie durch einen Unterwassertunnel ersetzt werden. Nach der Fähre folgen Sie dem RV 1 entlang des Osterfjordes. Die Straße ist hier breit und neu ausgebaut, eine richtige Rennstrecke. Nach knapp 20 Kilometern verläßt die Route den RV 1, es gibt eine viel schönere Strecke. Und die findet sich am Austfjord.

Um dorthin zu gelangen, folgt man der nicht numerierten Straße Richtung Andas und Masfjord. Welch eine Traumfahrt! Die Straße ist schmal mit Ausweichstellen, die aber wegen des praktisch nicht vorhandenen Verkehrs aber kaum in Anspruch genommen werden müssen. Naturgemäß geht es nur langsam voran, viele Kurven und nicht zuletzt die herrliche Aussicht drücken auf den Schnitt. Hier ist Norwegen pur: wilde Natur, eingestreut manchmal ein kleines Gehöft, dichter Wald wechselt mit Ödland. Tip für Freicamper: An der Kommunengrenze bei Kikallen schwingt sich die Straße über einen Nebenzipfel des Austfjordes. Hier gibt es einen Parkplatz direkt am Meer. Sonst bleibt die Straße eng, Übernachtungsplätze sind kaum zu finden.

In Masfjord geht es auf die Fähre nach Duesund, die Überfahrt dauert zehn Minuten und Zone zwei ist zu bezahlen.

Die Straße heißt jetzt RV 57, Sie folgen ihr bis Eide und weiter nach Rutledal. Die Fahrt entlang des Eid-Fjord ist wieder besonders schön, vor allem bei Leversund, wo vier Fjordarme ein Kreuz bilden. Nachdem Sie bei Nordgulen den Fjord verlassen haben, geht es über die Berge hinüber nach Rutledal. In den Bergen wäre Freicampen möglich. In Rutledal stehen Sie am Sogne-Fjord: Mit über 200 Kilometer Länge und bis zu 1308 Meter Tiefe handelt es sich um Norwegens Fjord der Superlative. Den Sognefjord sollte man am Norduferentlangfahren, auch wenn man deswegen wieder einmal auf eine Fähre muß. Die Fähre Rutledal-Rysjedalvika verkehrt recht selten, Sie können nach Osten zur Fähre Oppedal-Lavik am RV 1 ausweichen: eine schöne Küstenfahrt auf oft recht schmaler Straße. Kurz vor Brekke finden Sie einen der wenigen Übernachtungsplätze am Fjord. Nicht zu übersehen ist die große Anlage des Brekke-Fjordhotels mit mehreren rasengedeckten Gebäuden. Zweihundert Meter vorher zweigt ein kleiner Weg bei der Autobushaltestelle zu einer Mole ab. Hier ist hinter den Büschen Platz für ein bis zwei Wohnmobile.

In Brekke ist der alte Fähranleger »stengt«, geschlossen. Hierher kam früher die Fähre von Lavik. Seit dem Ausbau des RV 1 am Ostufer des Risnefjord wurde die Abfahrt nach Oppedal verlegt. Auf manchen Karten ist noch Brekke als Fährenort verzeichnet.

Die Fähre Oppedal-Lavik verkehrt fast stündlich, sogar während der Nacht gibt es Abfahrten. Sie kostet Zone sechs. Bis Vadheim folgen Sie dem breiten RV 1, bei Breivik empfiehlt sich ein langer Blick aufs Wasser: Die Tiefe von 1308 Metern ist einfach unvorstellbar. In Vadheim bleiben Sie am Fjord und nehmen jetzt den RV 55 unter die Räder. Auch Höyanger lohnt keinen Extra-Stop. Die Straße ist teilweise schmal, führt oft unmittelbar am Fjordufer und bietet eine schöne Aussicht nach Süden in die Berge. Gleich nach Höyanger unterquert die Straße die Halbinsel in einem sieben Kilometer langen Tunnel. Zwanzig Kilometer später leuchtet der Fresvik-Gletscher in der Sonne. In Balestrand sind Sie schon 97 Kilometer seit Lavik am gleichen Fjord gefahren!

Nach Balestrand umfährt man den kleinen Nebenfjord, in Dragsvik erreicht man den RV 5, der hier auch noch gleichzeitig RV 13 heißt. Ein Blick auf die Tankuhr könnte lohnen: Die nächsten 53 Kilometer gibt es keine Zapfsäule.

In Dragsvik verlassen Sie den Hauptarm des Sognefjordes, die Straße zieht durch das enge Tal des Vetlefjordes nach Norden. Anschließend beginnt der Anstieg durchs Bärdalen aufs Gaular-Fjell. Welch ein Tal! Steil stürzen die Felswände herab, einige Berggipfel sind mit kleinen Gletschern überzogen. Die Serpentinenstraße steht den berühmten Trollstigen in nichts nach. Ein paar Parkplätze laden zum Halt ein, einfach nur zum Schauen. Am Gaular-Fjell durchstößt die Straße den Bergrücken in einem engen Durchbruch. Unmittelbar davor sollten Sie am großen Parkplatz nochmals halten: Sie sind während der letzten zwölf Kilometer über 700 Höhenmeter heraufgefahren!

Am Gaular-Fjell wartet Norwegens wilde Gebirgslandschaft. Oberhalb der Baumgrenze säumen Felsen die Straße, überwuchert mit Moos und Wollblumen, dazwischen Seen, Bäche, Wasserfälle und auch im Sommer Schneereste. Freie Übernachtungsplätze sind hier kein Problem, es dürfte aber ziemlich kalt werden. Bald ist mit 745 Metern der höchste Punkt der Straße erreicht. Hier oben gab es einst auch menschliche Siedlungen, das beweisen die Reste einer ehemaligen Alm, grasbewachsene Gebäude und Ruinen von Steinhäusern. Holz war in dieser Höhe offenbar viel zu teuer, Steine dagegen gab und gibt es genug. Ungefähr drei Kilometer nach der Winterschranke liegt der Campingplatz Voss in unverschämt schöner Lage an einem See und Wasserfall in einem Föhrenhain. Boote zum Fischen werden verliehen.

Das Tal wird jetzt enger, einige Wasserfälle stürzen herab. Nach kurzer Zeit erreichen Sie Eldalsosen, das sind wenige Häuser und eine Tankstelle. Zwischen Winterschranke und Eldalsosen sind freie Übernachtungsplätze äußerst selten.

Das nächstes Ziel ist die Industriestadt Förde. Die Straße RV 5/13 berührt den großen Vallestad-Wasserfall, klettert aber höher als das kleine Sträßchen RV 610 nach Sande. Der RV 610 führt idyllisch entlang des Viksdals-See durch Kiefernwälder, Heidelbeergestrüpp, Erika und Bauernland. In Sande erreichen Sie wieder ein-

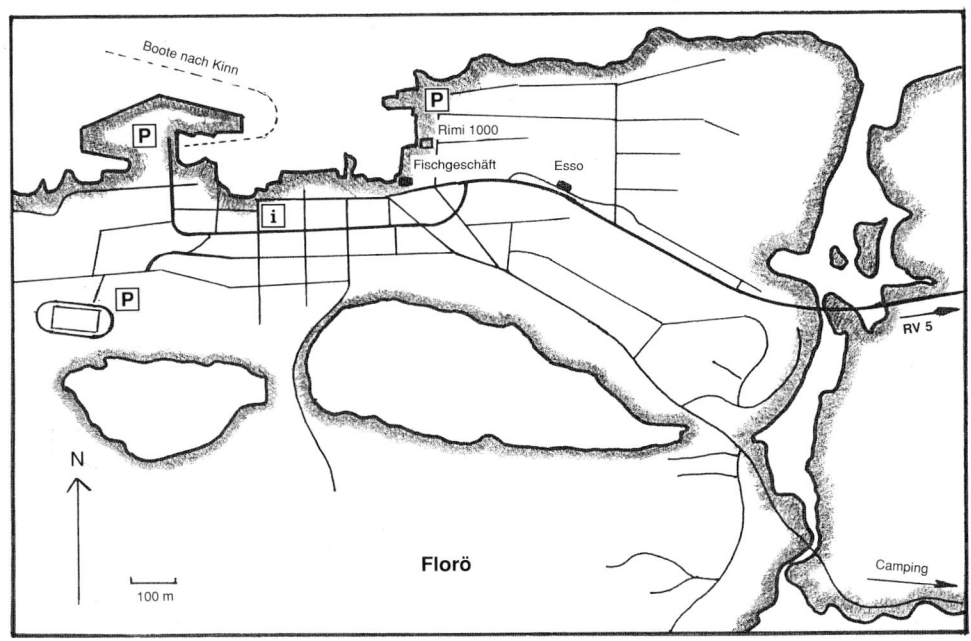

mal den RV 1, schöne freie Übernachtungsplätze sind bis Förde rar. Von Förde sind jetzt noch 67 Kilometer bis Florö zu fahren. Die Straße verläuft breit und gut ausgebaut bis Nausdal. Dann geht es gleich wieder ordentlich hinauf, die steile und nicht sehr gute Straße führt auf 487 Meter Höhe. Diese auch nicht allzu attraktive Marterstrecke soll schon ab 1994 durch einen Tunnel abgekürzt und unterfahren werden.

Tip: Wer sich für mehrere tausend Jahre alte Felszeichnungen interessiert, sollte ab Eikefjord nach Ausevik (zirka zwölf Kilometer) abzweigen. Es gibt über 300 Tierabbildungen zu besichtigen.

Die letzten 25 Kilometer nach Florö ab Hovland entlang des Eikefjord sind wieder ein ganz besonderer Leckerbissen an schöner Fjordfahrt. Nach Hovland wird es immer schöner. Zahlreiche Insel und Schären liegen im Wasser, Nebenarme des Fjordes bilden kleine Liegeplätze für zahlreiche Boote. Nach der Einmündung des RV 614, 16 Kilometer vor Florö, wird die Straße manchmal einspurig schmal mit Ausweichen. Wer frei campieren will, sollte bald nach einem Plätzchen Ausschau zu halten. In Florö können Sie nur im Stadtgebiet frei stehen.

Florö ist eine freundliche Kleinstadt mit heute ungefähr 10.000 Einwohnern. Die Insellage und die weißen Holzhäuser des Zentrums prägen das Stadtbild. Florö erhielt erst 1940 Straßenanschluß zum Festland. Die vielen umliegenden Inseln sind allesamt auch noch heute nur mit dem Boot erreichbar. Die Stadt hat die ganze Insel vereinnahmt und erstreckt sich wie ein Gürtel um die Ufer. In der Mitte gibt es einen Park und zwei kleine Seen. Es ist kaum zu glauben, daß in solch abgeschiedener Lage eine lebhafte Siedlung entstehen könne. Die Menschen leben hauptsächlich vom Schiffbau und der Fischerei-Industrie, Florö hat aber auch schon einen Fuß im Ölgeschäft. Die Arbeitslosenquote ist eine der geringsten von ganz Norwegen.

In Florö sollte ein Bummel durch die kleine Altstadt nicht fehlen. Die weißen Häuser strahlen eine freundliche Atmosphäre aus. Eine besondere Attraktion sind jedes Jahr die Festspiele auf der Insel Kinn an einem Wochenende im Juni. Die Norweger lieben diese mittelalterlichen Spiele aus der Zeit zwischen Heiden- und Christentum. Das Spektakel wird von 150 Amateurschauspielern aufgeführt, viele Besucher strömen in die Stadt. Den aktuellen Termin weiß die Touristen-Information, Telefon 0047–577 47505 oder Fax 0047–577 47716. Auch außerhalb der Festspiele lohnt ein Besuch der Insel. Die Kinnakyrkja ist eine romanische Steinkirche aus dem zwölften Jahrhundert, Dienstag und Donnerstag werden dorthin Ausflugfahrten per Schiff veranstaltet. Auch wen alte Kirchen nicht interessieren: Die Fahrt durch die Schären und rund um die Insel Kinn ist ein Meer- und Landschaftserlebnis. Die Fahrten beginnen um 10,30 Uhr und kosten 120 NKR. In Florö gibt es ein originelles Fischgeschäft, fast einen Krämerladen, das von einem netten, alten Fischer betrieben wird. Erwarten Sie hier nicht Supermarkt-Reinheit, aber die selbstgemachten Fischbällchen schmecken kaum irgendwo besser. Und wenn Ihnen der alte Mann ein Stück Fisch als heute besonders gut empfiehlt – greifen Sie zu, Sie werden beste Qualität erhalten. Das Geschäft öffnet ungefähr um 10 Uhr, die Öffnungszeiten an der Tafel beim Eingang müssen nicht stimmen. Im Ort selbst gibt es für Wohnmobile keine Einschränkungen, allerdings auch keinen ausgewiesenen Platz. Sie dürfen auf den öffentlichen Parkplätzen ungestört schlafen. Am besten können Sie dies beim Hafen oder beim Parkplatz des Großkaufhauses Rimi 1000 tun, eventuell auch beim Stadion. Ein Campingplatz liegt zirka zwei Kilometer außerhalb der Stadt, er ist klein, schmuddelig und bucklig. Die große Esso-Tankstelle am Ort ist zwar auf der offiziellen Liste der norwegischen Entsorgungsstationen enthalten, hat aber keine Ahnung davon. Trotzdem war dann die Hilfsbereitschaft groß und die Entleerung in einen Kanalschacht möglich – kostenlos.

Nach Florö hinein führt nur der RV 5. So müssen Sie also den Ort auf gleichem Weg verlassen, 16 Kilometer zurückfahren und dann auf den RV 614 einbiegen.

Schon zwei Kilometern ab der Brücke über den Norddalfjord wird die Landschaft besonders schön: Dunkler Wald, großer See, ein Wasserfall stürzt vom Berg. Er könnte die Schallkulisse während der Nacht auf einem schönen Parkplatz davor abgeben. In Haukå endet die Wildnis. Bald geht es wieder hinauf in die Berge, plötzlich empfängt Sie eine lange Tunnelröhre, die drei Kilometer lang ziemlich steil nach unten führt. Sie erreichen dann wieder Meereshöhe und zuckeln entlang des Fjordes nach Svelgen. Svelgen ist Industriestadt mit einem großen, häßlichen Werk. Irgendwo muß schließlich Norwegens Industrie auch arbeiten.

Gleich hinter Svelgen klettert die Straße wieder in die Berge, es wird wieder unglaublich schön. Der Regen hat die Steine gewaschen, jetzt funkeln die Berghänge im Sonnenschein. Ein See liegt neben dem anderen, bei genauem Hinsehen sind einige von ihnen Stauseen und liefern Energie. Felswände steigen senkrecht aus dem Wasser, häufig tobt ein Wasserfall über die Bergkante. Einige Parkplätze bieten sich zur Übernachtung an.

In Isane legt die Fähre nach Stårheim an, die Überfahrt über den Nordfjord dauert 15 Minuten. Ein Blick zurück lohnt jetzt ganz besonders: die Berge sind mit Eis übergossen.

Auf dem RV 15 in Richtung Målöy geht es weiter. Der Fjord zwingt die Straße immer wieder in Tunnels. Nach 9,5 Kilometern verschwindet der RV 15 neuerlich im Berg, hier kann das Loch aber außen auf der alten Straße auf Asphalt umfahren werden. Die Umfahrung ist 1400 Meter lang, zwei schöne Parkplätze drängen sich dem Freicamper dank ihrer Lage geradezu auf. Knapp 40 Kilometer nach der Fähre erreichen Sie Målöy.

Målöy wird von fast der gesamten Reiseliteratur praktisch totgeschwiegen, eigentlich unverständlich: Natürlich ist Målöy kein Fremdenverkehrsort im klassischen Sinn. Die Stadt liegt aber malerisch am Ulve-Sund und hat mehr Charme als manch anderer Ort, der lauthals auf sich aufmerksam macht. Es gibt praktisch nur eine Hauptstraße, die parallel zum Ufer verläuft, darüber steigen die Häuser den Hang hinauf. Die Stadt ist Zentrum der Fischindustrie, entsprechend belebt sind auch Hafen und Sund.

Die Zufahrt nach Målöy verläuft über eine hohe, geschwungene Brücke; bei richtiger Windstärke und -richtung beginnt das Bauwerk angeblich zu tönen. Wie dem auch sei, bei jeder Auffahrt wird die Windstärke angezeigt, bei Sturm muß die Brücke geschlossen werden. Für das Wohnmobil ist Målöy auch deshalb interessant, da es bei Refvika einen wunderschönen Sandstrand gibt, hier kann man direkt am Wasser stehen. WC und kostenfreie Duschen sind vorhanden, ebenso ein Schlauch für Frischwasser. Die Anlage ist kein Campingplatz. Für die Reinhaltung und das Warmwasser erhebt die Gemeinde eine Gebühr von 20 NKR pro Nacht; der Sandstrand liegt am inneren Ende der Revvika-Bucht und ist von Bergen umgeben. Surfer finden oft gute Bedingungen vor. Zum Strand fahren Sie sechs Kilometer von Målöy entlang des Ulve-Sunds nach Norden, anschließend folgen Sie noch vier Kilometern den Schildern über den Hügel. Tip: Ein kleines Sträßchen führt zum ehemaligen Leuchtturm-Wärterhaus Kråkenes-Fyr. Das Gebäude liegt einsam auf einem Felsen, die Aussicht ist großartig.

Abstecher zum Westkap:
Das Nordkap kennt jeder. Fahrzeugkolonnen wälzen sich jedes Jahr an das nördlichste Straßenende Europas. Aber das Westkap? Ich behaupte, das Westkap ist kaum weniger imposant. Und, noch besser: An diesen besonderen Punkt unseres Kontinents steht man häufig ganz allein. Wer hier übernachtet, darf sich auf reichlich Wind und eine grandiose Aussicht einstellen.

Von Målöy müssen Sie zuerst sieben Kilometer am RV 5 zurück, die Straße bildet die einzige Verbindung der Insel mit dem Festland. Unmittelbar nach einem Tunnel zweigt der RV 618 nach Norden ab. Auf guter, breiter Straße erreichen Sie nach schöner Fahrt und 38 Kilometern Selje. Die Luftlinie ist nur weniger als die Hälfte weit, die Straße muß aber jede Bucht des Fjordes ausfahren, und davon gibt es viele. Ab Selje können Sie mit dem Boot einen Ausflug zur Insel Selja mit den berühmten Klosterruinen unternehmen. Heute ist die Insel verlassen, kaum zu glauben, daß hier einst ein wichtiger Handelsplatz lag.

Von Selje nach Sandvik führt eine acht Kilometer lange und schmale Serpentinenstraße mit großartiger Aussicht zurück in den Skårf-Fjord und dann auf der anderen

Seite hinunter auf den Vanylvs-Fjord. Man überquert den Bergrücken in 300 Meter Höhe, oben gibt es keinen Baum mehr, nur zwei Seen, riesige Flächen Erika, Felsen und Moore. Die Ausweichstrecke über Kjöde nach Sandvik bringt nichts, von Kjöde nach Sandvik ist die Straße unglaublich schmal und ebenfalls bergig. Ab Sandvik wird die Straße wieder breit und gut, der Vanylvs-Fjord ist inselreich und schön. In Leikanger verläßt die Straße die Küste, es geht über einen Sattel (schöne Aussicht) in ein Hochtal, das sich langsam nach Nord-West wieder senkt; Seen, hohe Berge und ein dunkler Bach sind ständige Begleiter. Bei Refsnes, elf Kilometer nach Leikanger, zweigt die Sraße Richtung Honningvåg ab. Es geht wieder hinauf, ungefähr am höchsten Punkt biegt dann nach links die ganz schmale, sehr steile, aber asphaltierte Straße zum West-Kap ab. Die nächsten drei Kilometer erfordern volle Konzentration aufs Fahren, nur der Beifahrer darf den Blick auf Bucht und Berge von Honningvåg genießen. Kurz vor dem großen Parkplatz gibt es ein kleines Café, eher eine Berghütte. Oberhalb des Parkplatzes führt ein kleiner Weg nach den Sendemasten ebenfalls noch zu einer kleinen Hütte. Am West-Kap stehen Sie auf fast 500 Meter Höhe, höher als am Nord-Kap. Die Aussicht ist schlicht überwältigend. Sie können zu Fuß in wenigen Minuten bis zu den 400 Meter hohen Steilwänden über dem Meer spazieren, die Stade-See, die dagegen klatscht, war zu allen Zeiten bei der Schiffahrt gefürchtet. Zahlreiche Wracks liegen auf ihrem Grund. Falls das Wetter am West-Kap für eine Übernachtung nicht gut genug ist, bietet sich als Ausweichplatz das Campinggelände in Ervik an. Sie müssen nur bis Refsnes zurück und dann rechts, bis ans Talende hinaus; das Tal wird breiter und endet in einem weiten Sandstrand. Der Campingplatz liegt neben der Kirche, durch Dünen vom Wind geschützt. Auf der anderen Talseite steht der Berg Hovden, der im Ersten und Zweiten Weltkrieg strategisch wichtig war, die Wehrmacht hat einen kleinen Hafen angelegt. Von hier können Sie in 10 bis 15 Minuten den Berg mit seiner schönen Aussicht und den Bunkerresten besteigen.

Für die Rückfahrt empfiehlt sich die Straße über Kjölde und Åheim. Die Fahrt entlang des Fjordes ist wirklich schön, Sandvik – Kjölde wie schon erwähnt sehr schmal. Für Eilige kann in Åheim die Reise gekürzt werden, indem von hier zur Vogelinsel Runde und weiter nach Ålesund gefahren wird, wo unserer Route weitergeht. Imposanter ist die größere Strecke durch unglaublich schönes Bergland zum König der Fjorde, dem Geirangerfjord. Runde wartet trotzdem auf Sie, ab Ålesund ist es leichter zu erreichen als ab Åheim. Von Åheim fahren Sie nach Süden, der RV 61 durchquert wieder Berg- und Seenland und trifft nach 14 Kilometern bei Maurstad den bekannten RV 15. Nach 32 Kilometern erreichen Sie nach schöner Fahrt am Fjord das Städtchen Nordfjordeid. Aus der einstigen Wikinger-Siedlung ist ein Handels- und Verwaltungsort geworden. Im Fjordpferd-Zentrum werden Ausritte und Kutschenfahrten angeboten.

Nach Nordfjordeid laufen RV 1 und RV 15 auf fünf Kilometer die gleiche Straße. Sie bleiben in Helle am RV 15 Richtung Stryn. Der Hornindals-See ist von hohen Bergen umgeben, die neue Straße muß immer wieder in ein Tunnel ausweichen. Tip: Beim letzten der vier Tunnels, beim Kongenens-Tunnel, umfährt die alte Straße den Tunnel zwischen See und Felswand. Nach 200 und 500 Meter gibt es schöne, ruhige

oben: Imposant: die Festung Fredriksten in der Nähe zur schwedischen Grenze (Route 3).

unten: Putzig: die alte Kirche von Osen (Route 3).

Bekannt: Angeln am Trysil-Elv (Route 3).

Erlaubt: Parken unter den Kiefern am Südufer des Fermund-Sees (Route 3).

oben: Geschützt: Röros – hier mit Kirche und alter Erzwaage – gehört zu den wichtigsten norwegischen Kulturdenkmälern (Route 3).
unten: Modern: Trondheim, die heimliche Hauptstadt Norwegens (Route 3).

**Mittelalterlich:
die Fassade des
Nidaros-Doms
in Trondheim
(Route 3).**

**Hochgebockt: die
alten Speicher ent-
lang des Nidelva in
Trondheim
(Route 3).**

Idyllisch: Auf dem
Weg nach Tautra ent-
lang des Asen-Fjords
(Route 3).

Ähnlich: Die Kloster-
ruine Tautra könnte ge-
nausogut auch in Ir-
land oder Schottland
stehen (Route 3).

Geschafft: Nördlich vom Polarkreis liegt das Reich der Mitternachtsonne (Route 3).

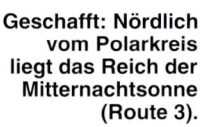

Lautstark: das Tosen des Trongfall (Route 3):

Markant: der Solvågtind, Wahrzeichen des Nationalparks im Junkerdalen (Route 3).

112 oben: Urig: Seen, Moore und Krüppelbirken entlang der E 10 zur schwedischen Grenze (Route 3).
unten: Mickrig: Die Brücke über den Kvænangen-Fjord verschwindet vor der überwältigenden Kulisse (Route 3).

Parkplätze, die zum Rasten und auch gut als freie Übernachtungsplätze einladen. Die Umfahrungen der ersten drei Tunnels sind als Parkplätze nicht gut geeignet.

Vom Hornindals-See kehrt die Straße über ein Hochtal zu einem Nebenarm des Nord-Fjord zurück. Auch hier wäre eine gute Chance für Übernachtungsplätze. Die Strecke Nordfjordeid – Stryn beträgt 49 Kilometer. Stryn ist Verwaltungszentrum und liegt in gut geschützter Lage am Fjord. Von hier empfiehlt sich ein

Abstecher ins Briksdal:
Die Strecke führt in ein unglaublich schönes, schmales Tal direkt unter den Jostedal-Gletscher. Bis ans Ende des Briksdal sind ab Stryn 41 Kilometer zu fahren; der RV 60 windet sich zunächst um den Innvik–Fjord 17 Kilometer lang bis Olden. Hier biegt man in das Briksdal ein. Steile Berge begleiten das Tal, die Fahrt geht entlang mehrerer schmaler Seen. Zahlreiche Wasserfälle stürzen von großer Höhe herab. Der Talabschluß ist beinahe kitschig schön: Zwischen zwei Bergspitzen reicht eine Gletscherzunge fast bis in den Talgrund. Das Talende ist sehr schmal, es warten ein großer gebührenpflichtiger Parkplatz und die Möglichkeit, zu Fuß oder per Kutsche bis zum Eis vorzudringen. Hier ist der Wirbel groß. Einige Campingplätze sind auch vorhanden. Es gibt zwei Möglichkeiten für Freicamper: Die erste Möglichkeit ist nach Sunde, wo die Straße vom Ostufer zum Westufer des Tales wechselt. Hier ist ein großer Parkplatz mit WC angelegt. Der Blick zum Talende ist überwältigend, der Platz aber manchmal recht voll; die zweite Möglichkeit ist ruhiger: 500 Meter nach dem Parkplatz mit WC teilt sich die Fahrbahn. Der nach Süden, also ins Tal hineinführende Fahrstreifen, läuft durch eine Tunnelröhre. Der nach Norden führende Fahrstreifen bleibt zwischen Berg und See. Neben diesem Fahrstreifen lädt eine breite Fläche zum Verweilen über dem Wasser ein. Lärmbelästigung während der Nacht ist nicht zu befürchten, es gibt praktisch keinen Verkehr.

Zurückgekehrt nach Stryn, geht es auf dem RV 15 nach Osten weiter, nach zwölf Kilometern wartet der Stryn-See. Norwegen ist ein Land voll von Naturgegensätzen, so auch hier: Besonders die inneren Fjordenden sind oft mit überraschend mildem Klima gesegnet, es wachsen Bäume und Pflanzen, die man in diesen Breiten nicht erwartet. Auch der Stryn-See, zwar kein richtiger Fjord, bietet diese Gegensätze. An der Nordseite bei Flo wächst Nordeuropas größter Laubwald, hauptsächlich Linden; südlich und östlich wird der See von Gletschern überragt. Diese Gegensätze lassen sich erfahren und erwandern. Der RV 15 erreicht am Südufer nach zwölf Kilometern das Jostedal-Nationalparksenter. Von hier werden Wanderungen in die Naturschutzgebiete sowohl in die Umgebung von Flo als auch Gletscherführungen angeboten. Die Anmeldung zu einer Tour muß am Vortag bis 16 Uhr erfolgen. Die Gletscherausrüstung, aber auch Ruderboote, Kanus und Kajaks können ausgeliehen werden. In Hjelle verläßt der RV 15 den See und verschwindet in einem schmalen Tal, hier ist die Straße teilweise noch nicht erneuert. Wie eine Wand steht dann der Talabschluß vor Ihnen – und dann kommen die Serpentinen. Es geht unglaublich hinauf, fast von Meereshöhe hinauf auf 600 Meter bei Tunnelanfang und Hotel. Wer unter Höhenangst leidet: Der RV 15 führt durch lange Tunnels von hier problemlos die elf Kilometern nach Langevatn.

Umweg:

Ein Abstecher für Genießer: die Fahrt auf dem RV 258. Dieser Weg nach Langevatn ist 30 Kilometer lang, 20 davon sind ziemlich schlecht und führt auf 1139 Meter Höhe. Es warten: Hochgebirge pur, Gletscher bis zur Straße, Schnee im Hochsommer, Ödland wie im hohen Norden, an einer Stelle ein Sommerschigebiet, in dem auch die norwegische Nationalmannschft manchmal trainiert.

Sie zweigen also vor dem Tunnel ab. Die Straße ist eine Fortsetzung der Serpentinenorgie, nur jetzt deutlich schmäler und etwas steiler. Nehmen Sie sich Zeit für einen Blick ins Tal. Die Aussicht ist unglaublich. An der Bergkante enden die Serpentinen, das Videdalen beginnt. Bald kommt ein großer Parkplatz zwischen den Schneewänden. Schilifte surren, fast wie in den Alpen. Hinter dem Schizentrum enden Asphalt und Menschentrubel, lediglich ein paar Schafe beleben die Einsamkeit. Die Fahrt führt durch Hochgebirgs-Ödland, in den Seen schwimmt noch Eis. Eine Schneeballschlacht gefällig? An der Fylkegrenze ist der höchste Punkt erreicht. In Grotli erreichen Sie wieder den RV 15. Grotli ist ein Winter-Schigebiet. Von hier geht es weiter Richtung Westen. Die Hochgebirgslandschaft bleibt erhalten, Gletscher leuchten auf den Bergen, ein See folgt dem anderen. Schöne Übernachtungsplätze sind hier reichlich zu finden, die aber in der Nacht ungemütlich kalt werden können. Nach 13 Kilometern erreichen Sie Langevatn und die Abzweigung des RV 63. Hier endet die unvergeßliche Strecke.

An diesem Punkt biegt man ab, nach sieben Kilometern ist Djupvasshytta erreicht, ein Berggasthof. Hier beginnt die Mautstraße (35 NKR) auf den Dalsnibba. Alte Nordlandfahrer sind vielleicht der Meinung: »Auf den Dalsnibba fährt jeder!«. Selbst wenn das stimmen sollte: Der Aussichtspunkt ist aber derart großartig und überwältigend, daß man bei nur halbwegs gutem Wetter unbedingt hinauffahren sollte. Die schmale Serpentinenstraße erfordert volle Konzentration. Am Gipfel erwarten Sie ein großer Parkplatz und ein gewaltiges Gebirgspanorama. Im Süden schimmert der Jostedal-Gletscher, Europas größtes zusammenhängendes Gletschergebiet, zum Greifen nahe. Der tiefe Blick hinunter in den Geiranger-Fjord könnte Schwindelgefühle auslösen. Vom Dalsnibba sehen Sie auch gut die nun folgende Serpentinenstrecke nach Geiranger. Sie führt innerhalb von nur 20 Kilometern von 1476 Meter Höhe hinunter bis auf Meereshöhe, also Höhe Null. Vorsichtiges Fahren versteht sich von selbst. Lassen Sie Ihren Motor mit kleinem Getriebegang die Hauptarbeit des Bremsens übernehmen.

Der Ort Geiranger ist eng und bietet wenig Parkraum, er ist ein norwegisches Touristenzentrum. Besonders wenn ein Kreuzfahrtschiff im Fjord ankert, sind alle Gassen und Geschäfte mit Menschen überfüllt. Diese Vermarktung des berühmtesten aller Fjorde mag abstoßend wirken, trotzdem bleibt der Fjord ein beeindruckendes Naturphänomen. Ab Geiranger werden Rundflüge mit einem kleinen Wasserflugzeug veranstaltet. Für 230 NKR erleben Sie 15 Minuten lang die gewaltige Landschaft von oben. Natürlich werden auch Rundfahrten per Schiff, Fahrtdauer knapp zwei Stunden, für 60 NKR angeboten. Diese Rundfahrt kann sich schenken, wer in Geiranger die Fähre nach Hellesylt nimmt. Diese Verbindung durchfährt den ganzen Fjord und informiert über Lautsprecher auch auf deutsch über die wichtigsten

Sehenswürdigkeiten. Mit Schaudern habe ich die heute verlassenen Höfe gesehen, in denen vor noch gar nicht so langer Zeit Menschen der Natur den Lebensunterhalt abtrotzen wollten. Kinder mußten mit Seilen gesichert werden um nicht in den Fjord zu stürzen. Beeindruckend sind selbstverständlich auch die vielen berühmten Wasserfälle, die nahezu direkt in das Fjordwasser stürzen. Die Fähre braucht bis Hellesylt eine knappe Stunde, sie kostet Zone 20. Ab Hellesylt geht es entlang des RV 60 bis Ålesund, knapp 100 Kilometer. Die Straße klettert nach Hellesylt wieder einmal das Fjorddufer hinauf. Sie können die Aussicht auf den Sunnylv-Fjord und das Ende des Geiranger-Fjordes genießen. Die restliche Fahrt nach Ålesund ist fast eine Erholungsstrecke, schön, aber nicht mehr so aufregend. Freie Übernachtungsplätze werden Sie kaum finden. In Aursnes müssen Sie nochmals auf die Fähre nach Magerholm. Die Überfahrt dauert 15 Minuten und kostet Zone vier.

Umweg über die Rosenkirche:
Diese Strecke ist nur zirka 15 Kilometer länger als die zuvor beschriebene Route ab Hellesylt, sie benötigt aber wesentlich mehr Zeit. Sie führt zur bemerkenswerten Rosenkirche in Stordal. Diesen Umweg kann auslassen, wer nach Ålesund den Umweg über den Trollstigveien nach Molde fahren möchte. (Siehe dazu Seite 118).

Der jetzige Umweg führt von Hellesylt wie zuvor auf dem RV 60 nach Norden, verläßt diese Straße aber in Stranda und führt von hier mit der Fähre nach Liabygda zum RV 650. Überfahrt 15 Minuten, Zone vier. Nach zirka 15 Kilometern haben Sie die Rosenkirche erreicht. Die Rosenkirche ist die äußerlich unscheinbare Kirche gleich am Beginn von Stordal, nicht die große Hauptkirche im Ort. Die Bezeichnung kommt daher, daß die Kirche innen vollständig mit Rosenmalerei ausgeschmückt wurde. Man wird in Norwegen keine so schöne und große Rosenmalerei finden. Ab Stordal erwartet Sie eine schmale und kurvenreiche Straße bis zum RV 1/9, die aber sehr schön entlang des Fjordufers zu fahren ist. Der RV 1/9 ist breit und neu und Sie kommen problemlos und schnell nach Ålesund. Freie Übernachtungsplätze lassen sich auf dem ganzen Umweg ebenfalls kaum finden.
Ålesund mit seinen 35 000 Einwohnern ist ein besonderes Juwel unter den norwegischen Städten. Zuerst beeindruckt seine Lage, die sich über mehrere Inseln erstreckt, außerdem ist der Baustil völlig außergewöhnlich: Die Stadt wurde 1904 durch einen Großbrand fast vollständig zerstört. Um diese Katastrophe in Zukunft zu vermeiden, mußten alle Gebäude in fester Bauweise, überwiegend natürlich Stein, wiedererrichtet werden. Ålesund wurde deshalb im Jugendstil der Jahrhundertwende aufgebaut, ist aber sehr der norwegischen Bautradition verbunden. Aus dieser Mischung ergibt den einmaligen Charakter der Stadt. Der Wiederaufbau erfolgte sehr rasch, die meisten Gebäude stammen aus den Jahren 1904 bis 1907. Der deutsche Kaiser Wilhelm II. unterstützte die Bauarbeiten durch großzügige Spenden, ihm zu Ehren heißt heute eine Straße daher »Keiser-Wilhelms-Gata«. Nach dem Zweiten Weltkrieg passierten viele Bausünden. Heute weiß man um den Schatz der Geschichte, viele Verschandelungen wurden in den letzten 20 Jahren rückgängig gemacht. Ålesund ist noch heute traditionsgemäß der größte Hafen zum Versand von Klippfisch, dem getrockneten Dorsch.

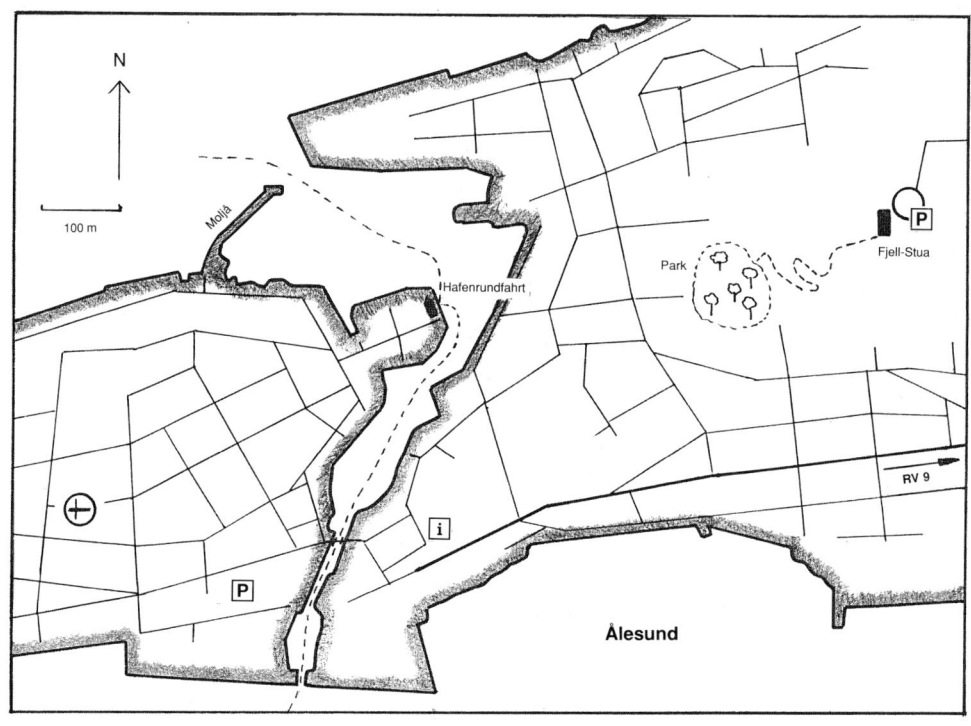

Sehenswürdigkeiten:

Um die Stadt richtig zu genießen, sollten Sie zunächst einen Stadtrundgang unternehmen. In der Touristen-Information im Rathaus erhalten Sie kostenlos eine deutsche Broschüre, die einen zweistündigen Rundgang beschreibt und die wichtigsten
Erklärungen enthält. Unbedingt lohnend ist auch der Aufstieg über 418 Stufen zur
Fjell-Stua, einem Aussichtspunkt über der Stadt. Der Sonnenuntergang ist von hier
besonders eindrucksvoll. Die Fjell-Stua hat auch den großen Vorteil, das häßliche
Gebäude nicht von unten betrachten müssen. Geöffnet ist von 10 bis 22 Uhr, es gibt
ein Restaurant und ein Café. Zur Fjell-Stua führt auch eine Straße hinauf. Der Parkplatz am Gipfel darf für Übernachtungen nicht benützt werden. Die Treppe zur Stua
beginnt in einem Park, der einen merkwürdigen chinesischen Baum, genannt »Af-
fenbaum«, enthält. Westlich der Kirche und an der alten Mole »Moljå« gibt es noch
Holzhäuser, die der Stadtbrand verschont hat. Die alten Gebäude nahe der Mole
warten noch sehnsüchtig auf die Renovierung, die bei der Kirche sind in gutem Zu-
stand und bewohnt. Von der Moljå eröffnet sich ein schöner Blick auf den alten Hafen und die Stadt. Hier stehen auch zwei Bryggehäuser im scheußlich-schönen Glas-
palast-Stil. In Ålesund lohnt auch eine Hafenrundfahrt mit dem Boot. Sie dauert 45
Minuten und findet Montag bis Freitag um 12 und um 17 Uhr statt. Die 60 NKR hierfür sind gut angelegt.

Ein Teil des großen Parkplatzes in Ålesund ist ausdrücklich für Wohnmobile ausgewiesen. Hier können Sie zentral stehenbleiben und übernachten. An Werktagen
ist von 9 bis 16 Uhr Parkgebühr fällig, die übrige Zeit ist kostenfrei. Eine öffentliche

116

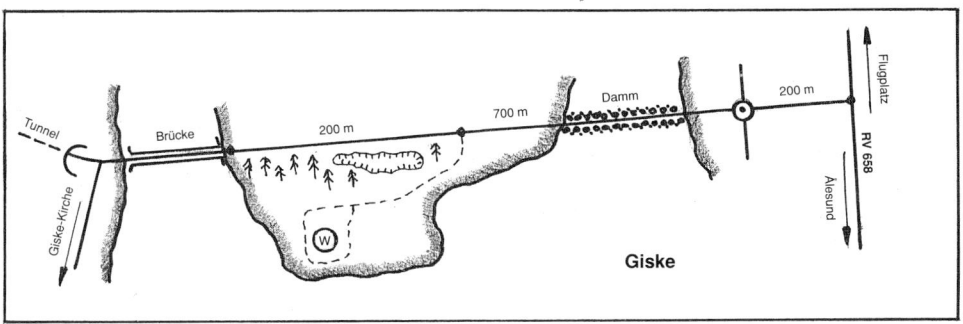

Toilette befindet sich bei der Brücke über den Sund. Wasser und Stromanschluß gibt es nicht.

Sehenswürdigkeiten der Umgebung:
Ungefähr vier Kilometer östlich des Zentrums führt der RV 1/9 am Sunmöre-Museum vorbei. Es gibt hier zirka 50 historische Häuser und Darstellungen von Ausgrabungen aus dem Mittelalter und der Wikingerzeit. Mir persönlich hat die Bootausstellung am besten gefallen. Das Museum hat Montag bis Freitag von 11 bis 15 Uhr und Sonntag von 12 bis 17 Uhr geöffnet. Samstag ist geschlossen. Der Eintritt kostet 25 NKR.

Die Inseln Hoff, Valderöy, Giske und Godöy sind heute durch ein Tunnel- und Brückensystem mit dem Festland verbunden. Die Straße ist mautpflichtig und kostet 47 NKR für Fahrzeug und Fahrer, jede weitere Person 14 NKR zusätzlich. In Giske gibt es ein altes Marmor-Kirchlein aus dem zwölften Jahrhundert zu besichtigen – ein verzauberter Platz auf der ehemaligen Wikinger-Insel. Die Kirche hat wochentäglich von 11 bis 14 Uhr geöffnet.

Tip für Freicamper: Unmittelbar vor der Brücke nach Giske wartet hinter ein paar Bäumen einen geschotterten Platz, der einen wunderbaren Blick über den Giskesund hinüber nach Ålesund bietet. Sie stehen unmittelbar neben dem Wasser. Der Strand besteht aus groben Steinen, ist also nicht bade oder surftauglich.

Abstecher zur Vogelinsel Runde:
Die kleine Insel Runde ist der südlichste der großen norwegischen Vogel–Nistplätze. Ungefähr fünfzig verschiedene Arten brüten hier regelmäßig, dazu kommen noch viele Arten, die nur gelegentlich die Felsen besiedeln. Das Brüten beginnt im März, die größte Anzahl von Vögeln (über 100 000) ist im Juli zu sehen. Anfang August verlassen viele Tiere wieder die Insel. Die Vogelkolonien kann man sich zu Fuß erwandern oder einfacher durch eine Bootsfahrt rund um die Insel ansehen. Ab Runde werden auch Ausflugfahrten zu den Gras-Inseln angeboten, die von Robben und Seehunden besiedelt sind. Der Bootsführer spricht deutsch, ist ein norwegisches Rauhbein-Original und erklärt auch eine ganze Menge.

Runde liegt von Ålesund knapp 70 Kilometer und eine Fähre entfernt. Sie fahren zuerst am RV 1/9 bis Spjelkavik, dann nach Süden am RV 1 und weiter am RV 61 zur Fähre in Sulesund, die Sie nach Hareid übersetzt (25 Minuten, Zone 8). Zur Insel Gursköy führt eine Brücke, dann folgen Sie den Wegweisern nach Runde. Das ist Inselhüpfen! Eine Brücke folgt der anderen.

Die letzte Brücke nach Runde war einst mautpflichtig. Nachdem die Errichtungskosten eingespielt waren, wurde die Maut wieder abgeschafft. Vor diesem Beispiel norwegischer Redlichkeit kann man nur den Hut ziehen. Auf Runde gibt es zwei sehr kleine Campingplätze, beide eigentlich nur geschotterte Abstellplätze. Der erste Campingplatz liegt beim Hafen, das dazugehörige Geschäft mit Tankstelle beherbergt auch Sporttaucher. Das Füllen der Luftflaschen hat schon manchen ruhesuchenden Camper gestört. 1994 sollen angeblich Tauchzentrum und Campingplatz auseinandergelegt werden. Der Besitzer von Geschäft und Campingplatz ist gleichzeitig Bootsführer und Giude für die Inselrundfahrten. Fahrkarten für die Bootsausflüge erhalten Sie hier, ebenfalls Karten und Informationen für die Wanderwege.

Zum zweiten Campingplatz müssen Sie noch zwei Kilometer auf schmaler Straße an die Nord-West-Küste weiterfahren. Der Platz ist ruhiger, aber auch nicht schöner. Nur der Blick übers Meer ist von beiden Plätzen gleichermaßen traumhaft. Für Freicamper gab es 1993 auch einen schönen Platz. Unmittelbar nach der Brücke führt eine Sandstraße nach links entlang des Ufers. Nach 1100 Meter endet die Straße auf einem größeren Parkplatz.

Nach Ålesund heißt das nächste Ziel Molde, das nach 69 Kilometern am RV 1 zu erreichen ist. Die Fähre von Vestnes nach Molde benötigt 35 Minuten und kostet Zone 15. Wer genügend Zeit zur Verfügung hat, kann über Stordal (Rosenkirche), Valldal, den berühmten Trollstigveien und Åndalsnes eine weitere, 140 Kilometer längere Wegvariante wählen. Die Gebirgslandschaft vor dem Trollstig und die Serpentinenstrecke sind aber gut mit der Strecke zum Stryn-See zu vergleichen und bieten ähnliche Eindrücke an Landschaft und Straßenführung.

Molde ist eine recht junge Stadt, sie wurde erst im 18. Jahrhundert gegründet und hat sich nur langsam zur heutigen Größe von zirka 20 000 Einwohnern entwickelt. Die geschützte Lage bringt Molde ein besonders mildes Klima. Hier kann sich die norwegische Sehnsucht nach Blumen gut entfalten, Molde wird auch Rosenstadt genannt. Es sind tatsächlich mehr Rosen als in den vergleichbaren Städten der Westküste zu sehen. Die Stadt wurde im Zweiten Weltkrieg durch Bomben sehr stark zerstört, entsprechend wenig blieb von der alten Stadtsubstanz erhalten. Molde lebt heute überwiegend von Handel und einer beachtlichen Industrie. Die Stadt ist wegen ihres Panoramas berühmt geworden. Vom Aussichtspunkt Varden lassen sich 87 (gezählte) Berggipfel bewundern, viele davon mit Eis und Schnee bedeckt. Zu Ihren Füßen liegt der Romsdal-Fjord mit seinen vielen Inseln und Inselchen. Den Varden können Sie ab dem Stadtzentrum zu Fuß in etwa einer Stunde erwandern, eine fünf Kilometer lange, teilweise recht steile Straße führt ebenfalls nach oben. Von den fünf Kilometern sind die Hälfte auf rippeliger Sandstraße zu fahren. Oben gibt es einige Parkplätze, auf denen man eventuell auch übernachten könnte. Manche Plätze sind allerdings mit Campingverbot belegt. Molde veranstaltet jedes Jahr im Juli ein recht bekanntes Jazz-Festival in gemütlicher Kleinstadatmosphäre. Den aktuellen Termin und das Programm weiß die Touristen-Information, von hier aus Telefon 0047–712 57133 oder Telefax 0047–712 54918.

Molde hat Wohnmobilfahrer noch nicht zur Kenntnis genommen, es gibt keine ausgewiesenen Plätze. Im Zentrum gibt kaum Parkmöglichkeiten, eventuell läßt sich beim Fähren-Kai etwas finden.

Molde verlassen Sie nach Osten am RV 1, biegen aber nach 6,5 Kilometern nach Norden auf den RV 64 ein. Bald nach der Abzweigung verkürzt ein Tunnel die Fahrt um acht Kilometer. Die Maut ist sehr gering (10 NKR), die alte Straße aber ohne wesentliche Steigungen gut zu fahren. In der kleinen Ortschaft Sylte zweigt der RV 663 ab, dem Sie eigentlich folgen sollten.

An dieser Stelle lohnt ein Ausflug zur »Trollkirche«, natürlich keine Kirche, sondern eine Laune der Natur. Es handelt sich um ein Kalkstein-Höhlensystem mit unterirdischen Wasserfällen und Gängen. Um dorthin zu gelangen, bleibt man an der Abzweigung des RV 663 noch weitere fünf Kilometer auf dem RV 64. Linkerhand kommt dann ein größerer Parkplatz, der eindeutig mit »Trollkirka« gekennzeichnet ist. Von hier bringt ein Fußmarsch von zirka einer Stunde und einem Höhenunterschied von 380 Metern die Durchblutung der Autofahrerbeine wieder richtig in Schwung. Versuchen Sie nicht, den Fußmarsch durch Weiterfahrt auf dem Weg hinter dem Parkplatz abzukürzen, der Weg endet sehr schnell ohne Parkmöglichkeit. Außer dem obligatorischen Regenschutz sollten Sie eine Taschenlampe oder Fackeln zum Besuch der unteren Höhle mitnehmen. Festes Schuhwerk ist zwingend anzuraten. Der Weg ist eindeutig markiert. Nach dem Erreichen der oberen Höhle lohnte sich die kleine Mühe, noch ein paar Minuten weiterzusteigen. Es wartet ein Hochplateau mit schöner Aussicht, auf dem sich gut rasten läßt. Auch ein kleiner See ist hier oben, den Sie aber erst sehen, wenn Sie schon fast am Ufer stehen.

Zurückgekehrt zum RV 663 erreichen Sie nach sechs Kilometern den kleinen Ort Elnesvågen. Hier teilt sich die Straße erneut, Sie fahren weiter am RV 664 Richtung Bud. Es erwartet Sie eine ruhige Fahrt durch Wälder und Felder. Freie Übernachtungsplätze werden Sie hier kaum finden, zum Schlafen empfiehlt sich nur der Campingplatz vor Bud. Bud war im 16. und 17. Jahrhundert der wichtigste Handelsplatz zwischen Trondheim und Bergen. Der Ort hat später die Weiterentwicklung nicht geschafft und ist heute ein verschlafenes Nest. Der alte Hafen besteht noch immer, wird von ein paar Fischern genutzt und strahlt viel von der Vergangenheit aus. In einem der Brygge-Häuser wurde ein originelles Restaurant eingerichtet. Vierhundert Meter nach dem Hafen, unter der Festungsanlage, gibt es einen kleinen Vogelfelsen, auf dem unzählige Möven nisten. Bud war für die deutsche Wehrmacht einer der Verteidigungspunkte des Atlantikwalls. Bei der Anlage des Forts wurden viele Häuser niedergerissen, was in dem Städtchen heute noch stärker als an anderen Orten die Erinnerungen an den Krieg wachhält. Die Batterie war nie im Kampfeinsatz und wird als Museum ausgebaut. Die Aussicht vom Fort aus ist großartig. Vom kleinen Nachbarort Haröysund werden Ausflugsfahrten zum ehemaligen Fischerdorf Björnsund angeboten. Das Dorf ist sehenswert, heute bevölkern es allerdings hauptsächlich Touristen, die sich den Wind vom Atlantik um die Nase wehen lassen und die Abgeschiedenheit von der Zivilisation suchen.

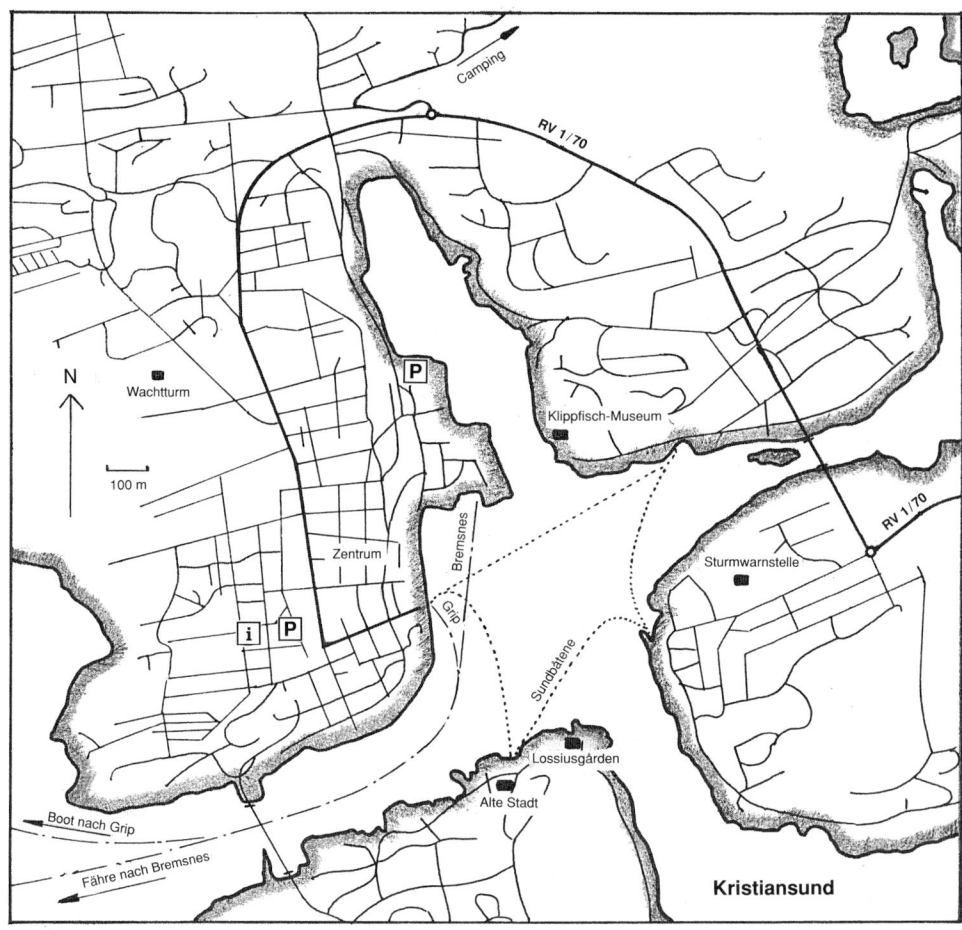

Von Bud geht es weiter entlang der Küstenlinie mit ihren vielen Buchten und unzähligen vorgelagerten Schären. Diese Gebiet ist die berüchtigte Hustadvika, wo
eine große Zahl von Wracks am Meeresgrund von den Tücken der See berichten.
Das Los dieser Unglücklichen lockt viele Taucher an. Gelegentlich führen kleine Ne-
bensträßchen Richtung Meer. An diesen Sträßchen sind manchmal Standplätze zu
finden, so richtig zum Verkriechen. Bei Farstad drückt der Berg Stemshesten die
Straße ganz an das Ufer. Der Stemshesten (667 m) ist ab Rödal auf markierten Wegen zu erwandern. Der Aufstieg benötigt zirka zwei Stunden und lohnt bei gutem
Wetter mit unglaublicher Aussicht. Bergausrüstung ist erforderlich!

In Vevang beginnt der Atlanterhavsveien (Atlantikstraße), eines der beeindruk-
kendsten Straßenbauwerke Norwegens. Die Straße benützt zahlreiche Inselchen
und Schären und verbindet über acht Brücken mit Durchfahrthöhen über Wasser
von 3 bis 23 Meter und zahlreichen Dämmen die Insel Averöy mit der Halbinsel
Fræna. Sie führt praktisch direkt durch den Atlantik. Bei gutem Wetter fahren Sie
durch eine Idylle, bei Sturm glauben Sie sich mitten im kochenden Meer. Die Straße
wurde natürlich nicht für den Tourismus gebaut, sie ist aber für Wohnmobile unge-

heuer attraktiv. Es gibt zahlreiche Parkplätze und von den Inseln und Brücken wunderbare Aussichtspunkte. Vielleicht richten Sie Ihren Fahrplan so ein, daß Sie eine Nacht mitten auf See verbringen können. Die eigentliche Atlantikstraße ist neun Kilometer lang, ein Teil der enormen Baukosten wird durch eine bescheidene Maut (40 NKR für Fahrzeuge bis sechs Meter) finanziert. Vom Parkplatz der mit Håholmen gekennzeichnet ist, verkehren Boote in den gleichnamigen Ort auf einem winzigen Felsen stündlich von 12 bis 22 Uhr. Der ehemalige Fischerort wurde restauriert, die Hütten werden heute vermietet. Der Ort allein ist schon sehenswert, in Håholmen können Sie auch mehrere Nachbauten von Wikingerschiffen bewundern, wenn Sie wollen auch zu Probefahrten mieten. Von der Atlantikstraße kurvt der RV 64 zwanzig Kilometer lang durch die Insel und entlang von Fjorden und Seen nach Bremsnes. Hier geht es wieder einmal auf die Fähre, nach 20 Minuten (Zone 5) erreichen Sie Kristiansund. Die Fähre landet im Stadtzentrum.

Kristiansund besticht durch seine wunderbare Lage. Die Stadt mit ihren knapp 20 000 Einwohnern ist über mehrere Inseln verteilt. Ein großer Brand zerstörte durch den Krieg 1940 große Teile der Stadt. Beim Wiederaufbau wurden große Grün- und Parkflächen angelegt. Der Stadtkern besteht aus modernen Gebäuden, die aber sehr gut mit den vielen weißen Holzhäusern der Vororte harmonieren. Kristiansund war früher ein wichtiges Zentrum des Klippfisch- und Salzheringhandels. Diese Bedeutung ist stark zurückgegangen. Kristiansund versucht sich heute auch im Ölgeschäft als Hauptstützpunkt zu behaupten, bisher nicht mit allzugroßem Erfolg.

Sehenswürdigkeiten:
Einen sehenswerten Blick über die Stadt bietet der ehemalige Wachtturm Vardetårnet. Sowohl der Hafen als auch das Nordmöre-Gebirge liegen im Panoramablick. Der alte Turm wurde abgerissen, der heutige stammt aus dem Jahre 1983. Der Eintritt ist frei.

Das Brückengewirr rund um die Stadt muß Sie bei einem Stadtbummel nicht stören; merkwürdige, geschlossene Boote, die Sundbåtene, überqueren im Liniendienst den Hafen, eine Art Straßenbahn am Wasser. Eine Rundtour kostet 9 NKR. Die Bedeutung von Klippfisch für die Stadt wird in einem eigenen Klippfischmuseum dokumentiert, einem Teil des Nordmöre-Museums. Geöffnet ist Montag bis Freitag von 12 bis 18 Uhr, Sonntag von 13 bis 16 Uhr. Samstag ist geschlossen. Der Eintritt kostet 20 NKR. Einige alte Häuser auf der südlichen Insel Innlandet blieben vom Brand verschont. Hier ist die Alte Stadt, darin auch das erste Zollhaus von 1660. Nicht weit davon entfernt liegt das Haus Lossiusgården, ein ehemaliger Kaufmannshof. Reiche Leute lebten schon im vergangenen Jahrhundert gewiß nicht schlecht. Die Öffnungszeiten des Hauses müssen bei der Touristen-Information erfragt beziehungsweise eine Besichtigung vereinbart werden. Ein merkwürdiges Ding ist auch die alte Sturmwarnstelle Stormvarslet. Sie zeigt noch heute durch Lichtsignale Windrichtung und Windstärke an. Sie liegt auf der Insel Nordlandet. Naturgemäß bietet sich von hier ein schöner Blick auf Hafen und Stadt.

Sehenswürdigkeit in der Umgebung:

Zirka 14 Kilometer nordwestlich von Kristiansund liegt die kleine Inselgruppe Grip am Rande des offenen Nordmeeres. Die Inselgruppe besteht aus 80 Inselchen und Schären, nur eine Insel war bewohnt, das allerdings mit bis zu unglaublichen 400 Einwohnern. Heute gibt es nur mehr im Sommer Leben in den Häusern. Sehenswert ist auch die Stabkirche von Grip. Die Kirche stammt aus dem 15. Jahrhundert, wurde später aber umgebaut. Der Bau kann nicht mit den großen, berühmten Stabkirchen des Festlandes verglichen werden, hat aber eine ganz eigene Atmosphäre hier draußen mitten im Meer. Oft war diese Kirche das einzige Gebäude, das einen Orkan überstand, während viele Fischerhäuser ein Opfer der Gewalten wurden. Die Boote nach Grip verkehren täglich außer Samstag um elf Uhr ab Kristiansund, Samstag erfolgt die Abfahrt um 14 Uhr. Freitag und Sonntag gibt es eine zusätzliche Abfahrt um 17 Uhr. Die Tour dauert 2,5 Stunden und kostet 50 NKR. Bei Wind und Seegang sollte man einigermaßen seefest sein. Wohnmobilparkplätze zum Übernachten gibt es in der Stadt nicht, es bleibt nur der Campingplatz, der Fußmarsch ins Zentrum dauert eine halbe Stunde. Falls Sie nur parken, bietet sich ein Parkplatz unterhalb der Touristeninformation oder am Kai an.

Mit Kristiansund ist der Endpunkt dieser Route erreicht. Wer die Stadt über den RV 1 verläßt, kommt in den Genuß eines brückenbaulichen Meisterwerks: Knapp 20 Kilometer nach der Stadt erwartet den technisch interessierten Besucher die erst seit 1992 bestehende Straßenanbindung ans Festland. Zuerst wird die Insel Frei durch einen fünf Kilometer langen Unterwassertunnel mit der Insel Bergsöya verbunden. Sie fahren bis 130 Meter unter den Meeresspiegel. Kurz nach der Tunnelausfahrt teilen sich RV 1 und RV 70. Für den RV 1 führt eine große Hängebrücke von 1,3 Kilometern Gesamtlänge in bis zu 50 Metern Höhe über den Gjemnesund. Am RV 70 verbindet eine gekrümmte Schwimmbrücke die Insel Bergsöya mit dem Festland. Die Fahrbahn ruht auf sieben Pontons aus Leichtbeton. Das ganze Verkehrssystem ist leider, aber verständlich, durch Maut mitfinanziert. Ein Wohnmobil bis sechs Meter Länge zahlt 50 NKR, darüber bereits 180 NKR. Jede weitere Person neben dem Fahrer kostet weitere 20 NKR.

Route 3:

Große Nordlandfahrt

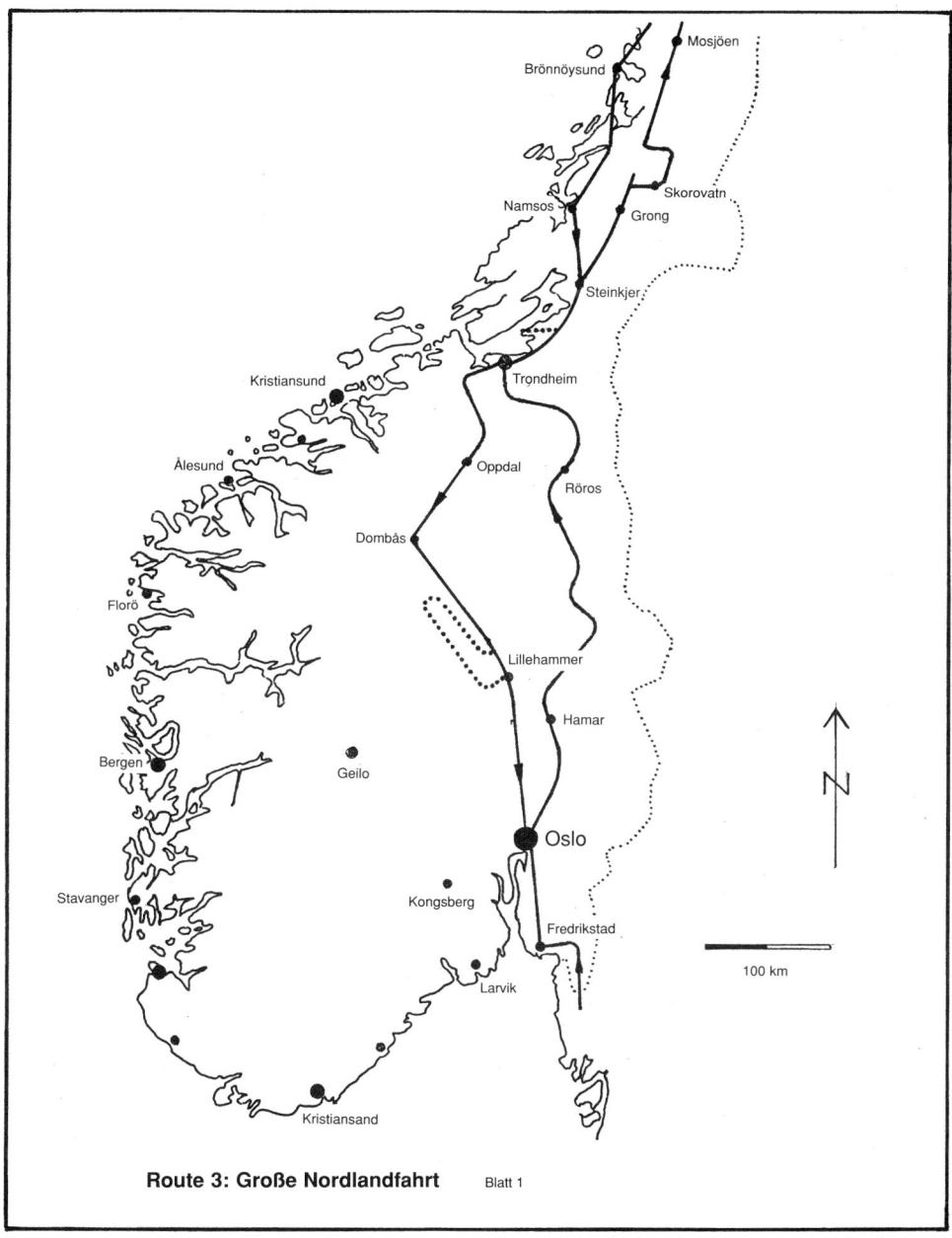

Route 3: Große Nordlandfahrt   Blatt 1

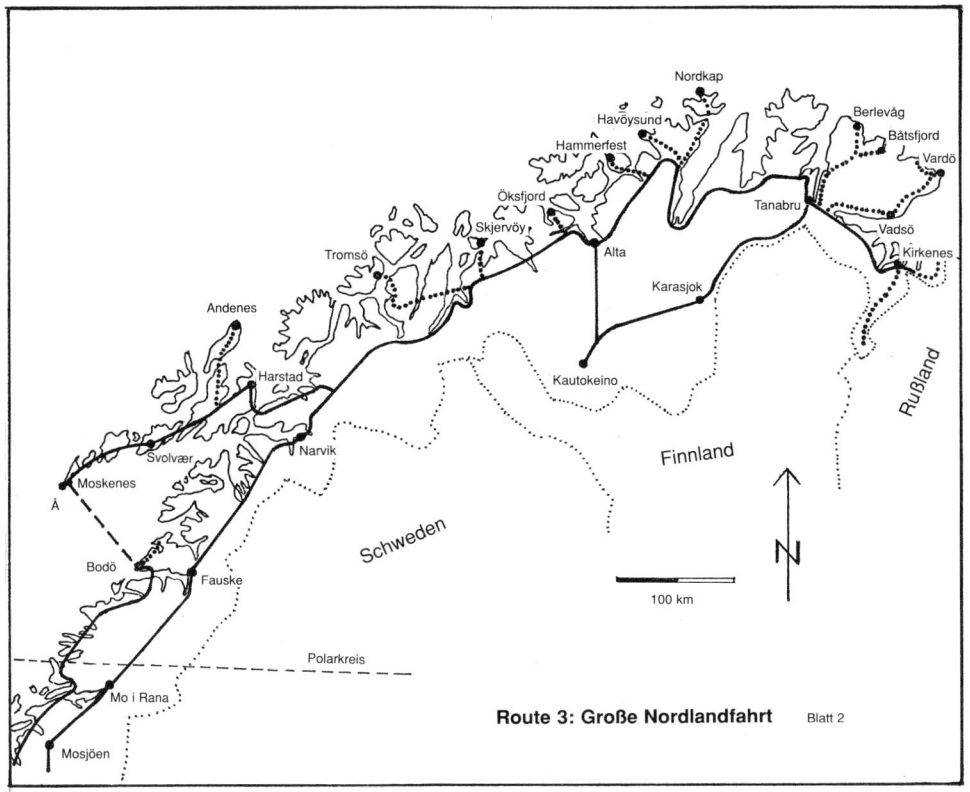

Route 3: Große Nordlandfahrt   Blatt 2

Routen-Infos:

Diese Route beginnt im waldreichen Süd-Ost-Norwegen, erschließt den Hohen Norden und führt in die Tundra und die Fjorde des Eismeeres. Sie zeigt die unglaubliche Schönheit der Vesterålen und Lofoten sowie die bezaubernde Küstenstrecke von Bodö bis Trondheim. Zum letzten Teil der Reise gehört ein Besuch des Dovre-Fjells, das Gudbrandsdal und die Peer-Gynt-Straße.

Ungefähr auf halbem Weg zwischen Trondheim und Narvik quert der Polarkreis das Land. Nördlich davon gibt es Mitternachtssonne und Polarnacht. Die Inselkette der Lofoten ragt weit nach Westen ins Nordmeer. Die Berggipfel sind hier spitz wie in den Alpen, ganz im Gegensatz zu fast allen anderen norwegischen Bergen, die vom Gletschereis rund geschliffen wurden.

Der »Hohe Norden« ist kein geographisch exakter Begriff, in diesem Fall beginnt er wohl nördlich der Lofoten. Der Golfstrom verliert langsam an Wirkung, die Berge werden kahl, auf manchen halten sich die Gletscher, in den Bergseen schwimmt auch im Hochsommer häufig noch Eis. Bäume wachsen nur noch in besonders geschützten Lagen auf Meereshöhe. Die weiten Hochflächen südlich von Alta sind von Tundra bedeckt. Ganz im Osten, an der russischen Grenze, gibt es sogar ein kleines Gebiet mit Dauerfrostböden.

124

Einzige größere Stadt an dieser Route ist Trondheim. In Trondheim begann Norwegen sich erstmals als Nation zu verstehen, aus dieser Gegend rühren die ersten Versuche das Land zu einen. Norwegische Könige werden noch heute in Trondheim gesegnet und gesalbt.

Routenverlauf: (siehe auch nebenstehende Skizze)

Halden – Oslo – Hamar – Röros – Trondheim – Narvik – Alta – Kautokeino – Karasjok – Kirkenes – Tanabru – Nordkap – Tromsö – Andenes – Lofoten – Bodö – Trondheim – Oslo

Besuchte Provinzen:
Die Strecke beginnt in der südlichsten aller Provinzen (»Fylke«), in Ostfold und führt anschließend nach Norden durch Akershus (Oslo), Hedmark, Sør- und Nord-Tröndelag (Trondheim), Nordland und Troms bis in die Finnmark an die russische Grenze. Die Rückreise führt dann südlich von Trondheim noch in die Provinz Oppland.

Größere Abstecher:

Jakobselv an der russischen Grenze, Pasvik-Tal, Vardö / Hamningberg, Berlevåg / Båtsfjord, Nordkap, Havöysund, Hammerfest, Öksfjord, Skjervöy, Tromsö, Andenes, Peer-Gynt-Straße

Routenlänge:

Ohne Abstecher zirka 5900 Kilometer, mit allen Abstechern zirka 7650 Kilometer.
Die Strecke kann sinnvoll gekürzt werden, wenn auf den hohen Norden verzichtet und von Narvik direkt auf die Vesterålen und Lofoten gefahren wird. Diese gekürzte Route ist zirka 4000 Kilometer lang.

Richtzeiten für genußvolles Reisen:

Ohne Abstecher ab vier Wochen, mit allen Abstechern ab sechs Wochen. Für die gekürzte Route sollten mindestens drei Wochen eingeplant werden.

Straßenkarten:

Cappelens kart Nr. 1 bis 5
Die gekürzte Route kommt ohne Karte 5 (Nord-Norge) aus.
(Identisch: Kümmerly+Frey Blatt 1 bis 5)

Halden: Festung Fredriksten – Fredrikstad: Gamlebyen – Eidsvoll: Haus der Verfassung – Röros: Bergstad, Sleggveien, Olavgrube – Trondheim: Nidaros Dom, Alte Brücke, Stiftsgården, Ringve Museum – Klosterinsel Tautra – Alta: Felszeichnungen – Kautokeino: Samen-Museum, Juhls Silvergallery – Karasjok: Samische Sammlungen – Neiden: Orthodoxe Kapelle – Grense Jakobselv – Pasviktal – Bugöynes – Halbinsel Varanger: Vardö, Hamningberg, Berlevåg – Nordkap – Hammerfest: Meridian-Säule – Öksfjord – Skjervöy – Tromsö: Nordlichtplanetarium, Eismeerkathedrale – Harstad: Trondeneskirche – Insel Andöya – Sortland: Handelsstadt Jennestad – Lofoten – Bodö: Handelsstadt Kjerringöy, Saltstraumen – Brönnöysund: Berg Torghatten – Namsos: Dampfsägewerk – Dovre Fjell – Stabkirche Ringebu – Peer-Gynt-Straße – Lillehammer: Gebäudesammlung Maihaugen

Routenbeschreibung:

Diese Route beginnt in Schweden, in Hällevadsholm verlassen Sie die Rennstrecke E 6 und fahren durch liebliches Land nach Norden auf der Straße 165 zur Grenze in Holtet. Ab hier heißt die norwegische Straßenbezeichnung RV 22. Auch wenn die Grenze nicht bewacht sein sollte, ist die norwegische Polizei nicht zu unterschätzen. Ich habe die Grenze passiert, als weit und breit kein Grenzorgan zu sehen war. Das ist bei innerskandinavischen Übergängen nicht ungewöhnlich. Kurz vor Halden, 30 Kilometer später, wurde ich von der Polizei aus einer Fahrzeugkolonne gewunken. Äußerst höflich wurde ich um den Reisepaß gebeten und kontrolliert. Nach fünf Minuten durfte ich anstandslos weiterfahren. Die Freundlichkeit der Beamten wäre sicher rasch verflogen, wären größere Mengen Alkohol oder gar ein geschmuggeltes Haustier zu sehen gewesen.

Ungefähr zwanzig Kilometer nach der Grenze grüßt der erste norwegische Fjord, der Idde-Fjord. Die Straße verläuft meist in zirka 50 Meter Höhe über dem Wasser, es gibt immer wieder schöne Ausblicke. Auch ein kleiner Campingplatz hofft auf Gäste. Der RV 22 trifft kurz vor Halden auf die Festung Fredriksten. Die Zufahrt ist deutlich beschildert. Gleich nach der Abzweigung gibt es einen größeren Parkplatz, der im Notfall als Übernachtungsplatz dienen könnte. Nach 300 Metern folgt ein weiterer Parkplatz, direkt vor dem Eingang.

Fredriksten ist eine große und imposante Anlage, mit den Vorwerken umfaßt sie 60 Hektar Fläche. Die Festung erstreckt sich über zwei Bergrücken und wurde ab 1661 zur Grenzsicherung gegenüber Schweden errichtet. Im Ernstfall dienten hier bis zu tausend Mann. Seit 1905, seit der Unabhängigkeit Norwegens, ist sie nur ein kriegshistorisches Denkmal. In der Festung sind Ausstellungen und Museen untergebracht, recht gut erhalten ist die Bäckerei. Die Festung erlaubt eine schöne Aussicht auf Halden und den Idde-Fjord. Die Festung ist an Wochentagen von 10 bis 17 Uhr, an Sonntagen von 10 bis 18 Uhr geöffnet, der Eintritt kostet 20 NKR.

Halden wurde durch Feuer und Krieg oftmals zerstört. Heute ist die Kleinstadt

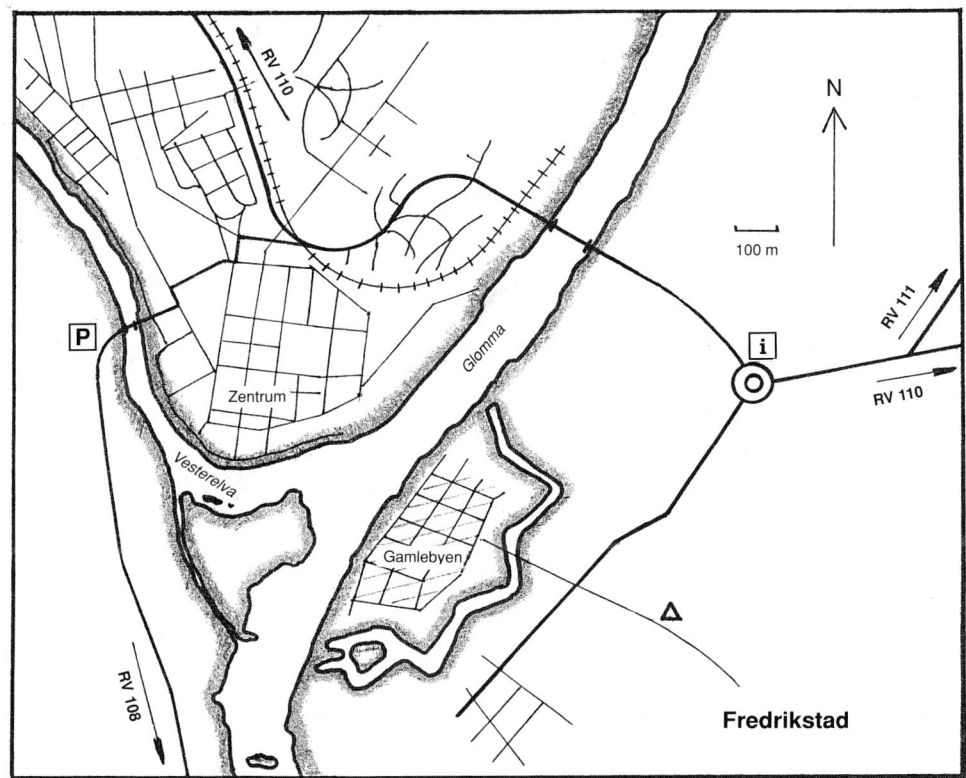

(26 000 Einwohner) ein buntes Gemisch aus Moderne und ein paar Holzhäusern aus verschiedenen Epochen.

Von Halden geht es zunächst zurück zur E 6, die nach neun Kilometern erreicht wird. Der E 6 folgen Sie zirka 12 Kilometer, hier zweigt der RV 110 Richtung Fredrikstad ab. Diese Straße nennt sich stolz »Der Urweg«. Bis Fredrikstad sind Spuren einer Besiedlung zu sehen, die weit vor die Zeitwende zurückreichen: Felszeichnungen, Grabhügel, Steinkreise. Die einzelnen Fundorte sind am RV 110 ausgeschildert. In der Touristen-Information in Halden gibt es dazu eine Broschüre in deutscher Sprache. Von der E 6 nach Fredrikstad sind 21 Kilometer zu fahren.

In Fredrikstad ist besonders die Altstadt Gamlebyen unbedingt einen Besuch wert. Die Festung wurde 1567 gegründet, die Altstadt stammt von 1663 und wurde in die Festung hineingebaut. Sie ist bis heute gut erhalten geblieben, trotz zeitweiser schwedischer Besatzung. Die Anlage liegt am Ostufer des Flusses Glomma, strategisch günstig an der Mündung.

Die heutige Stadt Fredrikstad hat ihr Zentrum am Westufer der Glomma. Über die Glomma führt eine hohe Straßenbrücke und eine Fährverbindung. Im neuen Zentrum gibt es kaum Parkplätze. Folgen Sie dem RV 108 über die Brücke des Vesterelva, kurz danach sehen Sie eine große Shell-Tankstelle und ein Gebäude der Post. Hier können Sie wahrscheinlich parken und sind in knapp zehn Minuten im Zentrum.

Südlich von Fredrikstad liegt die Inselgruppe Hvaler. Hier ist man mitten drin im

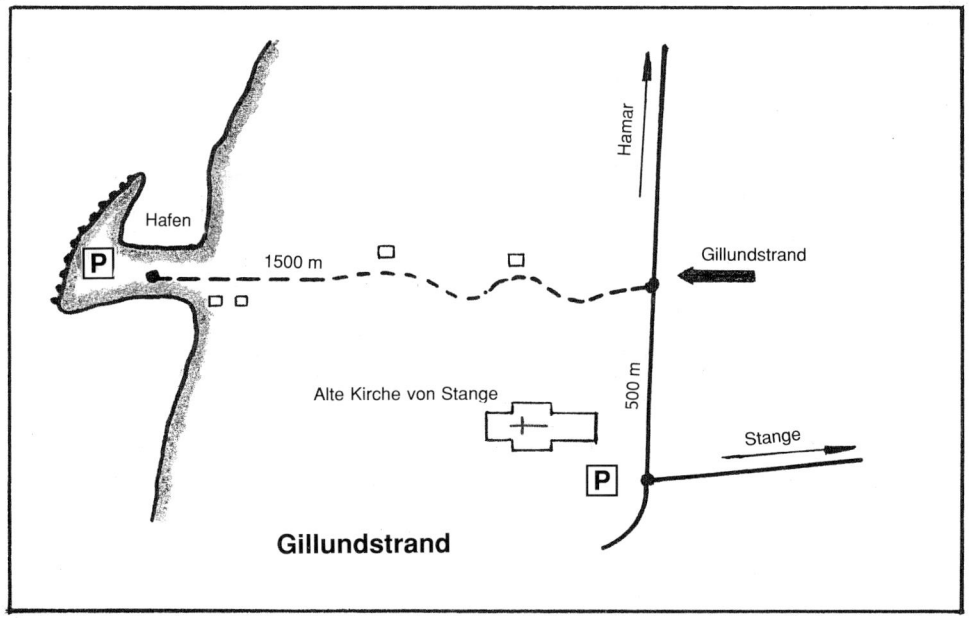

Gillundstrand

(Labels in image: Hafen, P, 1500 m, Alte Kirche von Stange, P, 500 m, Hamar, Gillundstrand, Stange)

äußeren Schärengarten des Oslo-Fjords. Die Inselgruppe ist dicht verhüttelt, an freie Übernachtungsplätze ist nicht zu denken, hier führt kein Weg an einem Campingplatz vorbei. Die letzte Insel Kirkeöy ist mit einem Unterwassertunnel an das Straßensystem angeschlossen, die Maut beträgt stolze 150 NKR.

Von Fredrikstad wird der RV 110 nach Norden benutzt, er führt durch die Kornkammer Norwegens. Nach 24 Kilometern erreichen Sie wieder die E 6. Bald danach führt die E 6 durch Moss. Dieser Ort ist als Fährenort über den Oslofjord interessant, sofern an die Südküste nach Horten übergesetzt werden soll. Rechnen Sie mit einem mittleren Verkehrschaos, falls die Fähre gerade gelandet ist. Die Fähren sind riesig und spucken viel zu viel Autos gleichzeitig in die kleine Stadt aus. Die Überfahrt dauert 40 Minuten und kostet 150 NKR.

Der Raum Oslo ist in einem eigenen Kapitel beschrieben, diese Route führt auf der E 6 am Häusermeer vorbei. Die kleine Maut von 11 NKR ist trotzdem zu berappen. Auf autobahnähnlicher Straße geht es durch bis Eidsvoll, 120 Kilometer von Moss entfernt.

Eidsvoll ist der zentrale Punkt des starken norwegischen Patriotismus: Hier wurde 1814 die norwegische Verfassung ausgearbeitet, die heute noch weitgehend Gültigkeit besitzt. Somit steht der Besucher an der geistigen Geburtsstätte der norwegischen Nation und des Staates.

Ich finde den Besuch in Eidsvoll lohnend, nicht wegen der Fähnchen schwingenden und Hymne singenden Besucher, das Gebäude selbst ist interessant. Die verfassungsgebende Versammlung wurde auf einfache Holzbänke zur Arbeit gesetzt. Das hat der Entschlußfreudigkeit sicher nicht geschadet. Darüber hinaus ist das Haus noch vollständig eingerichtet und gibt einen guten Eindruck, wie ein Landedelmann und Fabrik-Besitzer im vorigen Jahrhundert lebte – jedenfalls nicht schlecht.

128

Nach Eidsvoll kann man der Rennbahn, der E 6, gut ausweichen: Benützen Sie den RV 181, später den RV 177 zur Fahrt nach Norden. Sie fahren auf schmaler Straße praktisch ohne Verkehr durch wogende Felder, vorbei an schönen Bauernhöfen. Ein kurzes Stück E 6 bringt nach Nidsvang, von wo Sie wieder der alten Straße Richtung Stange (RV 222) entlang des Mjösa-Sees folgen. Die Strecke ist kurvenreich, in Tangen wartet ein auffallend schöner Campingplatz direkt am See. Vor Stange, Richtung Mjösa-See, liegt die alte Kirche von Stange. Das Gotteshaus liegt allein zwischen den Feldern, wahrscheinlich an einer noch viel älteren Thing-Stätte. Der älteste Teil des Gebäudes wurde etwa 1225 gebaut, später kam ein Anbau hinzu, der nur den Blick auf die Kanzel, nicht aber auf den Altar gestattet.

In der Nähe der Kirche gibt es einen der wenigen freien Übernachtungsmöglichkeiten. Folgen Sie der Straße Richtung Hamar. Fünfhundert Meter nach der Kirche führt ein Wegweiser »Gillundstrand« nach 1,5 Kilometern zu einem kleinen Bootshafen. An der Mole finden Sie einen größeren Parkplatz in schöner Lage.

Das nächste Ziel ist die Stadt Hamar, zirka 15 Kilometer von der Kirche bei Stade entfernt. Hamar ist 1994 neben Lillehammer und Gjövik auch Olympiastadt. Gleich am Ortsbeginn bleibt der Blick an der großen Eishalle hängen. Das Dach ist in der Form einem Wikingerschiff nachempfunden und ruht auf einer Säulengalerie von Betonpfosten. Möge stets hoher Schnee um das Gebäude liegen!

Ganz im Westen der Stadt neben dem See liegt das Hedmark-Museum. Sein Besuch ist nichts für Ästheten: Das restaurierte Hauptgebäude ist von Betongalerien durchzogen. Ich habe kaum jemals einen brutaleren Einbau in ein altes Gebäude erlebt. Beton spielt auch die Hauptrolle im berühmten (mittelalterlichen?) Kräutergarten. Botaniker mögen vielleicht ihre Freude finden, das Auge des Normal-Besuchers wird beleidigt. Außerdem wird die berühmten Domruine restauriert, hoffentlich ohne das Gebäude durch den Beton zu verschandeln. Ein hoher Zaun versperrt den Zugang wohl noch längere Zeit. Die Anlage ist täglich von 10 bis 18 Uhr geöffnet, der Eintritt kostet 30 NKR.

Für Eisenbahnfreunde gibt es in Hamar einen Lichtblick: das Eisenbahn-Museum. Neben schönen Ausstellungsstücken verkehrt ein Mini-Dampfzug stündlich zwischen 10,30 und 15,30 Uhr durch die Ausstellung. Das Museum hält täglich von 10 bis 18 Uhr geöffnet, der Eintritt kostet lohnende 25 NKR.

Hamar verlassen wir nach Westen auf dem RV 25, jedoch nicht ohne nach nur 28 Kilometern in Elverum noch einmal zu stoppen. Wo sonst, als am Rande der großen Wälder und Flüsse sollte das norwegische Jagd und Fischereimuseum stehen? Anfang August finden hier jährlich Jagd- und Fischereitage statt. Termine erfragen Sie unter Telefon 0047–62 410299 oder Telefax 0047–62 413015. Das Museum ist täglich von 10 bis 18 Uhr geöffnet.

Noch zirka zehn Kilometern weiter, und die großen Wälder Süd-Norwegens beginnen. Im Waldgebiet sind neben der Hauptstraße kaum freie Übernachtungsplätze zu finden. Die abzweigenden kleinen Wege führen fast immer zu einem einsamen Haus. Auf Nebenstraßen sind die Chancen besser, längere Suche und Umwege sind aber nicht auszuschließen. Campingplätze sind allerdings vorhanden.

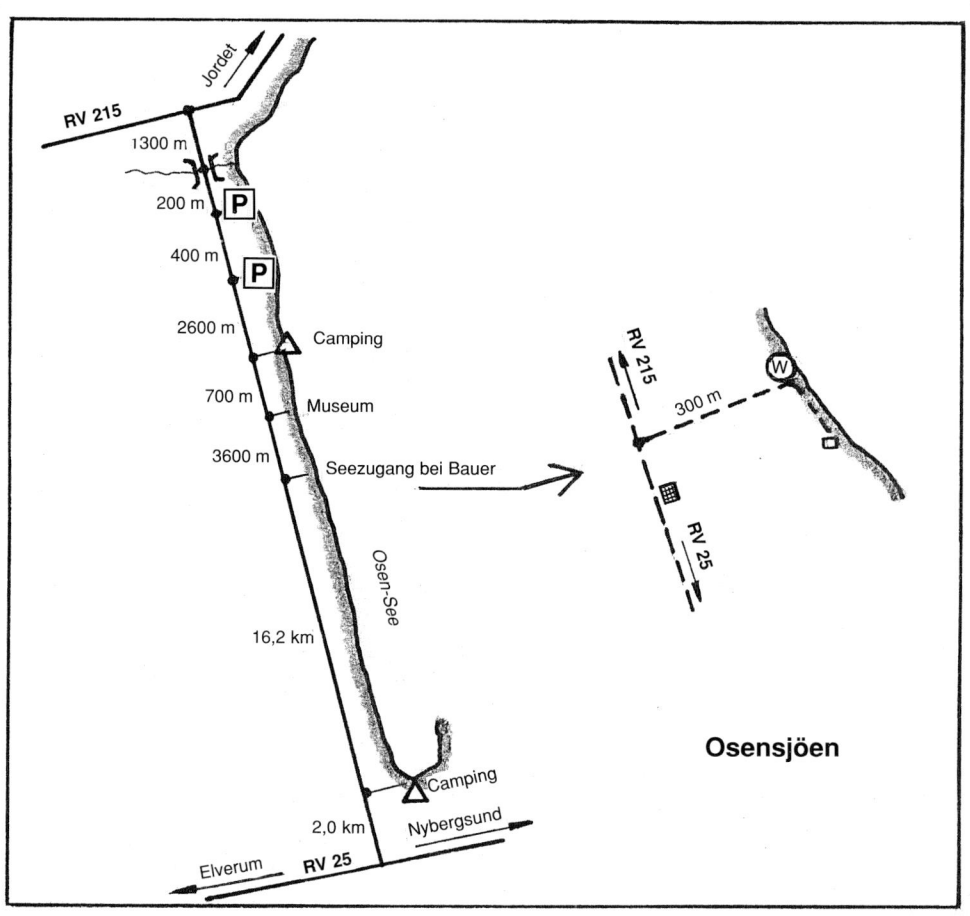

Osensjöen

In Kjernmoen, 36 Kilometer nach Elverum, geht es runter vom RV 25 in Richtung zum großen Waldsee Osensjöen nach Norden hin. Der See beginnt nach zwei Kilometern, am Seeende wartet ein schöner Campingplatz. In Sjöenden bleiben Sie am Westufer des Sees. Die Straße ist auf beiden Seiten gut zu befahren, bei Regen könnte diese Strecke schmierig werden.

In diesem Fall empfiehlt es sich, in Kjernmoen auf dem RV 25 zu bleiben, um in Nybergsund auf den RV 26 zu wechseln und über Trysil bei Jordet wieder auf diese Route zu treffen. Die Straße entlang des Sees ist recht schmal. Anfangs behindert der Wald die Aussicht auf den See, ab Seemitte wird die Fahrt ausgesprochen schön. Seezufahrten sind kaum zu finden. Dennoch bieten sich einige wenige Möglichkeiten: Die erste Zufahrt ist nach einem Bauernhof möglich, 16 Kilometer nach Seebeginn. Ein Weg führt 300 Meter hinab zum Ufer, an der Wegbiegung ist unter Büschen eine kleine, ebene Fläche. Hier sollten Sie unbedingt den Bauern um Erlaubnis fragen. Nach weiteren 3,6 Kilometern erreichen Sie ein wenig attraktives Flößermuseum, 700 Meter danach einen terassenförmig angelegten Campingplatz.

2,6 Kilometer danach gibt es neben der Straße einen aufgeschütteten Parkplatz, der bis zum Wasser reicht, 400 Meter später das gleiche.

130

Über eine Brücke ist dann nach 1,5 Kilometern der RV 215 zu erreichen. Der RV 215 trifft nach zirka sieben Kilometern auf den nördlichsten Punkt des Osen-Sees. Hier mündet ein Fluß, nach der Brücke zweigt nach links die Straße ins Slemdal ab. Bei der Abzweigung reicht eine kleine Halbinsel in den See hinein, der Parkplatz würde einen brauchbaren Übernachtungsplatz abgeben.

Im kleinen Örtchen Osen stehen gleich zwei Kirchen nebeneinander. Die ältere ist nicht sehr alt, die neuere kaum größer, beide sind schöne Holzgebäude; weshalb der Ort zwei Kirchen benötigt, bleibt allerdings rätselhaft. Bis Jordet fahren Sie die nächsten 25 Kilometer durch tiefen Wald. Diese Strecke ist wohnmobilfreundlich, es gibt Übernachtungsplätze.

In Jordet erreichen Sie das Tal des Trysil-Flusses, ein großes und bekanntes Fischwasser. Eine Angelkarte gibt es beim Campingplatz, der drei Kilometer nach Jordet am RV 26 liegt. Dem RV 26 folgt die Route auch weiter nach Norden, allerdings nur bis Engerneset, wo Sie am Trysil-Fluß bleiben und Richtung Elvdalen über eine schmale Brücke abbiegen.

Das Tal ist zunächst eng, wird aber bald breiter; die Straße besteht aus einem gut zu fahrenden Sandbelag. Immer wieder stehen Fischer in den Fluten. Ein wirklich schönes Tal! Es gibt praktisch keine Siedlungen. Freie Standplätze sind anfangs recht selten, nach 23 Kilometern bieten sich jedoch die ersten schon an. Nach 29 Kilometern, vom RV 26 ab gerechnet, gibt es die schönste Rast- und Übernachtungsmöglichkeit weit und breit auf einer kleinen Halbinsel in einem Kieferngehölz. Nach dem Weiler Snerta lichtet sich der Wald, nur mehr recht wenig Bäume wachsen zwischen den großen, flechtenüberzogenen Steinbrocken: Der Norden schickt seinen ersten Gruß.

In Elvbrua erreichen Sie den Asphalt des RV 217, nach acht Kilometern, kurz hinter Fermundssundet, gibt es ein Rafting und Kanu-Center. Neun Kilometer später sind Sie auf dem RV 26.

Hier lohnt bei schönem Wetter ein kurzer Abstecher zum elf Kilometer entfernten Fermund-Park am Südufer des gleichnamigen Sees. Unter Kiefern läßt sich hier wunderbar parken (nicht übernachten), der Blick schweift über den See hinüber zum Nationalpark mit seinen endlosen Wäldern. Der Sandstrand läßt an den Süden denken. Übernachten können Sie am Campingplatz neben dem Park.

Weiter auf dem RV 26, bis Röros sind jetzt noch 79 Kilometer zu fahren. Der Isteren-See ist reich gegliedert und voller Inselchen. Freie Übernachtungsplätze sind möglich. Später steigt der alte »Kupferweg« im Tufsingdalen nach 30 Kilometern bis auf über 800 Meter Höhe an. Die Berge können im Juli an der Nordseite noch Schnee tragen. Die Ortschaft Oddentunet ist ein Museumsdorf mit torfgedeckten Häusern. Das beste Fotolicht haben Sie hier am Vormittag.

Tip: 5,2 Kilometer vor der Einmündung des RV 26 in den RV 30 gibt es ein verstecktes Plätzchen an einem kleinen See, das sich hervorragend zum freien Übernachten eignet. Sie folgen dem Wegweiser zum Badeplatz »Langtjønna« über eine enge Brücke, biegen dann nach links ab und erreichen einen kleinen See, an dem sich ein kleiner, verträumter Übernachtungsplatz in einem Kieferngehölz findet.

Röros gehört zu den großen Kulturdenkmälern, es ist sogar auf der Liste der UN-

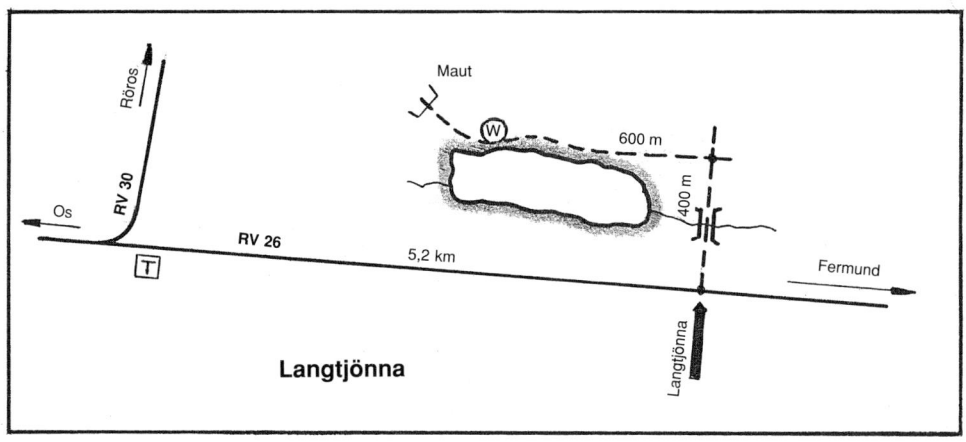

ESCO der schutzwürdigen Stätten enthalten. Die kleine Stadt (3500 Einwohner) war lange Zeit der wichtigste Kupfererzeuger Nordeuropas und hatte das Glück, seit 300 Jahren keinem Brand zum Opfer gefallen zu sein. Im Jahre 1644 wurde das erste Kupfer gefunden, aus mehreren Gruben der Umgebung kam das Erz dann zur Verhüttung nach Röros. Die Schmelzhütte mußte 1977 durch Konkurs schließen. Interessanterweise bedeutete diese Pleite des größten Arbeitgebers für die Stadt nicht den Ruin. Rechtzeitig wurde die »Bergstad« unter Denkmalschutz gestellt, und dieser vorausschauenden Politik verdankt Röros seine heutige Besonderheit und nicht zuletzt die steigenden Einnahmen durch den Fremdenverkehr. Im Zentrum der Stadt steht die achteckige Kirche mit ihrem wuchtigen Turm, der die Zunftzeichen der Bergarbeiter trägt. Die Kirche war lange Zeit das einzige Steingebäude von Röros, drum herum liegt die Bergstadt mit ihren vielen schönen und alten Holzhäusern, in denen noch heute Leben herrscht – keine Spur von Museum. Auch die großen, schwarzen Schlackenhalden hinter der Schmelzhütte bleiben zur Erinnerung bestehen. Unterhalb der Schlackenberge liegt dann noch das malerische Holzhausviertel am Sleggveien, in dem die ärmste Schicht der Bergarbeiter wohnte. Diese Häuser stehen teilweise leer.

In Röros gibt es keinen Platz, der für die Übernachtung im Wohnmobil ausgewiesen wäre. Sie müssen einen der beiden Campingplätze benützen, die aber so nahe der Stadt liegen, daß der Fußmarsch nicht zur Plackerei ausartet.

Sehenswürdigkeiten:
Die Besichtigung von Röros sollte in Bergstad beginnen. Das Stadtbild ist seit Jahrhunderten unverändert, in den Häusern gibt es aber moderne Geschäfte mit den Waren unserer Zeit. Das ist schon ein Kontrast! Man kann die Bergstad natürlich gut auf eigene Faust durchwandern. Wer mehr über die Geschichte wissen will, kann sich einer Führung anschließen, die täglich auch in deutsch, meist um 13 Uhr gehalten wird. Sie kostet 25 NKR und dauert eine gute Stunde. Auch die Kirche wird bei diesem Rundgang erklärt. In der Stadt haben sich ziemlich viel Kunsthandwerker wie Glasbläser, Kupfer- und Silberschmiede, Keramiker und andere niedergelassen.

132

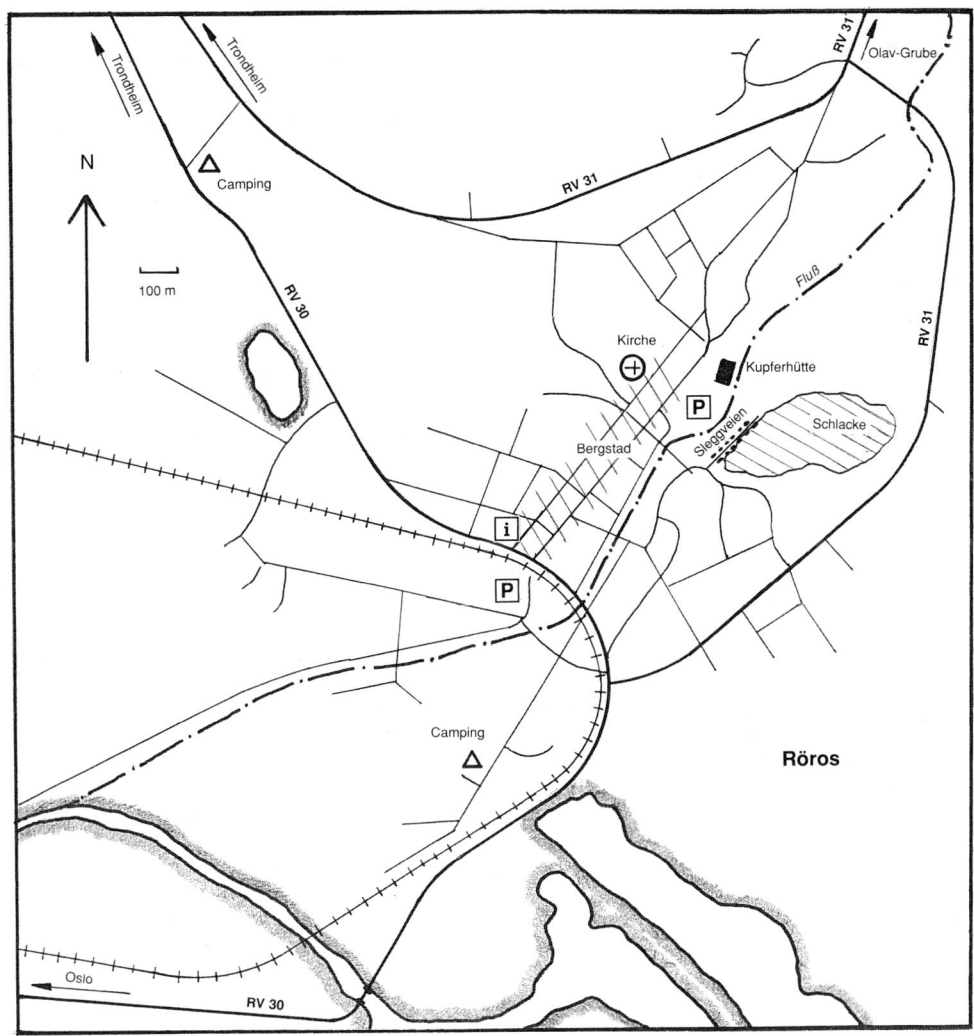

Natürlich stoßen Sie bei einem Stadtrundgang immer wieder auf eine der kleinen Werkstätten. Wenn Sie gezielt diese Betriebe kennenlernen wollen, gibt es im Sommer um 40 NKR am Montag, Mittwoch und Freitag um 10,30 Uhr eigene, zweistündige Führungen. Recht interessant ist auch der Besuch der Kirche. Im Inneren fällt die alte Orgel auf, die ungewöhnlich über dem Altar montiert wurde. Über dem Chor befindet sich wie gewohnt die modern Orgel. In der Kirche herrschte einst eine strenge Sitzordnung – von der Königsloge bis zur Büßerbank. Durch die Anordnung der Einrichtung und ein Tonnengewölbe in Längsrichtung ist im Inneren die markante Achteck-Form fast nicht zu sehen.

Für das Stadtbild prägend sind die alten Schlackenhalden. Da gibt es freilich nichts zu besichtigen. Unterhalb der Schlackenhalden liegt aber der bekannte Sleggveien, nicht weit vom Fluß entfernt. Zwischen den kleinen, einfachen Holzhäusern scheint das Leben vor der einstigen Armseligkeit geflohen zu sein.

Die ehemalige Kupferhütte ist heute Museum. Von der Einrichtung ist fast nichts erhalten. Das ist zwar enttäuschend, aber etwas ist dennoch interessant: In einem der Ausstellungsräume sind bewegliche Modelle von Erzförderanlagen, Pumpen und dergleichen in der Technologie vor dem Zeitalter der Dampfmaschine und des elektrischen Stromes aufgebaut. Energie konnte nur durch den Menschen, ein Tier (meist Pferd) oder Wasserkraft gewonnen werden. Für Techniker besonders beeindruckend: die Stangenantriebe, durch die Energie aus Wasserkraft umgewandelt über Zugstangen oder Seile bis zu 580 Meter(!) transportiert wurde.

Sehenswürdigkeit der Umgebung:
In der Olavsgrube ist unweit von Röros der Zugang zu einem ehemaligen Kupferbergwerk möglich. Der Eingang liegt auf einem kahlen Felsrücken zirka 13 Kilometer außerhalb der Stadt. Über dem Eingang steht ein Gebäude, in dem Informationstafeln aus der Geschichte des Bergwerkes erzählen, es gibt eine deutsche Broschüre zur Übersetzung. Von diesem Hauptgebäude führt der Weg in die Tiefe. Sie erhalten einen Schutzhelm und müssen an einer Führung teilnehmen. Achtung: In der Grube ist es immer fünf Grad kalt, also warmen Anorak anziehen, ebenso sind feste Schuhe dringend anzuraten. Es geht ganz schön weit und tief in den Berg, ein wenig Grundkondition ist schon nötig. Der Berg wurde ausgehöhlt wie ein Käse, der Abbau wurde in alle Richtungen vorgetrieben. Man kann sich sehr gut die Schufterei vorstellen, die einst zur Erzgewinnung nötig war. Alte Bergwerksgeräte gibt es nur noch wenig zu sehen.

Ab Röros folgen Sie dem RV 31 Richtung Schweden, nach zirka acht Kilometern geht es nach links in die Berge ab. Die Führungen werden in Norwegisch gehalten, die Führer sprechen auch Englisch und Deutsch. Eintrittszeiten in den Berg sind alle 1,5 Stunden, täglich von 10,30 bis 18 Uhr. Der Eintritt kostet 35 NKR.

Ab Röros folgen Sie dem RV 30 Richtung Trondheim. Die Straße klettert bald hinauf und hinüber ins Tal des Gaula-Flusses. Zwischen Ålen und Eidet preßt sich die Gaula durch eine Schlucht und über einen Wasserfall. Bis hierher können die Lachse ziehen. Die Fahrt durch Hoch-, öfter noch durch Bauernland verläuft problemlos, nach 103 Kilometern ist man in Støren an der E 6. Die Eisenbahn ist Ihr ständiger Begleiter. Wer die Einsamkeit und ein fremdenfreies Hochland sucht und eine schmale Sandstraße nicht fürchtet, kann ab Kjeldenbru (das ist zirka 15 Kilometer vor der E 6) einen Umweg nach Süden unternehmen. Ein schmales Sträßchen windet sich entlang des Flusse Bua in einem schluchtartigen Tal nach oben. Nach der Brücke bleibt der Fluß unten, Sie fahren zur Hochfläche hinauf. In Svardal erreichen Sie wieder eine Asphaltstraße, die Sie über Økdal wieder hinunter zur E 6 bringt. Die Strecke bietet keine großartigen Sensationen, nur rauhe, friedliche Landschaft, Norwegen ungeschminkt. Der Umweg beträgt um die 20 Kilometer, rechnen Sie mit einem Zeitverlust von einer Stunde reiner Fahrzeit.

Auf der E 6 sind jetzt noch gut 50 Kilometer bis Trondheim zu fahren. Der Verkehr ist dicht, die E 6 keine Autobahn. Die Gaula gehört zu den berühmten Lachsflüssen. Saison-Angelkarten sind teuer und müssen lange vorbestellt werden. Tageskarten können bei den meisten Campingplätzen am Fluß erworben werden. Natürlich gilt auch hier: gute Strecke = höherer Preis.

Trondheim (einst: Nidaros) ist mit 135 000 Einwohnern die nördlichste Großstadt des Landes und, wie die Trondheimer gerne behaupten, verbunden mit dem Charme einer Kleinstadt. Das ist nicht stark übertrieben.

Die besondere Lage an der S-förmigen Mündung des Nidelva in den Trondheim-Fjord und das fruchtbare Hinterland machten Trondheim schon früh zum wichtigen Handelsplatz. Die Stadt wurde 997 durch den Wikingerkönig Olav Tryggvason zur ersten Hauptstadt Norwegens erkoren. Die Machtposition wurde später durch den Sitz eines Erzbischofs und als Pilgerstätte weiter ausgebaut.

Trondheim blieb zu allen Zeiten so etwas wie eine heimliche Hauptstadt, auch als die weltliche Macht durch die Dänenherrschaft und die geistliche Macht durch die Reformation gebrochen wurden. Viele norwegische Könige wurden hier gekrönt, viele sind hier begraben. Ein norwegischer König kann nur auf uneingeschränkte Anerkennung hoffen, wenn er im Nidaros-Dom gekrönt beziehungsweise gesalbt wurde. Das gilt noch heute. Sogar die schwedischen Könige ließen sich während der Unionszeit (1814 bis 1905) in Trondheim die norwegische Anerkennung bestätigen. Die Krönungsinsignien Norwegens lagern im Nidaros-Dom. Die Stadt hat viele Stadtbrände erlebt, 1681 war es besonders schlimm. Damals wurde der Grundriß der Stadt mit breiten Straßen und geometrischer Ordnung festgelegt, der bis heute erhalten geblieben ist. Gebrannt hat es dann freilich noch öfter. Die heutigen Häuser sind alle aus späteren Zeiten.

Trondheim, heute noch drittgrößte Stadt Norwegens, wetteifert mit Bergen um die Bedeutung als zweitwichtigste Stadt. Die Chancen für die Stadt sind langfristig gut. Eine große Universität bringt viel Leben in die Stadt, eine solide Industrie macht Trondheim weitgehend unabhängig vom Öl. Das Hinterland ist fruchtbar und erlaubt auch weitere Expansionen. Nicht zuletzt liegt Trondheim zentral mitten in Norwegen, mit besten Verbindungen ins ganze Land, zur See, auf der Straße und mit der Eisenbahn. Die Stadt ist das Tor zum Norden. Im Sommer wird es in der Stadt nicht mehr richtig dunkel.

Sehenswürdigkeiten:
Das natürliche Zentrum ist zweifellos der Dom, der noch den alten Stadtnamen Nidaros-Dom trägt. Mit dem Bau wurde 1070 begonnen, das Gebäude wurde mehrmals durch Feuer zerstört. Nach dem Machtverfall bestand er lange Zeit sogar nur als Ruine. Erst 1869 begann der letzte Wiederaufbau. Im Inneren ist es recht dunkel, die Stimmung erinnert an eine französische Kathedrale. Zahllose Gruppen werden durch Führer in allen Sprachen durch das Gebäude gelotst. Wer andächtiges Schauen liebt, benötigt starke Nerven. Berühmt ist die Westfront mit gotischem Aufbau und den vielen Figuren. Das Fotolicht ist natürlich nachmittags am besten.

Wer keine Platzangst hat, sollte die 172 Stufen auf ganz enger Wendeltreppe zum Turm des Doms hinaufsteigen: Er bietet eine großartige Aussicht über die Stadt. Dom und Turm können von Montag bis Freitag von 9,30 bis 17,30 Uhr, Samstag von 9,30 bis 14 Uhr und Sonntag von 13 bis 16 Uhr besichtigt werden. Der Eintritt kostet 10 NKR,

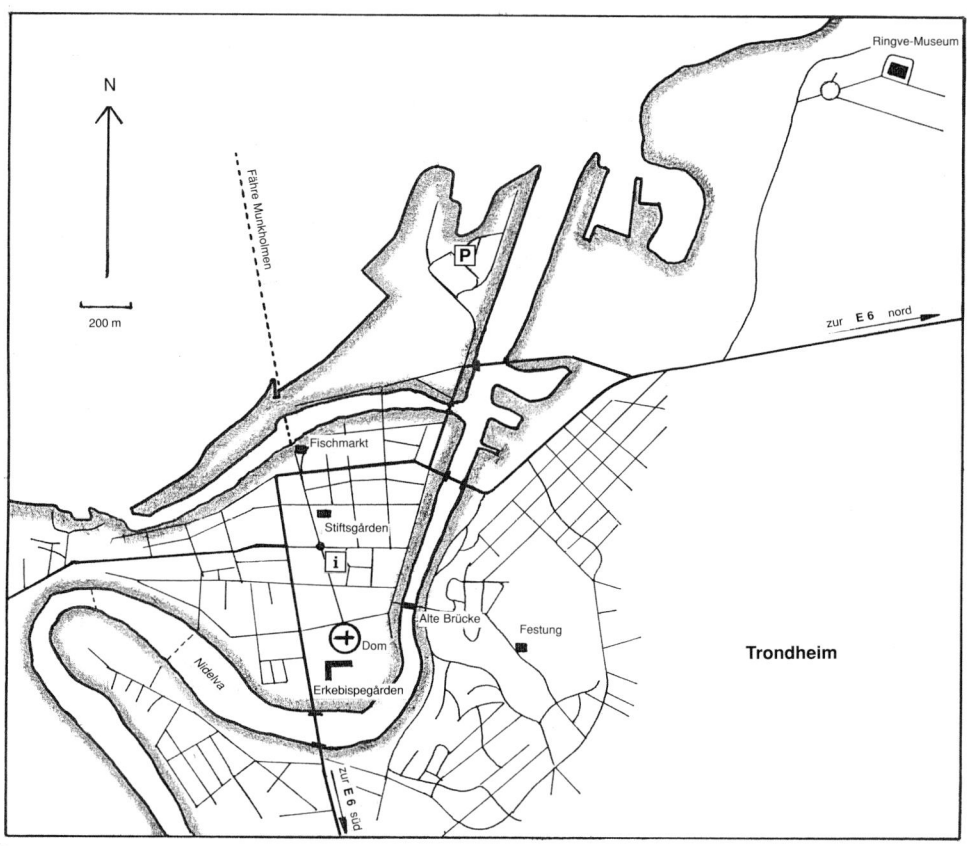

für den Aufstieg auf den Turm sind nochmals 5 NKR zu berappen. Die Öffnungszeiten
können sich vor den Olav-Festspielen um den 29. Juli ändern. In einer Seitenkapelle
des Doms sind auch die Reichsinsignien zu sehen, allerdings zu kürzeren Öffnungszeiten als der Dom selbst. Die Insignien wirken geradezu niedlich, wenn man den Vergleich zu anderen europäischen Schatzkammern wie in England oder Österreich an-
stellt. Diese dokumentierte Bescheidenheit wirkt ausgesprochen sympathisch.

Gleich neben dem Dom finden sich der ehemalige Sitz des Erzbischofs, der Erke-
bispegården, das angeblich älteste profane Bauwerk des Nordens. Der Besuch ist
nicht sonderlich empfehlenswert, es gibt praktisch kein altes Inventar, der große
Saal ist nichtssagend, muffig und düster. Geöffnet ist Montag bis Freitag von 9 bis 15
Uhr, Samstag von 9 bis 14 Uhr und Sonntag von 12 bis 15 Uhr. Die Eintrittskarte
vom Dom berechtigt zum Besuch des Bischofssitzes und umgekehrt.

In einem Seitentrakt des Bischofssitzes sind ein Waffen-Museum und ein Museum des Widerstandes untergebracht. Die fünf Kronen Eintritt lohnen nur für Be-
wunderer alter Pistolen, Gewehre und Säbel. Hiervon gibt es einige schöne Exemplare, den Rest erlaube ich mir Plunder zu nennen. Geöffnet ist Montag bis Freitag
von 9 bis 15 Uhr, Samstag und Sonntag von 11 bis 16 Uhr. Warum die Öffnungszeiten von Dom, Bischofsitz und Museum nicht übereinstimmen können, ist höhere
norwegische Überlegungskunst.

136

Den Hauch der Jahrhunderte spürt man in Trondheim am besten bei einem Stadtrundgang. Die alten Gassen zwischen den Holzhäusern strahlen eine besondere Atmosphäre aus. Kleinstadt in der Großstadt. Hier herrscht kein Museumsmief, vielmehr lebendige Gegenwart, aus der Tradition gewachsen. Natürlich gehört zu einem Stadtbummel der Weg entlang des Nidelva. Die zahlreichen Lagerhäuser zeugen von der früheren Größe des einstigen Hafengeländes. Diese Lagerhäuser stehen wie eh und je auf Pfählen am Ufer des Flusses. Viele sind alte Holzbauten, manche beherbergen noch Lagerräume, andere wurden modernisiert und beherbergen Restaurants, Geschäfte, Büros und Hotels. Der besten Blick auf diese »Pfahlbauten« bietet sich von der alten Brücke. Die sollte man ohnehin überschreiten und einen Blick in das Viertel am östlichen Flußufer werfen. Bakklandet, Hinterland, heißt diese Gegend. Der Unterschied zur Innenstadt ist groß, Bakklandet war früher das Arbeiterviertel. Der Stadtrundgang sollte auch am Palais Stiftsgården vorbeiführen. Dieses große Holzgebäude ist die Residenz des Königs bei seinen Besuchen in Trondheim, sonst aber für Besucher zugänglich. Der Eintritt kostet lohnende 20 NKR und ist an Wochentagen von 10 bis 17 Uhr und am Sonntag von 12 bis 17 Uhr möglich. Was wäre eine norwegische Stadt ohne Fischmarkt? Der Besuch lohnt vorzugsweise am Vormittag.

Der Stadt vorgelagert liegt die kleine Insel Munkholmen im Trondheim-Fjord. Der Rundblick über Fjord und Stadt ist lohnend. Die Insel ist traditionsbeladen, sie war schon Richtstätte, Kloster, Festung, Gefängnis und Zollstation. Nach Munkholmen gibt es tägliche Fährverbindungen, jede Stunde von 10 bis 18 Uhr, bei Bedarf auch öfter. Die Überfahrt kostet 25 NKR, eventuell noch für eine Führung 15 NKR extra. Munkholmen wird auch bei einer Hafenrundfahrt mit halbstündigem Aufenthalt angefahren. Diese Rundfahrt startet täglich außer Montag um 13 Uhr, dauert zwei Stunden und kostet 80 NKR.

In Trondheim gibt es noch einen weiteren Leckerbissen, ein unbedingtes »Muß« im Besichtigungsprogramm: das Ringve-Museum. Die Gebäude liegen etwas außerhalb der Stadt auf einem Hügel und sind ein ehemaliger Herrenhof mit traumhafter Aussicht auf den Fjord. Umgeben ist alles vom botanischen Garten der Universität. Die Anlage allein ist einen Besuch wert, doch erst der Inhalt! Hier wurde von einer besessenen Sammlerin eine Unzahl von Musikinstrumenten aus der ganzen Welt zusammengetragen. Sie finden alles, von der Amati-Geige bis zur Kokos-Rassel, von der Orgel bis zur Jukebox – über zweitausend Instrumente. Diese Sammlung dürfte weltweit einmalig sein. Die Teilnahme an einer Führung ist obligatorisch. Die Führungen werden von Musikstudenten durchgeführt, die viele Instrumente auch vorspielen. In Deutsch beginnen die Führungen täglich um 12,30 und um 14,30 Uhr. Der Eintritt kostet 40 NKR.

An der Rückseite des Gebäudekomplexes ist ein größerer Parkplatz. Ist dieser voll, können Sie Ihr Wohnmobil ein Stück weiter unten im Park ebenfalls abstellen. Im Kassenraum werden unglaubliche Souvenirs angeboten: Klopapier mit Notenaufdruck (35 NKR je Rolle !!), Hosenträger mit Klaviertastenmuster (125 NKR), Bleistifte in Violinschlüsselform und nicht zuletzt Mozartkugeln, fünf Kronen das Stück.

In Trondheim ist das Parken in der Innenstadt schwierig, mit einem komplizierten System geregelt und immer kostenpflichtig. Es gibt rote Parkuhren, die fünf Kronen für 15 Minuten schlucken und maximal 30 Minuten Stehzeit erlauben. An blauen Parkuhren kosten eine Stunde acht Kronen, zwei Stunden 18 Kronen und drei Stunden 33 Kronen. An den grünen Parkuhren kostet die Stunde drei Kronen und Sie dürfen maximal vier Stunden bleiben. Teilweise müssen auch Parkautomaten bedient werden. Die abgabenpflichtige Zeit schwankt zwischen Geschäftszeit und rund um die Uhr. Alles klar? Es ist jedenfalls dringend zu empfehlen, genügend Zeit zum Studium der gerade gültigen Parkregelung einzuplanen. Neben dieser aufwendigen Parkregelung hat Trondheim aber für Wohnmobilfahrer eine eigene gebührenfreie und gekennzeichnete Parkzone am Hafen geschaffen. Hier darf auch übernachtet werden, was sonst im Wohnmobil in der ganzen Stadt verboten ist. Der Platz liegt nahe einer Shell-Tankstelle, wo Duschen und WC während der Öffnungszeiten benützt werden können. Im ersten Augenblick erscheint der Platz vom Stadtzentrum weit entfernt, der Fußmarsch dorthin dauert aber nicht länger als zehn Minuten.

Trondheim ist das natürliche Ende Südnorwegens. Am Stadtende steht an der Autobahn der Wegweiser: Narvik 900 Kilometer. Das ist nur wenig übertrieben, aber Narvik liegt schon weit über dem Polarkreis. Norwegen wird schmal. Wir werden lange die E 6 als Hauptverkehrsader benützen. Die Stadt selbst wächst und wächst. Am Trondheim-Fjord ist die Stadt mit Hommelvik schon fast zusammengewachsen.

Nach 33 Kilometern erreichen wir Stjördal. Stjördal beherbergt Trondheims Flughafen, den wichtigsten nach Oslo-Fornebu. Die E 6 verkriecht sich unter der Landebahn in einen Tunnel. Auch im Donner der Jets hat in Stjördal die bemerkenswerte Kirche von Vænes seit fast der Jahrtausendwende überlebt. Von außen ist nichts besonderes zu sehen. Im Inneren finden Sie aber den einzigen erhaltenen mittelalterlichen Dachstuhl mit Schnitzereien und heidnischen Fratzen. Die Kirche liegt neben dem Stjördal-Museum. Biegen Sie in Stjördal auf die E 14, der weitere Weg ist gut beschildert. Zurückgekehrt zur E 6, geht es nach 23 Kilometern in Åsen schon wieder runter.

Abstecher:

In Åsen wechseln Sie auf den RV 753. Ziel ist die Klosterruine Tautra im Trondheim-Fjord. Bis zur Insel sind 28 Kilometer zu fahren. Die Straße führt zunächst zum Hammervatnet und entlang des Fjords. Diese Strecke ist wunderschön: Die Landschaft ist reich gegliedert, Inselchen, Buchten, verschwiegene Winkel. In Hyndöyvågen verläßt die Straße das Wasser, gleich darauf ändert sich die Umgebung schlagartig. Es folgen ein sanftes Hügelland, Felder soweit das Auge reicht, uraltes Kultur- und Siedlungsland. Für das Kloster Tautra war hier die wirtschaftliche Grundlage. Ungefähr drei Kilometer nach dem heutigen Ort Frosta liegt gleich neben der Straße der alte Thinghügel. Hier sind Thingversammlungen von 600 bis 1600 n. Chr. nachgewiesen. Im Mittelalter wurde eine Kirche danebn errichtet. Was kann die Bedeutung dieses Ortes besser unterstreichen? Auf noch viel ältere Besiedlung weisen Felszeichnungen unmittelbar bei der Abzweigung zur Insel hin.

Der heilige Olav

König Olav Haraldson versuchte, wie mancher seiner Vorfahren, Norwegen zu einigen. Offenbar versprach er sich von der mächtigen europäischen Kirche Unterstützung und schrieb die Christianisierung auf seine Fahnen. Den norwegischen Kleinkönigen paßte das gar nicht, es kam zum Kampf, Olav verlor und fiel am 29. Juli 1030 in der Schlacht bei Stiklestad. Das Unglaubliche geschah erst danach: Olav hatte zu Lebzeiten Beinamen wie »der Fette« und »der Häßliche«. Auch deutete nichts im Lebenswandel auf die künftige Heiligkeit hin, das Kreuz hatte die Schlacht gegen die Heiden verloren. Dennoch verhalf sein Tod dem Christentum zum Durchbruch. An Olavs Leichnam sollen Wunder passiert sein. Nach der Schlacht wurde er in einer Sandbank verscharrt, sein Körper verweste nicht und wurde daher nach Trondheim überführt. Bis heute ruht Olav unter dem Altar des Doms. An Quellen, aus denen Olav getrunken hatte, geschahen angeblich Wunderheilungen. Die Kirche nutzte die Legendenbildung geschickt aus, Stiklestad und Trondheim wurden Wallfahrtsorte.

Olav heißt heute unbestritten »der Heilige« und »der ewige König Norwegens«. Ist es nicht logisch, daß sich auch die heutigen Könige an seinem Grab ihre Legitimation holen?

Tautra erreicht man über eine 2,5 Kilometer lange Straße über einen Damm. Die Insel ist kaum besiedelt, große Teile sind Naturschutzgebiet. Auch im Sommer ist der Besuch spärlich. Der aufwendige Damm ist noch nicht alt. Unwillkürlich fragt man sich nach dem Sinn solch großer Investitionen...

Die Reste des Klosters tauchen unvermittelt am Straßenende hinter einem Bauernhof auf. Die Anlage gleicht verblüffend ähnlichen Stätten in Irland und Schottland. Vom Hauptschiff der Kirche stehen noch Mauerteile, zwischen den Wänden wurde ein englisch gepflegter Rasen angelegt. Jahrhunderte sind vergangen, seit hier die letzte Messe gelesen wurde. Das Kloster bestand ungefähr von 1200 bis 1550. Der Zauber des Ortes besteht noch heute, die Lage über dem Trondheim-Fjord könnte nicht schöner sein. In alten Zeiten wählte niemand unbedacht einen Bauplatz. Ungefähr 300 Meter vor der Ruine, bei der ehemaligen Anlegestelle der Fähre, gibt es ein paar Häuser und einen Kiosk. Der Parkplatz daneben eignet sich gut zum Übernachten. Das Ufer nach Westen bildet einen langen Sandstrand.

Knapp 90 Kilometer nach Trondheim erreicht die E 6 das Städtchen Verdalsöra. Hier biegen Sie auf den RV 757 nach Osten ab. Nach sieben Kilometern sind Sie in Stiklestad.

Stiklestad ist bekannt durch die Schlacht von Stiklestad, bei der der heilige Olav 1030 fiel. Heute wird mit Spielen um den 29. Juli in einem großen Spektakel dieser Ereignisse gedacht. Die Schlacht und der heilige Olav mögen vielleicht für Nicht-Norweger von geringerer Bedeutung sein. Sehenswert ist die alte Kirche allemal, die angeblich über Olavs Todesstätte errichtet wurde. Aus der Gründungszeit kurz nach 1030 stammen das Taufbecken, der Haupttrakt und das Hauptportal. Im Jubiläumsjahr 1930 wurde ein eigenartiges Altarbild eingefügt, das natürlich das Schlachtgeschehen darstellt. Die Kirche ist mit deutscher Führung zu besichtigen. Der Eintritt einschließlich Führung kostet 20 NKR, die Führung muß im gegenüber-

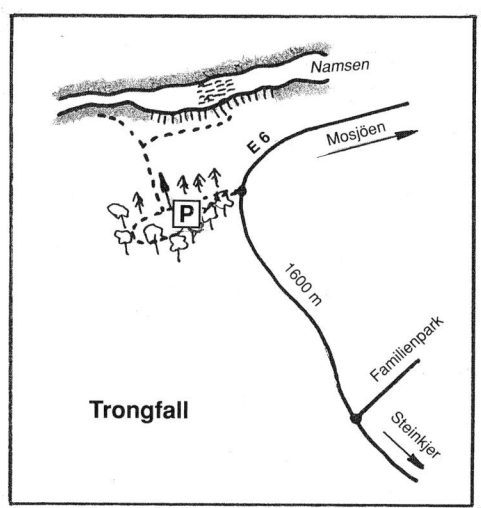

Trongfall

liegenden großen Kulturhaus angemeldet werden. In einem Mauer-Umgang beim
Kulturhaus wird das Leben um die Jahrtausendwende dokumentiert.

Von Stiklestad können Sie natürlich zur E 6 zurückkehren. Falls Sie es nicht besonders eilig haben, fahren Sie von der Olav-Kirche auf dem RV 759 nach Norden. Das
ist eine schöne Fahrt durch ruhiges Bauernland, entlang des Leksdalsvatnet, einem
großen See, wo Felder und Wälder bis an die Ufer reichen. Am See gibt es kleine Pri-
vat-Campingplätze, freie Übernachtungsplätze eher nicht. Steinkjer ist zwar uraltes
Siedlungsgebiet, heute dominiert allerdings die Industrie. Es gibt nur ganz wenige
Holzhäuser im Zentrum. Der Rest ist Welt-Einheitsstil.

Ungefähr 15 Kilometer nach Steinkjer erreicht die E 6 den Snåsavatnet. Die
Fahrt wird schön. Zu Übernachtung bieten sich einige Campingplätze an, nach zirka
30 Kilometern finden Sie auf Resten der alten Straße auch mehrere freie Übernachtungsplätze ein wenig abseits. Direkt neben der E 6 ist es laut, die meisten Parkplätze verbieten das Campiern. Nach dem See steigt die Straße in ein flaches Hochtal. Immer wieder tauchen Seen in den Wäldern auf. Achtzig Kilometer nach Steinkjer erreichen Sie Grong.

In Grong hat die E 6 den Namsen-Fluß erreicht, ein berühmtes Lachsgewässer.
Bei einem Lachsfluß soll man auch Lachs sehen können, zwölf Kilometer nach
Grong gibt es ein Lachsaquarium. Das Gebäude wurde neben den Fiskumfoss gebaut, einem der vielen Wasserfälle, über die sich der Namsen ins Meer stürzt. Ehrlich gesagt, das Ganze riecht ein wenig nach Nepp. Das Gebäude wurde so einge-
zäunt, daß der Wasserfall ohne Klettertour nicht mehr bewundert oder fotografiert
werden kann. Sie müssen also den Eintritt von 30 NKR berappen; dann darf man
auf einem Holzsteg zum Wasserfall gehen und über dem Wasser auch noch gleich
ein Kraftwerk mit ansehen. Im Aquarium glotzen einige große Lachse. Nun ja. Eine
Ausstellung an Fischgeräten ist nur für passionierte Angler interessant. Ich verspreche Ihnen, Sie werden noch viele, viele ebenso schöne Wasserfälle sehen – gratis.

Zum Beispiel den Trongfoss vor, der schon 33 Kilometer nach dem Lachsaqua-

140

rium zu finden ist. Allerdings kommt vorher noch der Ort Trones mit einem großen Familien- und Freizeitpark. Man kann hier Tiere streicheln, Bootfahren und so weiter. Vielleicht sollten die Kinder.....?

Der Trongfall läßt sich von Trones aus erwandern. Das ist ein schöner Marsch, für den festes Schuhwerk und zwei Stunden für Hin- und Rückweg eingeplant werden sollten. Sie können auch mit dem Wohnmobil wesentlich näher heranfahren, ganz ohne Gebrauch der Füße geht es aber nicht. Der Fall lohnt allerdings die Mühe. Die Straße steigt nach Trones über einen kleinen Rücken, im anschließenden Gefälle, 1,6 Kilometer nach dem Familienpark, kommen Sie zu einer auffallend starken Rechtskurve. Hier ist hinter Bäumen ein kleiner Parkplatz versteckt. Vorsicht bei der schiefen und unübersichtlichen Einfahrt! Vom Parkplatz führt ein Steig Richtung Fluß, eine Tafel »Angelodden« zeigt hinunter. Halten Sie sich rechts, quer durch Heidelbeergebüsch und Wald, immer dem Tosen entgegen. Zehn Minuten Weg – und dann überraschen lassen!

Wer noch mehr Natur erleben möchte, sollte nicht direkt weiterfahren, sondern dem nächsten Umweg folgen. Hier geht es ins Gebirge, an die Baumgrenze, zu Seen, Hochmooren und großer Einsamkeit. Wer beim Trongfossen war, fährt auf der E 6 acht Kilometer zurück. In Lassemoen zweigt der RV 764 Richtung Osten ab. Die Route führt über Skorovatn, Gjersvik und Finnvollan wieder zurück zur E 6. Die Straße schlängelt sich zunächst bis zirka 450 Meter Höhe hinauf. Die Birken werden selten, die Föhren niedrig. Seen, Berge und Flüsse wechseln ständig, ein Augenschmaus. Im Juni sind Schneereste neben der Straße nicht ungewöhnlich. Skorovatn ist ein winziges Nest, unwillkürlich fragt man, wovon die Menschen hier leben. Hinüber zum Tunnsjöen klettert die Straße neuerlich hinauf. Mitten im Tunnsjöen ragt ein imposanter Felsklotz über 400 Meter aus dem See. Es ist kein Wunder, daß der Berg schon in Urzeiten als heilig galt und auch eine Samische Opferstätte beherbergt. Der Berg kann bestiegen werden, wenn mindestens einen Tag vorher in Röyrvik das Boot organisier wird, das Campingplatzpersonal weiß Bescheid.

Zum nächsten See, zum Limingen, muß wieder eine Höhe überquert werden. Der Abstecher nach Röyrvik lohnt eher nicht, es sei denn, Sie wollen zum Campingplatz.

Die Rückfahrt zurück zur E 6 auf dem RV 773 führt nochmals in einsames Bergland; hier habe ich vor Jahren meinen ersten Elch in freier Wildbahn gesehen. Den höchsten Rücken unterfährt die Straße in einem langen, finsteren Tunnel. Gleich danach lädt ein großer Parkplatz zum Schauen in einer Urlandschaft ein. Freie Übernachtungsplätze wären hier gut zu finden, die Nacht kann aber recht kalt werden. Von Finnvollan führt eine gute Sandstraße zurück zur E 6.

Langsam wird jetzt die E 6 schmäler, häufig gibt es kein Bankett – dafür um so mehr Verkehr: Die entgegenkommenden Lkw donnern recht knapp vorbei. Die Abstände zwischen den Siedlungen werden deutlich größer. Knapp 100 Kilometer nach Grong beginnt mit einem riesigen Torbogen, der sich über die Straße spannt, die Provinz Nordland. Die E 6 bietet jetzt große Wälder und Seen, freie Übernachtungsplätze sind auch zu finden. Einen besonders schönen habe ich bei Svenningvik am Svenning-See gefunden.

Der Wasserfall Laksfossen ist sehenswert und gut zu erreichen, er beeindruckt be-

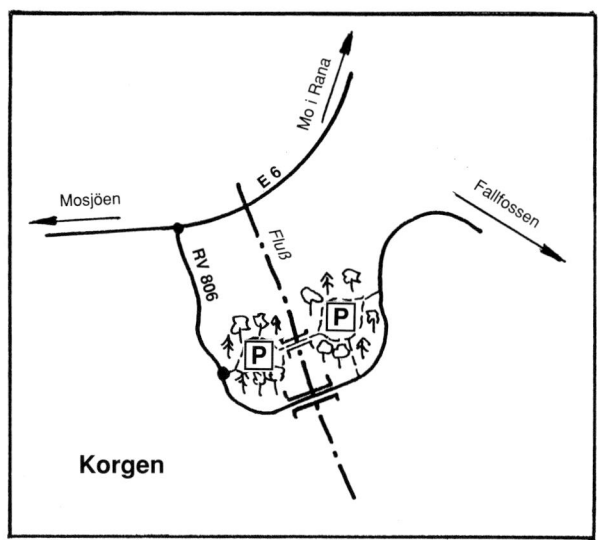

sonders durch die große Wassermenge, die herniederstürzt. Sie finden ihn zirka 65 Kilometer nach der Nordlandgrenze. Eine Straße führt von der E 6 nach 400 Metern direkt vor den Fall und auf einen großen Parkplatz. Wer will, setzt sich ins Restaurant direkt neben dem Wasser und genießt das Schauspiel in Ruhe.

Nicht lange nach dem Laksfossen erreichen Sie Mosjöen, eine kleine Industriestadt, die hauptsächlich von Aluminium lebt. In der Sjögata im Zentrum stehen noch hübsche Holzhäuser.

Die Straße bleibt ein ewiges auf und ab; nach Luktvatnet laden wieder Teile der alten Straße zum Übernachten ein. Bei Korgen gibt es eine besonders schöne Möglichkeit. Sie verlassen die E 6 am RV 806, nach 1,7 Kilometer quert die Straße den Fluß. Von der Brücke aus sehen Sie flußabwärts die alte Brücke. Auf beiden Seiten davon gibt es schöne Parkplätze.

Sie wollen noch mehr Wasserfälle sehen? Folgen Sie dem RV 806 noch zirka 14 Kilometer weiter bis zum Fallfossen. Auch an der sich anschließenden E 6, auf halbem Weg zwischen Korgen und Mo i Rana am Finneid-Fjord, stürzen weitere Wasserfälle von den Hängen. In Mo i Rana kann kostenlos parken, wer sich am Ortsanfang bei der Touristen-Information eine Parkkarte besorgt. Mo i Rana ist ansonsten Industriestadt (Eisen) und für Touristen höchstens zum Einkaufen interessant.

Nördlich von Mo i Rana liegt das große Gletschergebiet des Svartisen; man kann bis zum Eisrand vorstoßen, allerdings ohne Wohnmobil. Biegen Sie nach zehn Kilometern auf der E 6 nach links ab und folgen Sie der Straße bis zum Ende nach 24 Kilometern am Svartisvatnet. Ein Boot bringt Sie über den See, dann folgen drei Kilometer Fußmarsch. Gute Schuhe und warme Kleidung lassen dieses Hochgebirgserlebnis richtig genießen. Für Höhlenfreunde bieten diese Berge auch etwas. Acht Kilometer nach der E 6 sind Sie am Weg zum Svartisvatnet am Parkplatz der Grönli-Grotte vorbeigekommen, von hier ist man in 20 Minuten beim Eingang. Jede Stunde von 10 bis 19 Uhr gibt es eine Führung. Da es unterirdische Wasserfälle zu se-

142

hen gibt, sind wasserdichte Schuhe, am besten Gummistiefel, anzuraten. Die Führung dauert 20 Minuten. Eine anspruchsvollere Höhlenwanderung wird ganz in der Nähe in der Seter-Grotte durchgeführt. Diese Führungen gibt es nur zweimal täglich, fragen Sie daher schon in Mo i Rana in der Touristen-Information nach den aktuellen Zeiten. Diese Führungen dauern zwei Stunden, Sie werden mit Helm, Kopflaterne, Overall und Stiefeln ausgerüstet.

Es geht jetzt unaufhaltsam dem Polarkreis entgegen. Bald wird das Tal recht schmal. Die E 6 muß sich mit vielen Kurven anpassen. Fünfzig Kilometer nach Mo i Rana überquert die E 6 bei Hjartåsen die Bahn. Hier sind am Fluß große freie Übernachtungsplätze zu finden.

Jetzt folgt der eigentliche Anstieg auf den Übergang hinüber ins Lönsdal. Es wird kahl und Sie fahren über die Baumgrenze hinauf. Der Polarkreis macht den Menschen die Freude, just in diesem alpinen und arktischen Hochland auf 692 Meter Höhe die Straße zu queren. Die Ehrfurcht vor diesem geographischen Wendepunkt wird meist durch Kälteschauer unterstützt. Nördlich von hier gibt es im Sommer Mitternachtsonne. Am Polarkreis bleibt natürlich jeder stehen, es gibt riesige Parkplätze und die Touristenbusse entlassen ihre Insassen ins Freie. Im großen Polarkreis-Zentrum sollen nicht nur Souvenirs verkauft, sondern auch echte Informationen an die Besucher weitergegeben werden. Die meisten lassen sich allerdings nicht für ihre 35 NKR mit wenig Interessantem vollstopfen, sie bevorzugen die Wärme des Gebäudes und stürzen sich in ein Kauferlebnis. Die Norweger lieben Zertifikate jeder Art, natürlich können Sie auch ein Polarkreis-Zertifikat erwerben.

Am Polarkreis gibt es zwei nette Bräuche. Hinter dem großen Gebäude stehen im freien Gelände zahllose Steinpyramiden jeder Größe. Hier haben viele Besucher »ihre« Pyramide errichtet, manche haben Steine hierfür von zuhause mitgebracht. Außerdem gibt es am Parkplatz beim grasgedeckten Info-Ständer einen eigenen Kasten mit durchsichtigem Deckel, in dem jedermann eine Information hinterlegen kann. Außer echten Nachrichten hat auch mancher Spaßvogel einen Zettel eingelegt.

Ungefähr 15 Kilometer hinter dem Polarkreis taucht die Straße wieder in die Birkenwälder des Lönsdal ein. Bald tobt auch ein Fluß unmittelbar neben der Straße und fällt in zahlreichen Stromschnellen dem Meer entgegen.

Abstecher Junkerdalen:
Dreißig Kilometer nach dem Polarkreis zweigt der RV 77 Richtung schwedische Grenze ab, die er nach 24 Kilometer erreicht. Der Abstecher ist ein Landschaftserlebnis. Die Straße muß zuerst einen Bergrücken überwinden. Schon nach 600 Metern lohnt der Blick zurück: Ein großer Wasserfall stürzt vom Gegenhang ins Lönsdal, der Junkerdal-Fluß preßt sich durch eine enge Schlucht. Nach wenigen Kilometern kehrt dann die Straße zum Fluß zurück. Wasserfälle rauschen von den Hängen an der anderen Seite des Tales. Das Tal weitet sich und gibt ein paar Bauern Raum für Felder. An der schwedischen Grenze liegt ein schöner Campingplatz, ein guter Ausgangspunkt für Wanderungen im gegenüberliegenden Nationalpark. Bei der Rückfahrt versperrt der Berg Solvågtind als spitzer Felsklotz imposant das

Talende. Am Junkerdal-Fluß werden auch Rafting-Touren für Fortgeschrittene angeboten.

Die E 6 folgt jetzt dem Saltdalen hinaus nach Rognan, das wieder auf Meereshöhe liegt. Auch im Saltdal läßt sich Rafting versuchen. Die Fahrten hier sind auch für Anfänger geeignet. Freie Übernachtungsplätze sind auf diesem Teil des Weges kaum zu finden.

Rognan ist ein modernes Fischerdorf. Immerhin gibt es außer einem Supermarkt auch ein eigenes Biergeschäft. Die Auswahl ist groß, die Preise um nichts günstiger. Wenn Sie gar nicht mehr autofahren wollen, können Sie zur Not eine Nacht am Parkplatz des Bootshafens verbringen, den Sie einen Kilometer nach dem Ortszentrum gegenüber einem Mitsubishi-Händler finden.

Ungefähr drei Kilometer nach Rognan folgt der kleine Ort Botn. Von hier zweigt eine beschilderte, rund einem Kilometer lange Straße zu einem der größten deutschen Soldatenfriedhöfe ab. In herrlicher Lage über dem Saltdals-Fjord ist hier eine würdige Gedenkstätte errichtet. Vor dem Friedhof finden Sie einen großen Parkplatz.

Bis Fauske folgt die E 6, nun wieder ausgebaut, dem Fjordufer. Straße und Bahn müssen durch zahlreiche Tunnels. Rastplätze mit schönem Blick über den Fjord lassen sich finden, freie Übernachtungsplätze eher nicht. Fauske ist eine kleine, neue Stadt. Hier verläßt die Bahn die E 6, um in Bodö zu enden. Nördlich von hier besitzt Norwegen jetzt keinen direkten Eisenbahnanschluß mehr. Das kurze Zugstück bei Narvik hat nur Anschluß nach Schweden.

Nach Fauske folgt ein flaches Tal und der Sör-Fjord. Bei Straumen, zirka 15 Kilometer nach Fauske, gibt es ein paar freie Übernachtungsplätze zwischen Straße und See. Es folgt anschließend eine wahre Tunnelorgie. In den offenen Teilen der Straße ist die Aussicht fast kitschig schön. Die gilt besonders entlang des Leir-Fjordes. Der aufwendige Straßenbau wird durch Maut mitfinanziert. Rechnen Sie mit 55 NKR für Ihr Wohnmobil. Vielleicht ist es ein Trost, daß die E 6 bis Narvik mit nur einer Ausnahme fährenfrei geworden ist.

Am Ende des Leir-Fjords bietet sich ein schöner Umweg an. Folgen Sie den Wegweisern Bonnåsjöen und Styrkesnes. Die enge Asphaltstraße führt praktisch ohne Verkehr am Nordufer des Leir-Fjords entlang. Nach fünf Kilometern kriecht die Straße steil den Berg hinauf in ein enges Hochtal. Dort trifft sie bei einem Wasserfall auf die alte E 6, die von Bonnåsjöen heraufkommt. Bonnåsjöen war Fähranleger bevor die Tunnel gebaut wurden. Der Fährverkehr wurde eingestellt. Die Straße windet sich in das nächste Hochtal, das im Norden von mächtigen Granitgipfeln überragt wird. Nach sieben Kilometern erreichen Sie einen Bergsee. Anschließend senkt sich die Straße zum Mörsvik-Fjord.

Dieser Umweg bietet mehrere einsame Übernachtungsplätze. Nach insgesamt 30 Kilometern sind Sie wieder auf der E 6, der Mehrweg beträgt 15 Kilometer. An Fahrzeit verlieren Sie eine knappe Stunde, da ist kaum Zeit für Schau- und Fotopausen eingerechnet.

Nach dem Mörsvik-Fjord geht es natürlich wieder hinauf, zu ausgedehnten Mooren, Wasserfällen und Seen. Seen gibt es hier übrigens so viele, daß manche gar kei-

oben: Kurios: Vorsicht Holzschlitten! (Route 3).
unten: Wichtig: Für die Finnmark, wie auch für das gesamte Land, ist die Fischerei –
hier ein Betrieb im Alta-Fjord – von großer Bedeutung (Route 3).

146   oben: Mystisch: Steinzeitliche Felszeichnungen in Alta (Route 3).
unten: Überspannt: die Straße über den Tana schlägt die Brücke in die arktische
Wildnis (Route 3).

Ungewöhnlich: Die Kirche von Neiden entstand um die Jahrhundertwende im Baustil der viel älteren Stabkirchen (Route 3).

148   oben: Einsam: Der Blick nach Rußland von der Grenze Jakobselv aus gesehen (Route 3).
unten: Sauber: blitzblanker Fischkutter in Vardö (Route 3).

oben: Verlassen: die Bewohner von Kongsfjord haben im Kampf gegen die Arktis resigniert. Bald werden die Hafenanlieger ganz verfallen (Route 3).
unten: Delikat: Stockfisch ist – nicht nur nahe des Nordkaps – eine besondere Spezialität und deswegen nicht gerade billig (Route 3).

150 oben: Alltäglich: die Begegnung mit einem arktischen Ureinwohner (Route 3).
unten: Schmuck: Havöysund ist ein quirliges Dörfchen, wird von den der Masse der
Nordkap-Fahrer allerdings meist übersehen (Route 3).

oben: Unverfälscht: Skjervöy ist ein Fischerdorf, völlig unbeleckt vom Fremdenverkehr (Route 3).
unten: Sommerlich: am Ulls-Fjord, Richtung Tromsö (Route 3).

152 oben: Angekettet: Seit 1960 verbindet diese Brücke Tromsö, die Hauptstadt der Provinz Troms, mit dem Festland (Route 3).
unten: Kontrastreich: Die spitzen Felsklippen stehen im reizvollen Kontrast zu der ansonsten flachen Küste von Andöya (Route 3).

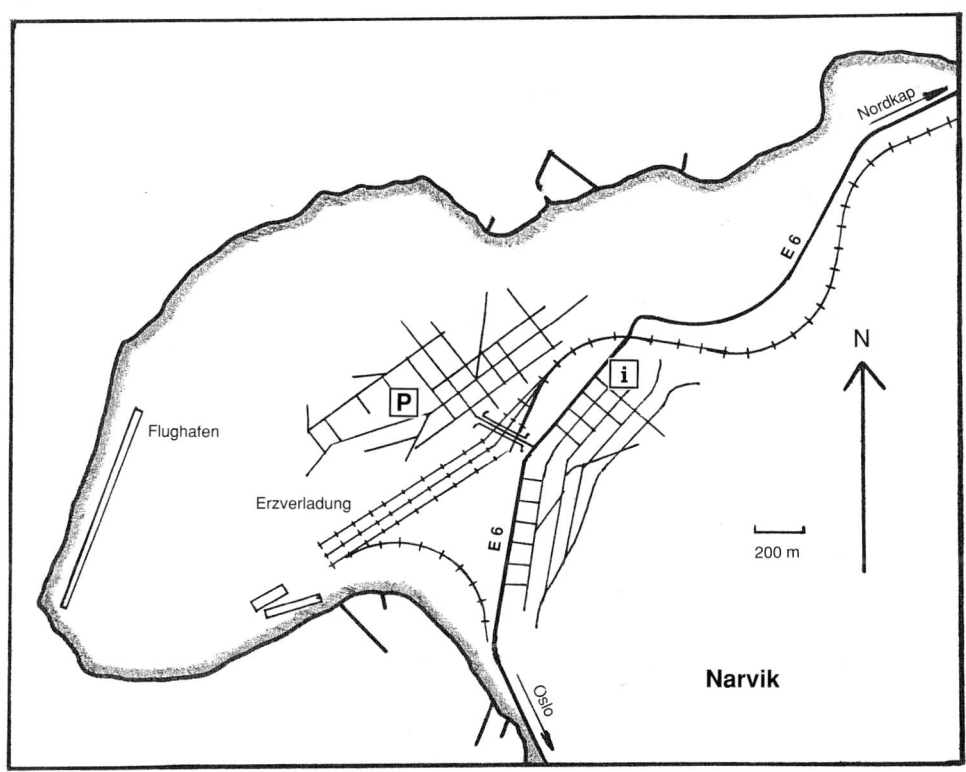

nen Namen, sondern nur eine Nummer bekommen haben. Zwölf Kilometer nach dem Fjord steht dann plötzlich der mächtige Berg Kråkmotinden über dem Tal neben Ihnen, darunter Wald und mehrere Seen. Die Aussicht vom Gipfel lohnt die Mühe des Aufstiegs.

Die Straße führt ungefähr sieben Kilometer nach dem höchsten Punkt markant über eine Brücke, gleich danach folgt ein Parkplatz mit einem Informations-Ständer. Am besten lassen Sie Ihr Wohnmobil hier stehen und schlüpfen in die Wanderschuhe. Theoretisch könnten Sie noch 2,5 Kilometer Fußmarsch sparen, eine schmale Sandstraße (ohne Ausweichstellen!) führt zu einem kostenlosen Caravan-Parkplatz. Im Sommer ist dieser Parkplatz normalerweise voll, Sie müßten also erst recht wieder zurück. Vom Caravan-Parkplatz führt die Straße noch 400 Meter weiter zu einem Waldsee mit Sandstrand, hier gibt es aber keine Parkmöglichkeit, nur eine kleine Umkehrstelle am Straßenende. An dieser Umkehrstelle beginnt der markierte Aufstieg. Für den Aufstieg müssen Sie mit drei Stunden Marsch rechnen, belohnt durch eine großartige Aussicht. Wer sein Wohnmobil nicht frei in der Gegend stehen lassen will, parkt es am besten, bald nach der Brücke, auf dem Campingplatz an der E 6.

Auch nach Kråkmo bleibt die Fahrt abwechslungsreich: Fjord und Fjell, Wasser und Stein. Kurz vor Ulvsvåg ragen dann plötzlich die schneebedeckten Gipfel der Lofoten über den Vest-Fjord in den Himmel. Welch Unterschied zwischen den spitzen Bergen und dem sonst so oft rundgeschliffenem Land! Welch ein Panorama!

Gut 20 Kilometer später erreichen Sie Bognes, die einzige verbliebene Fähre der E 6. Diese Fähre über den Tys-Fjord nach Skarberget verkehrt praktisch ununterbrochen und kostet Zone 10. Die Überfahrt dauert 20 Minuten. Der Fjord erstreckt sich so weit ins Landesinnere, daß an seinem Ende die schmalste Stelle Norwegens entsteht. Zur schwedischen Grenze sind es ganze sechs Kilometer. Das Kurvengewirr geht weiter, bei Kjerringvik überspannt eine hohe Brücke den Fjord. Auch am Ofot-Fjord werden einige Nebenarme mittels Brücken überquert, eine besonders hohe führt über den Skjomen. Der Parkplatz an der Westseite dieser Brücke könnte eventuell als Übernachtungsplatz dienen, sonst ist zwischen Fähre und Narvik kaum etwas zu finden.

Narvik bestand im vorigen Jahrhundert nur aus wenigen Bauernhöfen. Dann wurden in Schweden bei Kiruna die großen Eisenerzvorkommen entdeckt, transportiert wurde das Erz per Bahn zum eisfreien Hafen von Narvik. Unter unsäglichen Mühen wurde die Strecke in unwegsamsten Gelände von 1898 bis 1902 erbaut. Mit der Erzverladung blühte Narvik auf und wurde Stadt. Die strategische Wichtigkeit des Erzes verhalf Narvik auch im Zweiten Weltkrieg zu trauriger Berühmtheit. Die Stadt wurde schwer umkämpft und durch Bomben nahezu völlig zerstört.

Heute ist Narvik mit seinen knapp 15 000 Einwohnern Industriestadt und noch immer durch die Erzverladeanlagen und die Erzbahn geprägt. Die überschweren, vielachsigen Elektro-Lokomotiven lassen ahnen, welch technische Probleme dieser Transport zu allen Zeiten verursacht hat. In den letzten Jahrzehnten versuchte Narvik auch, mit einigem Erfolg, moderne Industriezweige in der Stadt anzusiedeln. Für Touristen hat die Stadt wenig zu bieten, es sei denn, sie sind an Kriegsdokumentation interessiert. Es gibt ein größeres Kriegserinnerungs-Museum. Zum Parken empfiehlt es sich, die überfüllte Hauptstraße zu verlassen und über die Brücke in den nordwestlichen Teil der Stadt auszuweichen. Hier ist vom großen Wirbel auf der E 6 nichts mehr zu spüren.

Narvik liegt nach mitteleuropäischer Vorstellung schon hoch im Norden. Trotzdem: Bis zum Nordkap sind es noch 740 Kilometer, bis Kirkenes gar über 1000 Kilometer.

Die E 6 überwindet auf einer großen Brücke zwölf Kilometer hinter Narvik den Rombaksbotn. Kurz danach zweigt die E 10 Richtung schwedischer Grenze ab.

Wer einen Eindruck vom Verlauf der Erzbahn gewinnen willen, fährt diesen zirka 25 Kilometer langen Abstecher bis zur Grenze. Es geht bis auf 760 Meter Höhe hinauf, oben wartet eine polare Urlandschaft, geprägt von Seen, Mooren und Krüppelbirken. Die Bahn zeigt sich erst wenige Kilometer vor der Grenze, sie nimmt eine andere Trasse als die Straße und windet sich durch viele Tunnels nach oben. Auch im Sommer säumen noch Schneewände hier ober den Straßenrand – die vielen Schneepflüge in den Bahnhöfen Narvik und Björnfjell wurden sicher nicht umsonst angeschafft.

Die E 6 verläßt in Bjerkvik den Ofot-Fjord. Wer auf den Hohen Norden verzichten will, kann hier abkürzen und auf der E 10 Richtung Westen fahren. 64 Kilometern später, bei der Tjeldsund-Brücke, treffen wir uns auf dem Rückweg wieder: Die Beschreibung der Fahrt nach Harstad, Andöy und den Lofoten findet sich ab der Seite 180.

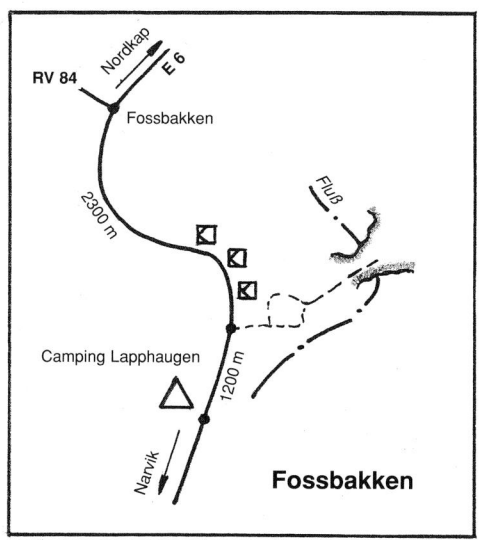

Nach Bjerkvik wird das Tal eng, es geht natürlich wieder einmal hinauf. Die Provinz Nordland endet, Troms beginnt, die zweitnördlichsten Fylke des Landes. 28 Kilometer hinter Bjerkvik wartet ein Naturphänomen kurz vor Fossbakken: der Fluß hat sich ein Tunnel durch die Felsen gegraben. Gurgelnd verschwindet er in mehreren Löchern, um 30 Meter später wieder ans Licht zu treten. Die Stelle liegt ganz nahe der E 6, ist nicht gekennzeichnet und tausende von Autos fahren achtlos vorbei. Dabei ist sie gar nicht so schwer zu finden, man muß nur auf den Campingplatz »Lapphaugen« achten, der links der E 6 angelegt wurde. Von dort fährt man noch 1,2 Kilometer bis zu einer engen, durch Pfeile gekennzeichneten Linkskurve. Direkt am Kurvenbeginn kann man recht schief parken. Zum Flußtunnel sind von hier nur zwei Minuten zu gehen. Noch besser, weil gesünder: Wohnmobil beim Campingplatz parken und zu Fuß bis zum Flußtunnel zu gehen.

Hinter der kleinen Ortschaft Setermoen zweigt nach 19 Kilometern der RV 87 nach rechts ab. Folgen Sie ihm ungefähr acht Kilometer, bis ein Wegweiser zum Målselvfossen nach links weist. Jetzt sind es noch drei Kilometer: Gewaltige Wassermassen wälzen sich über die Stromschnellen, ein wirklich sehenswertes Erlebnis. Den Weg zurück nach Andselv zur E 6 kann abkürzen, wer die Straße zum Bardufoss und zum Flugplatz wählt. Der Bardufoss ist nicht sonderlich beeindruckend, ein Kraftwerk verwertet den Großteil seiner Energie. Zwischen Bardufoss und dem Flugplatz wartet ein kleines, recht familiäres Heimatmuseum auf Besucher.

Falls Sie beschauliches Fahren lieben, können Sie 23 Kilometer nach Andselv dem alten Verlauf der E 6 nach Storsteinnes und dem Ufer des Bals-Fjords folgen. Der Zeitverlust ist gering, ebenso die Verkehrsdichte. Die Strecke führt auf breiter Straße durch friedliches Bauernland, am Bals-Fjord sind es knapp 50 Kilometer nach Andselv, bis der erste der großen nordnorwegischen Fjorde erreicht ist, die hauptsächlich in Nord-Süd-Richtung verlaufen.

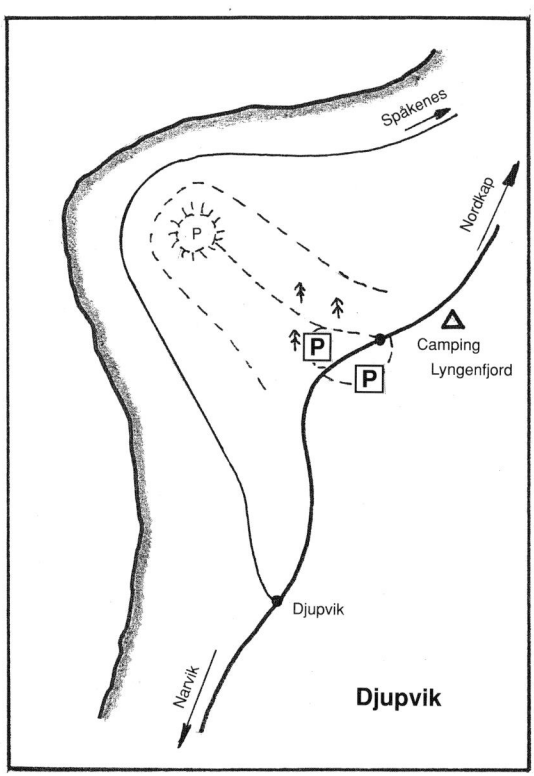

Spåkenes

Nordkap

P

Camping
Lyngenfjord

P

P

Djupvik

Narvik

Djupvik

Am Südende des Bals-Fjords und am Übergang zum mächtigen Lyngen-Fjord ist die Gegend weiterhin schön, einen freien Platz zum Übernachten gibt es aller Wahrscheinlichkeit nicht. Das ändert sich auch nicht bis Skibotn. Hier durchquert die E 6 eine größere Flußebene, die mit Kiefernwald bedeckt ist. Die Chancen steigen.

Wer von Wasserfällen immer noch nicht genug hat, kommt an der E 78 nach 19 Kilometern zum imposanten Rovijokfossen. Auch die Fahrt dorthin ist schön! Nach sieben Kilometern wartet ein Campingplatz, der das Prädikat »Spitzenklasse« verdient: Die Lage direkt neben dem Fluß ist wirklich einmalig. Danach wird das Tal enger, mächtige Granitwände ragen auf. Die Straße steigt, und unvermutet überqueren Sie den Fall auf einer Brücke. Allerdings ist zuvor ein kleiner Parkplatz, der direkt neben dem Wasser endet. Vom Parkplatz führt ein schmaler Pfad neben dem Fall bis zum Fluß hinunter, man kann bis zum Auftreffen des Wassers am Talboden herangehen. Bei der Rückfahrt haben Sie am Talende über dem Lyngen-Fjord die Gletscher der gegenüberliegenden Berge direkt im Blickfeld.

Die Fahrt dort entlang ist überwältigend schön. Gegenüber fallen steile Felswände in das Wasser, die Berge tragen Eiskappen und funkeln geradezu, wenn auch nur ein klein wenig Sonne scheint. Auf beiden Seiten, also auch neben Ihrer Fahrbahn, folgt ein Wasserfall dem anderen. Im Fjord werden Fische gezüchtet. Manchmal sieht man auch noch ein Gerüst, auf dem nach alter Tradition Dörrfisch getrocknet wird.

Direkt an den Fjorden sind schöne, freie Übernachtungsplätze oft recht schwer zu finden. Das gilt auch für den Lyngen-Fjord. Allerdings gibt es eine Ausnahme: Sie finden den Platz nach Djupvik, wo die E 6 den Fjord verläßt und nach Osten abknickt. Auf der Halbinsel Spåkenes hatte die Wehrmacht eine Geschützbatterie errichtet. Neben den überwachsenen Resten stehen Sie auf einem der schönsten Aussichtspunkte des ganzen Fjordes. Nach Djupvik biegt die Straße links nach Spåkenes ab. Dieser Straße dürfen Sie nicht folgen! Sie bleiben noch 600 Meter auf der E 6, die etwas ansteigt und wo in einer Rechtskurve links und rechts ein Parkplatz zu finden ist. Am linken, westlichen Parkplatz weist eine kleine Tafel zum »Coastel fort«. Der schmale Sandweg führt erst durch einen schütteren Wald und dann hinaus auf den Rücken der Halbinsel.

Das gewaltige Fjordpanorama bleibt unverändert. In Nordreisa mündet der Reisa-Fluß, ein hochberühmtes Lachs-Gewässer. Hinüber zum Kvænangen-Fjord muß die Straße nochmals auf über 400 Meter hinauf – und dann offenbart sich eine Aussicht, die auch in Norwegen nur selten zu finden ist. Beim Hotel Gildetund können Sie bequem parken – und schauen, schauen, schauen.

Der Kvænangen-Fjord wird auf einer großen Brücke überquert. Unmittelbar vor der Brücke können Sie acht Kilometer einer breiten und guten Sandstraße folgen und erreichen den Wasserfall Navitfossen. Der Fall ist schön, aber nicht einzigartig. Die Straße um das Fjordende herum wird neun Kilometer nach dem Wasserfall asphaltiert, lohnt aber ansonsten kaum den Umweg.

Nach dem Kvænangen-Fjord quert die E 6 wieder einen kleinen Bergrücken, und hier beginnt die Finnmark, Norwegens nördlichste Provinz. Sie bringt zunächst eine unangenehme Überraschung: Die E 6 ist hier noch nicht ausgebaut, sehr schlecht und sehr eng. Ein Stück weiter rücken die Baumaschinen aber schon kräftig vor, in wenigen Jahren wird auch dieses Stück »Urstraße« der Vergangenheit angehören. Nach der Fylke-Grenze erreichen Sie nach 85 Kilometern die kleine Stadt Alta.

Alta ist ein langgestrecktes Städtchen mit zirka 12 000 Einwohnern. Es ist einer der wichtigsten Orte der Finnmark, das bedeutet allerdings nicht allzuviel. Sie können aber mit allen Versorgungsmöglichkeiten rechnen. Etwas ist in Alta jedoch besonders interessant: Es ist das große Gebiet mit Felszeichnungen, die wichtigsten von Norwegen. Es berührt schon eigenartig, vor Zeichen zu stehen, die vor Jahrtausenden die Menschen in den Stein klopften. Niemand weiß genau um die Bedeutung. Religiöse Motive, Dokumentation oder auch einfache Freude an der Darstellung sind möglich. Ein Blick sollte auch der Umgebung gelten. Der Siedlungsplatz ist hervorragend gewählt: ein geschützter, flacher Strand, relativ günstiges Klima, ein Bach für Trinkwasser, ein nicht zu steiler Hang für die Häuser, im Hinterland etwas Wald. Die Felszeichnungen sind nur rechts und links der eigentlichen Siedlung zu finden. Die Anlage mit den Felszeichnungen und einem Informations-Haus liegt direkt neben der E 6 am westlichen Ortsanfang von Alta.

Alta war auch Schauplatz der ersten größeren Aktionen gegen den hemmungslosen Verbrauch des scheinbar unendlich großen norwegischen Landes. Mitte der siebziger Jahre sollte der Alta-Staudamm errichtet werde. Daran entzündeten sich die Emotionen. Der Damm wurde gebaut, allerdings etwas kleiner als ursprünglich ge-

Lappen oder Samen

Üblicherweise wird heute meist von Samen gesprochen. Mit diesem Namen bezeichnet sich das Volk selbst, Lappe ist eigentlich ein Schimpfwort. Von insgesamt 50 000 Samen leben heute 30 000 in Norwegen. Die Samen sind die Ureinwohner der Nordkalotte, dem Gebiet nördlich des Polarkreises in Norwegen, Schweden und Finnland. Die Samen leben schon so lange hier, daß die Erinnerung an eine Urheimat in Asien auch in den Mythen und Sagen nicht mehr existiert. Schon Tacitus berichtete von ihnen. Trotzdem gehören sie zur finnisch-ugurischen Volksgruppe, sind also mit Indianern und Eskimos verwandt. Sie teilen auch heute weitgehend deren Schicksal. Wie sie wurden sie in den letzten Jahrhunderten unterdrückt und zurückgedrängt. Das ist für die friedliebenden Norweger ein harter Brocken Vergangenheitsbewältigung. Seit den Ereignissen rund um den Alta-Staudamm wird dieses Problem langsam aufgearbeitet. Die Samen dürfen ihre Sprache ungehindert verwenden und besitzen auch eigene Schulen. Seit 1989 gibt es ein eigenes Samen-Parlament in Karasjok.

Freilich können alle diese Maßnahmen nicht verhindern, daß auch die samische Kultur von der modernen Zeit überrollt wird und deutliche Auflösungserscheinungen zeigt. Es gibt keine wilden Rentiere mehr, die großen Herden sind im Besitz weniger Familien und werden als moderne Viehzucht betrieben.Das Lavvu, das traditionelle Zelt, wurde durch feste Häuser an den Sommer- und Winterweiden ersetzt. Das Tier als Transportmittel ist durch Auto und Schneescooter ersetzt. Die Fluß- und See-Samen arbeiten mit modernen Fangmethoden oder sind in der Industrie beschäftigt. Die bunten Trachten werden höchstens zu großen Festen, meist aber als verkaufsfördrnde Maßnahme beim Souvenir-Verkauf getragen.

plant. Trotz dieser Niederlage waren die Ereignisse der Beginn eines ersten Umdenkens. Sowohl die Minderheit der Samen als auch der Naturschützer wollen seit damals ernst genommen werden. In Alta verlassen wir für einige Zeit die E 6. Es soll am RV 93 nach Süden gehen, in die Tundra, ins Herz des Samenlandes.

In der Finnmark sollte man öfter als gewohnt einen Blick auf die Tankuhr werfen. Die Abstände zwischen den Zapfsäulen werden spürbar größer, Faustregel: keinen größeren Ort mit weniger als dem halben Tankinhalt verlassen.

Nach Alta erwarten Sie zunächst schier endlose Wälder aus Birke und Kiefer. Dann führt die Straße über eine Brücke in eine Schlucht und steigt anschließend auf das Hochplateau. Neun Kilometer später beginnt auf 300 Metern Höhe eine gewaltige Seenplatte: die Tundra. Spätestens hier werden Sie mit Nordeuropas Plage konfrontiert, den Mücken. So rasch können Sie kaum aussteigen, daß nicht ein paar Quälgeister den Weg ins Wohnmobil finden.

Die Humusschicht der Finnmark ist besonders dünn. Am Abriß bei Straßenneubauten können Sie sehen, daß in 10 000 Jahren kaum mehr als zehn Zentimeter Erde gebildet werden konnten. Nicht umsonst ist hier das Befahren des freien Geländes streng verboten, die Wunden der Natur heilen kaum. An den neuen Straßen wird mit großem Aufwand Humus von Gott weiß wo herangekarrt, sorgfältig über die aufgerissenen Flächen gebreitet und bepflanzt.

Bei Masi, 60 Kilometer nach Alta, erreicht der RV 93 den Kautokeino-Fluß. Die wenigen Häuser schmiegen sich wunderschön ans Wasser. Die Tundra bleibt bis Kautokeino erhalten. Die Stadt ist die vielleicht wichtigste Stadt der Samen, die Gemeinde hat relativ viel Autonomie erhalten. So fließen zum Beispiel die Erträge aus den Angellizenzen, im Gegensatz zu den anderen Gemeinden der Finnmark, an die Gemeindeverwaltung. Im Sommer leben nur wenig Menschen in der kleinen, verstreuten Stadt. Viele sind mit den Rentierherden zu den Sommerweideplätzen ans Eismeer gezogen. Hochbetrieb herrscht hier in der Osterwoche. Berühmt sind die Rentier-Wettfahrten am Karfreitag und die traditionellen Samen-Hochzeiten. Kautokeino beherbergt natürlich auch ein Samen-Museum. Das Gebäude ist nicht sehr groß, doch mit viel Liebe wurden alle möglichen Gebrauchs und Festtagsgegenstände zusammengetragen. Im Freigelände sind verschiedene Häuser- und Zeltformen dargestellt. Wenn man heute die Ausstellung ansieht, glaubt man kaum, daß diese Lebensformen noch vor 50 Jahren Alltag waren. Beeindruckt hat auch ein Brunnen, der genausogut in der Puszta stehen könnte. Gibt es außer der Sprache ein deutlicheres Zeichen einer ganz fernen Verwandtschaft? Das Museum ist von Montag bis Freitag von 9 bis 18 Uhr, Samstag und Sonntag von 12 bis 19 Uhr geöffnet. Der Eintritt kostet 20 NKR. Sie erhalten eine deutsche Beschreibung der Ausstellung und des Freigeländes, die vielen Mücken sind inbegriffen.

In Kautokeino gibt es außerdem ein ganz außergewöhnliches Geschäft, Juhls' Silvergallery. Vor einigen Jahren hat sich hier ein Silberschmied ein großes, modernes Haus hoch über dem Fluß errichtet. Fast das ganze Gebäude ist Verkaufsraum. Es gibt sehr viel echtes Kunsthandwerk zu sehen, nicht nur Silberware. Teilweise wird selbst produziert. Händler und Kunden kommen aus aller Herren Länder. Es ist verblüffend, mitten in der Tundra einen derart gut florierenden Betrieb zu finden. Hier sollte sich ein echtes Qualitätsstück als Andenken finden lassen. Auch wenn Sie nichts kaufen – sehen Sie sich das Ganze unbedingt an! Die Galerie hat täglich von 8,30 bis 22 Uhr geöffnet, der Eintritt ist kostenlos. Das Haus liegt zirka 2,5 Kilometer außerhalb der Ortsmitte. Der Weg dorthin ist ab der Touristen-Information gut beschildert. Die Stadt der Samen verfügt auch über einen Campingplatz, 1,5 Kilometer nach der Touristen-Information Richtung Finnland am RV 93.

Um zurück zur Hauptroute zu gelangen, muß von Kautokeino zunächst 31 Kilometer zurückgefahren werden. In Gæidnovuopple wechseln Sie auf den RV 92. Nach 500 Metern folgt die Brücke über den Kautokeino-Fluß. Vor der Brücke gibt es einen Parkplatz am Wasser zwischen Bäumen. Hier wäre eine Übernachtung gut möglich. Die folgenden Kilometer führen wieder durch Tundra, eine endlose Folge von Mooren, Tümpeln und Moosflächen, so stellt man sich wohl die endlosen Weiten Rußlands vor. Nach knapp 60 Kilometern erreicht die Straße das Flußtal des Jiesjokka, der nach weiteren 20 Kilometern in den Karasjokka mündet. Die Norweger nennen den Fluß Tana. In der Tundra läßt sich kaum ein Übernachtungsplatz finden, im Tal des Jiesjokka sind die Chancen besser. Hier gibt es bei Jerggul sogar einen Campingplatz. Die letzten 20 Kilometer vor Karasjok ist freies Stehen wieder kaum möglich, einen Kilometer vor dem Ort finden Sie aber einen Campingplatz in schöner Lage über dem Fluß.

In Karasjok erreichen Sie wieder die E 6 und damit auch den großen Durchgangsverkehr. Karasjok ist das offizielle Zentrum der Samen, hier gibt es auch das neue Samen-Parlament. Ich hatte den Eindruck, hier soll das Samische um jeden Preis je-

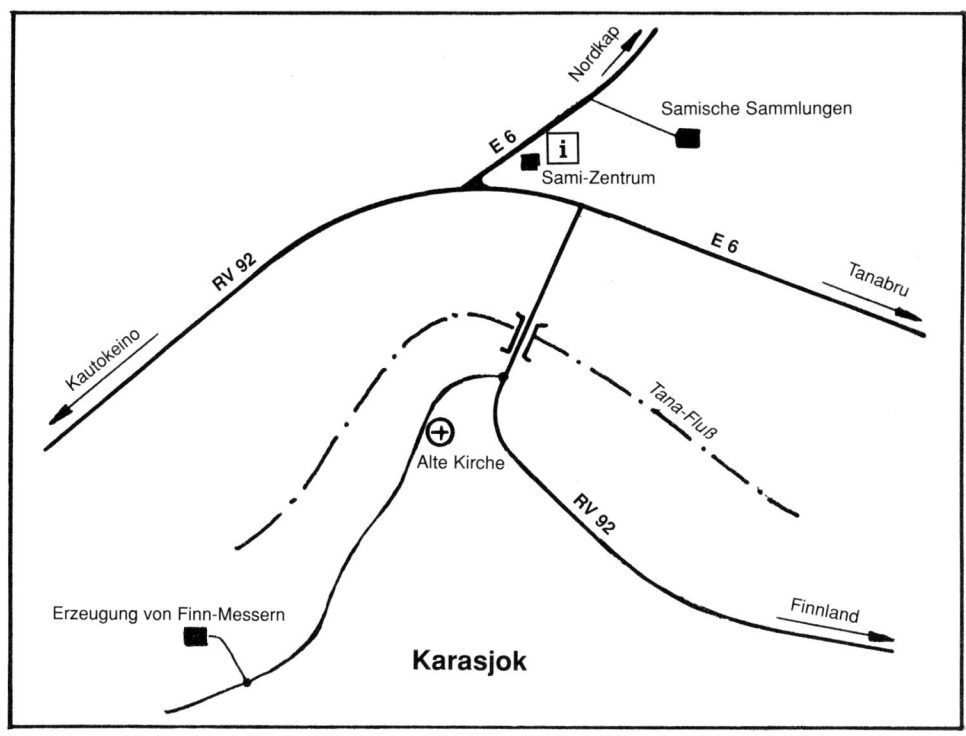

Die natürliche Ungezwungenheit von Kautokeino fehlt.

Das Sami-Zentrum verlangt 25 NKR Eintritt und bietet im Inneren hauptsächlich
Geschäfte mit teils unglaublichem Lappen-Kitsch als Souvenir. Ein Restaurant unter einem Grashügel soll Graszelt-Atmosphäre erzeugen, innen dürfen sich die Rei-
segruppen ihr »Original-Lappen-Essen« auf heißen Steinplatten selbst zubereiten.
Rasch, rasch, der nächste Bus steht schon am Parkplatz. In einem Gehege schleicht
ein armes Rentier herum, daneben liegen zwei vergammelte Lappenschlitten. Nein,
echt ist hier wirklich nichts, nur Samen-Show. Echt sind natürlich die Samischen
Sammlungen, ein Spezialmuseum der samischen Kultur. Sicher sind nirgendwo
sonst so viele Gegenstände der Samen zusammengetragen worden. Hier herrscht
professioneller Museumsbetrieb. Zum Rundgang erhalten Sie leihweise eine deutsche Beschreibung der Ausstellungsstücke. Das Museum hat an Wochentagen von 9
bis 18 Uhr, an Sonntagen von 10 bis 18 Uhr geöffnet. Der Eintritt kostet 20 NKR.

Überall in Norwegen werden Finn–Messer angeboten, typisch in ihrer schlanken
Form und von hervorragender Qualität. In Karasjok kann die Produktion in einem
kleinen Familienbetrieb beobachtet und natürlich auch ein Messer erstanden werden. Wer dort hin will, fährt auf dem RV 92 Richtung Finnland, überquert die
Brücke und biegt nach 100 Metern vor der Esso–Tankstelle rechts ab. Auf dieser
Straße bleiben Sie 1,7 Kilometer, dann ist der Betrieb (Strømeng AS) schon nach
rechts ausgeschildert, und nach weiteren 600 Metern sind Sie da. Diesen Besuch sollten Sie von Montag bis Freitag an einem Vormittag planen.

160

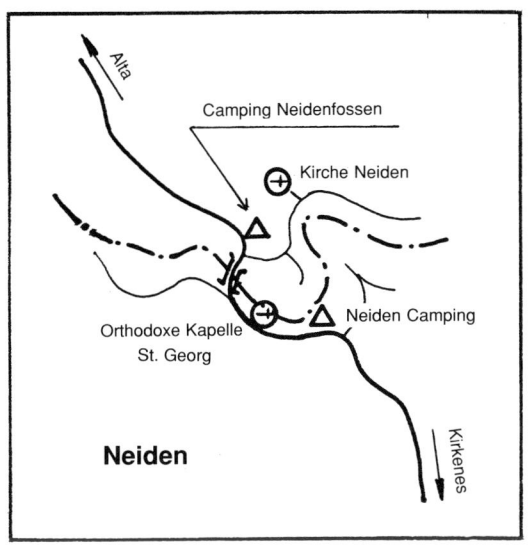

Camping Neidenfossen

Kirche Neiden

Neiden Camping

Orthodoxe Kapelle
St. Georg

Neiden

Alta

Kirkenes

Unsere Route folgt ab Karasjok wieder der E 6 und bis Tanabru dem Tana-Fluß. Fast auf der ganzen Länge bildet der Tana die Grenze zu Finnland. Der Tana ist einer der besten Lachsflüsse Norwegens. Falls Sie angeln wollen, fragen Sie in der Touristen-Information in Kautokeino nach den besonderen Bestimmungen in der Finnmark und speziell im Tana-Fluß. Hier, an den Campingplätzen und weiteren gekennzeichneten Stellen kann eine Lizenz erworben werden. Vom Boot oder mit lebenden Ködern darf man nicht fischen. In Karasjok ist der Blick auf die Tankuhr besonders wichtig. Die nächste Tankstelle kommt erst in Sirma nach 135 Kilometern.

Entlang des Tana-Flusses fahren Sie meist durch Mischwald aus Birken und Kiefern. Am Fluß tauchen immer wieder schöne Rast- und Übernachtungsplätze auf – Nordland in seiner schönsten Form.

Ungefähr 80 Kilometer nach Karasjok gibt es bei Levajok einen Kajak-Verleih und einen Reitstall. In Gædgenjargga, 30 Kilometer nach Levajok, entsteht eine neue Brücke über den Tana. Sie soll dem Verkehr nach Finnland ab 1994 zur Verfügung stehen. Beim Storfossen, 35 Kilometer nach Gædgenjargga, bildet der Tana Stromschnellen, hier stehen viele Fischer an beiden Ufern und versuchen ihr Glück.

Der Tana markierte schon immer so etwas wie einen natürlichen Grenzverlauf. So gesehen ist die Brücke der Übergang in ein neues Land, in die arktische Wildnis des letzten Zipfels von Norwegen. Mit dem Erreichen des Varanger-Fjordes wird die Landschaft kahl, es gibt keine Bäume mehr, nur Moore, feuchte Wiesen, Steine und Flechten: Kaum vorstellbar, daß hier Menschen seit langer Zeit leben und überleben können. Das Meer und der Fisch bilden die einzige Existenzgrundlage.

Nach der Tanabrücke folgen Sie weiter der E 6. Entlang des Fjordes gibt es immer wieder wunderbare Aussichtsplätze, an vielen von ihnen ist auch das Übernachten möglich und schön. Besonders hinter Gandvik, 52 Kilometer nach der Brücke, ist der Ausblick überwältigend. Vierzig Kilometer später erreichen Sie den bemerkenswerten Ort Neiden am Skoltefossen.

Skolten – eine vergessene Urbevölkerung

Die Skolten behaupten von sich, die Urbevölkerung von Süd-Varanger zu sein. Vielleicht kamen sie schon nach der letzten Eiszeit vor 10 000 Jahren. Die Skolten waren Halbnomaden, die ihren Wohnsitz nach der Jahreszeit wechselten. Im 19. Jahrhundert kamen erst Kvänen (Finnen) und später Norweger, um das Land zu kolonialisieren. Die Skolten verloren rasch ihre angestammten Rechte. Ihre zum Teil griechisch-orthodoxe Religion wurde verboten. Von dem kleinen Volk sind heute nur mehr wenige übriggeblieben. Knapp 100 Menschen nennen sich noch Skolte, wobei alle mitzählen, die mindesten 25 Prozent skoltisches Blut in den Adern haben. Die kleine Zahl kämpft um Anerkennung als Minderheit. Von ihren Trachten und Gerätschaften ist nicht viel erhalten. Das Wenige wird immerhin schon im Süd-Varanger-Museum in Svanvik gezeigt. Die Sagen und Legenden sollen aufgezeichnet werden.

Neiden ist uraltes Siedlungsgebiet. Hier lebten einst die Skolten, die sich selbst als Urbevölkerung von Süd-Varanger bezeichnen. Sie sind mit den Samen ethnisch verwandt. Die Skolten waren die Erfinder des Netzfischen im Fluß. Große Netze werden vom Ufer oder Boot ausgeworfen und händisch gleich wieder eingeholt. Diese Technik wird noch heute von den Sportfischern hier angewandt, wenn Sie wollen, können Sie mitmachen. Besonders viele Finnen haben Freude an dieser Fangmethode gefunden. In Neiden gibt es eine griechisch-orthodoxe (!) Kapelle (St.Georg). Anfang des 15. Jahrhunderts hat ein Mönch bei den Skolten missioniert und eine kleine Gemeinde gegründet. Die Kapelle ist als einzige erhalten geblieben und 400 Jahre alt. In Neiden gibt es heute noch sieben griechisch–orthodoxe Gläubige. Die Kapelle ist rührend schlicht und einfach und doch eine Botschaft aus einer anderen Welt. Griechenland ist von hier eben arg weit entfernt. Zur Besichtigung der Kapelle halten Sie 400 Meter nach der Brücke über den Skolten-Fall am Parkplatz neben der E 6. Dort finden Sie einen Führer, der Ihnen für 25 NKR die Kapelle öffnet und erklärt. Der Mann ist Skolte und spricht auch deutsch. Die »normale« Kirche von Neiden ist auch bemerkenswert. Sie wurde um die Jahrhundertwende im Stabkirchen-Stil errichtet. Besonders schön sind die vielen Drachenköpfe am First. Die Kirche steht zirka zwei Kilometer abseits der E 6. Die Zufahrt ist nach dem nördlichen Campingplatz am Ortsanfang beschildert, also noch vor der Brücke über den Skoltenfluß.
Der Campingplatz hat eine Entsorgungsstation fürs Chemo-WC.

Dreißig Kilometer nach Neiden läßt der ehemalige eiserne Vorhang grüßen. Die E 6 führt im Gebiet des Flugplatzes acht Kilometer durch Militärgebiet. Stehenbleiben, campieren und fotografieren ist verboten. Rußland ist nicht mehr weit.

Das kleine Städtchen Kirkenes ist Endpunkt der E 6, der Hurtigruten Schiffahrtslinie und der nördlichen Fluglinien. Hier ist sozusagen das Ende Europas. Dank dem Golfstrom bleibt der Hafen ganzjährig eisfrei. Das Eisenerz aus den nahen Gruben bildet die wirtschaftliche Grundlage für die knapp 10 000 Einwohner. Kirkenes wurde im Zweiten Weltkrieg heftig umkämpft, bombardiert und fast völlig zerstört. Heute sind die ehemaligen Schutzräume der Zivilbevölkerung, die Anders-Grotte mitten in der Stadt, zu besichtigen. Ein Film, auch in deutsch, zeigt die Ereignisse während des Krieges. Die Grotte ist eigentlich trostlos. Ich kann mir nicht vorstellen, daß diese Art der Vergangenheitsbewältigung der Völkerverständigung sehr nützt.

Ab Kirkenes werden auch Tages-Schiffsreisen auf einem schnellen Katamaran nach Murmansk angeboten. Diese Reise ist nicht billig und muß einige Tage zuvor in der Touristen-Information gebucht werden. Die Reise durch das Eismeer ist schön, Murmansk aber sicher kein Traumziel. Sie benötigen einen gültigen Reisepass, das Visum erhalten Sie am Schiff. Rechnen Sie mit Kosten von 1200 NKR pro Person.

Abstecher Grense Jakobselv:
Diese Fahrt vermittelt das Gefühl, am Ende der Welt zu sein. Fünf Kilometer vor Kirkenes, bevor die E 6 zu Stadt und Hafen abzweigt, verläßt der RV 886 unsere bisherige Route. Bis zum Straßenende sind 57 Kilometer zu fahren.

Nach zwei Kilometer erreichen Sie zunächst einen schönen Parkplatz, der eine gute Alternative zur Übernachtung am Campingplatz darstellt. Die Straße führt zwischen zwei kleinen Seen hindurch, der nördliche See wird von einer weiteren Straße umfahren. Hier erwartet Sie ein großer Parkplatz mit WC.

Nach weiteren acht Kilometern erreichen Sie den neu erbauten Grenzübergang nach Rußland. Ab hier geht es zunächst auf eine Hochfläche in die Wildnis, eine tolle Landschaft mit Bergen, Seen und Taiga. Der Jakobselv ist Grenzfluß und verläuft in einem schluchtartigen Tal. Ungefähr zehn Kilometer vor der Mündung hat die Straße den Talboden erreicht. An einer norwegischen Grenz-Garnison endet der Asphalt, die letzten zehn Kilometer sind Sandstraße, eine üble Rüttelpiste. Die Straße führt meist direkt neben dem Fluß, am anderen Ufer sind russische Grenzpfähle zu sehen. Kurz vor der Flußmündung erreicht die Straße die Olavs-Kirche, eine Kirche aus Stein, viel zu groß für die wenigen hier lebenden Menschen. Neben der Kirche fallen zwei große, farbige Betonbaken auf. Sie dienen der Schiffahrt als Richtungsmarke der Grenze. Gegenüber der Kirche ragt ein rostiger, noch immer besetzter Wachtturm aus dem Gebüsch hervor.

Einen Kilometer nach der Kirche endet die Straße bei einer kleinen Siedlung. Der Jakobselv ergießt sich breit und flach in die Barentssee. Von hier aus schweift der Blick ungehindert weit hinaus aufs Meer.

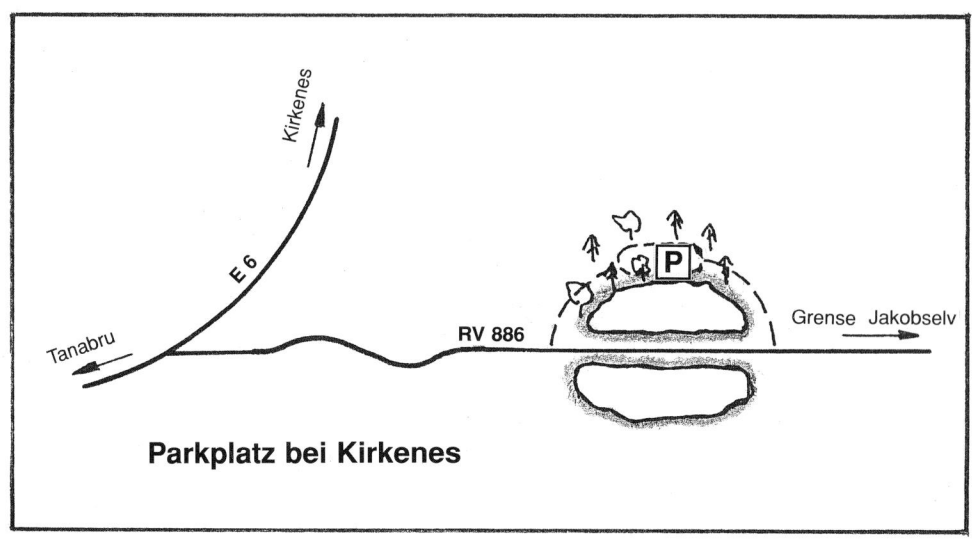

Parkplatz bei Kirkenes

Entlang des Grenzflusses darf im Wohnmobil nicht übernachtet werden. Am Parkplatz vor der Kirche oder am Endpunkt der Straße wird Sie niemand stören. Außerdem ist verboten, russisches Militärpersonal zu fotografieren und Teleobjektive von über 200 Millimeter Brennweite vom Stativ aus nach Rußland zu richten. Hier wird das liberale Verhältnis zwischen Norwegern und Russen doch etwas erschüttert.

Abstecher ins Pasvik-Tal:
Der Pasvik-Fluß bildet die lange Grenze zwischen Norwegen und Rußland. Das breite Tal ist von großen Kiefernwäldern bedeckt. Das Gebiet ist dünn besiedelt und so hat sich eine reiche Flora und Fauna erhalten. Das Tal gilt als biologische Trennlinie zwischen Asien und Nordeuropa. Angeblich gibt es nirgends in Norwegen soviel Bären wie hier. Der Gipfel der Einsamkeit ist der Øvre–Pasvik–Nasjonalpark ganz im Süden, am Schnittpunkt der Grenzen von Norwegen, Rußland und Finnland. Von der E 6 führt der RV 885 nach Süden. Zuerst wechseln Fjord und Seen, dann tauchen Sie in endlose Wälder. Nein, eine aufregende Fahrt ist das nicht. Sie werden aber ein derartig intensives Naturerlebnis in Mitteleuropa kaum mehr finden.

Die Anhöhe 96, nach 38 Kilometern ab der E 6, ist ein ganz besonderer Aussichtspunkt. Nach Osten schweift der Blick weit hinein nach Rußland. Die Stadt Nickel schickt ihre Schmutzwolken hoch in den Himmel. Nach Süden dehnen sich die endlosen Wälder entlang des Pasvik. Am Aussichtspunkt steht ein Holzturm, auch ohne Turmbesteigung ist der Ausblick frei. Der Aussichtspunkt liegt auf einer kleinen Anhöhe etwa 700 Meter von der Straße entfernt. Parken Sie am großen Parkplatz vor der Abzweigung. Das Sträßchen zum Turm ist steil und schlecht zu fahren. In der Weite des Tales läßt sich problemlos ein netter Übernachtungsplatz finden.

Von Kirkenes müssen Sie auf der E 6 zurückfahren. In diesem Teil Norwegens gibt es keine zweite Straße. Zum Varanger-Fjord zurückgekehrt, bietet sich nach 80

Die Olavs-Kirche

Nach der Grenzziehung 1826 wurden an der Grenze zu Rußland drei Kirchen errichtet: die Olavs-Kirche in Jakobselv, die Kirche von Neiden und die Kirche von Svanvik.

Diese Bauten wurden angeblich nicht aus religiösen, sondern aus militärischen Gründen errichtet. Nach der Grenzziehung stellte sich das Problem, diese entlegene Grenze auch wirkungsvoll zu schützen. Ein Militärexperte errechnete die gewaltigen Kosten für eine Garnison und stellte gleichzeitig fest, daß die gläubigen Russen ein Gotteshaus stets respektieren würden. Der Bau der Kirchen wurde beschlossen, die Garnison eingespart. Die Vorbildwirkung dieser Denkweise hat sich allerdings in der Welt noch nicht herumgesprochen.

Kilometern ein Abstecher nach Bugöynes an. Die Straße wurde erst 1962 gebaut und führt entlang des reich gegliederten Fjordes. Bis 1962 war der kleine Ort nur über das Meer zu erreichen. Bugöynes wurde im Zweiten Weltkrieg nicht zerstört und hat viel von seiner Ursprünglichkeit als Fischerdorf erhalten. Die 350 Einwohner sind meist Finnen, die nach wie vor ihre eigene Sprache verwenden. Das Dorf lebt auch heute vom Fischfang und einer kleinen Fischverabeitung. Die Lage am Fjord auf einer Landzunge ist hinreißend schön. Von Bugöynes führt ein Fußmarsch von 90 Minuten zu einem bekannten Vogelfelsen, der Nistklippe Ranvik. Einen Routenplan erhalten Sie in der Touristen-Information, die im größten häßlichsten Gebäude des Dorfes zu finden ist.

Was wäre der Hohe Norden ohne einen Besuch der Varanger-Halbinsel? Die wichtigsten Orte sind durch Straßen erschlossen, das Innere der Insel ist nahezu unzugänglich und unbewohnt, eine einzige Straße quert den nördlichen Teil. Nehmen wir also die zwei Abstecher unter die Räder.

Abstecher nach Vadsö, Vardö und bis Hamningberg:
In Varangerbotn verlassen Sie die E 6 und wechseln auf den RV 98. Bis Hamningberg sind es 165 Kilometer. Nach 13 Kilometern erreichen Sie die kleine Holzkirche von Nesseby. Das Kirchlein aus dem vorigen Jahrhundert liegt einsam auf einer Landzunge, die den Übergang zu einem kleinen Vogelschutzgebiet bildet. Sechs Kilometer später finden Sie über dem Meer einen großen Parkplatz. In Richtung Küste wachsen ein paar Bäume. Hier ist ein optimaler freier Übernachtungsplatz. Bis Vadsö ist die Besiedelung für Finnmark-Verhältnisse recht dicht. Trotzdem ist nicht zu übersehen, daß viele Fischerhütten und Fischtrocknungsgestelle verfallen. Fischfang lohnt nur mehr in größerem Umfang. Die vielen Boote dienen dem privaten Bedarf oder dem Vergnügen. Die Stimmung ist besonders bei diesigem Wetter etwas morbid. Die Menschen ziehen sich in die Städte zurück, die Natur holt sich wieder die alten Siedlungen. Nur ein bißchen Schafzucht hat sich gehalten.

In Vadsö, 53 Kilometer nach der E 6, erreichen Sie das Verwaltungszentrum der Halbinsel. Die Stadt lebt vom Fisch und bietet Touristen nur eine Besonderheit: Auf der vorgelagerten Insel steht einsam und verlassen ein merkwürdiger Eisenturm. Er wurde als Anlegestelle für Zeppeline errichtet und ganze zweimal benützt, vom Norweger Amundsen (1926) und vom Italiener Nobile (1928), der von hier zu seiner letz-

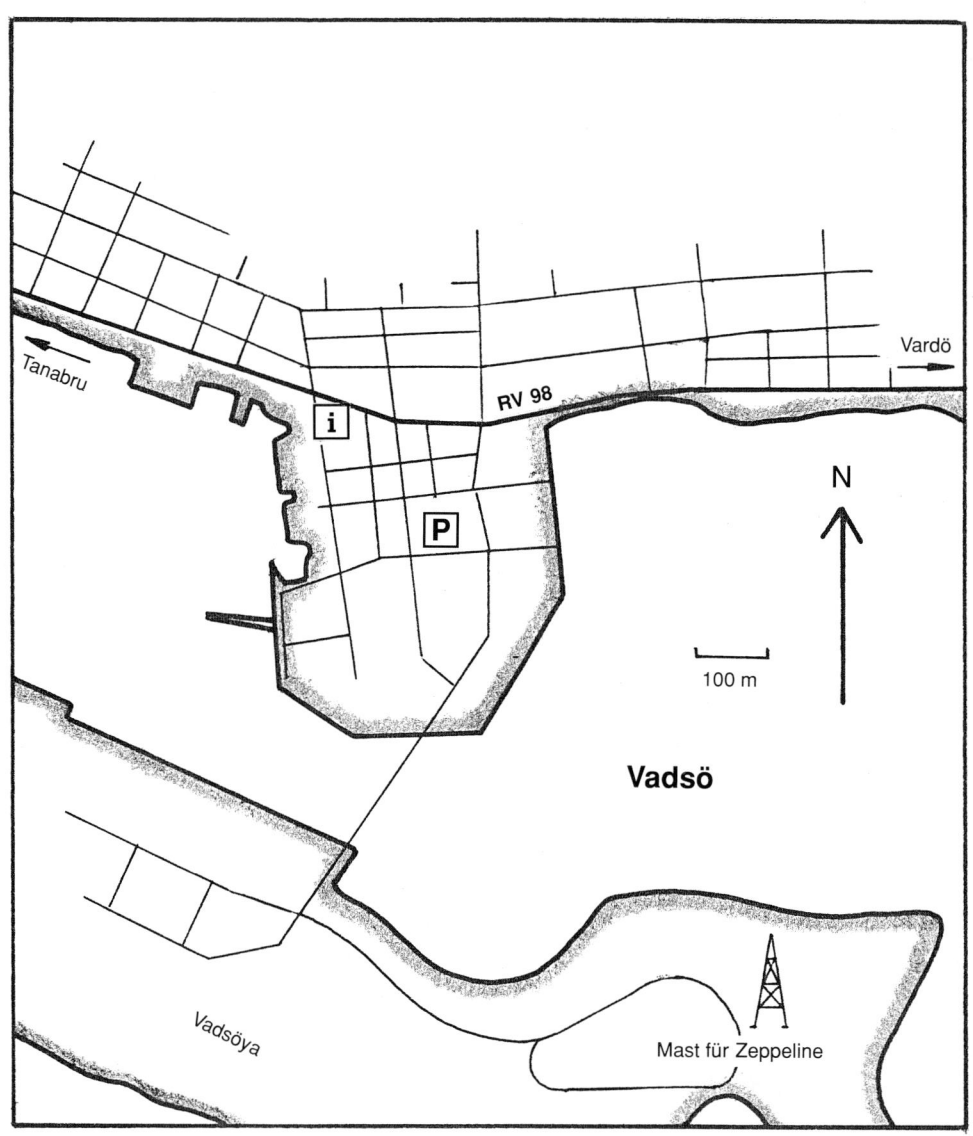

ten Reise aufbrach und nie zurückkehrte. Ich weiß nicht, ob noch irgendwo auf der Welt ein Mast für Zeppeline steht. Irgendwie mutet es schon seltsam an, wenn im Eismeer dieser Zeuge einer technischen Fehlentwicklung noch immer in den Himmel ragt.

Nach Vadsö nimmt die Besiedelung ab, die Kargheit des Landes dominiert. Acht Kilometer vor Vardö führt die Straße über den Berg Domen. Das war der Blocksberg der Nordkalotte, hier wurden im 17. Jahrhundert Hexen verbrannt. Bei Nebel und Regen sagen sich hier wirklich Troll und Teufel gute Nacht.

Vardö nennt sich selbst gerne »Ultima Thule«, die Stadt am äußersten Rand. Sie liegt auf zwei Inseln ganz im Osten der Varanger-Halbinsel. In die Stadt gelangen

166

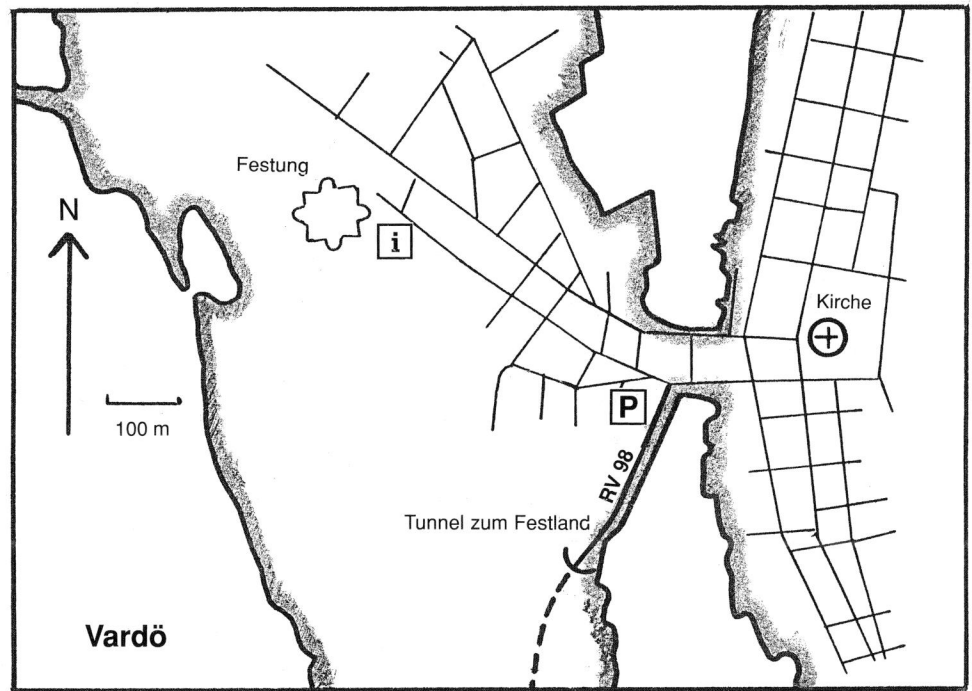

Festung

N

100 m

i

Kirche

P

RV 98

Tunnel zum Festland

Vardö

Sie heute durch einen Tunnel, der mit knapp drei Kilometern Länge und bis zu 88 Meter Tiefe den Sund unterquert. Der Aufwand für die geringe Verkehrsdichte erstaunt, doch ohne ständige Straßenverbindung wäre die Stadt einfach nicht mehr lebensfähig. Vardö liegt an einem strategisch wichtigen Punkt, Horchstation bis weit nach Rußland hinein. Heute erfolgt die Überwachung durch einen enormen Mastenwald außerhalb der Stadt. Hier bietet sich ein absonderliches Bild: Mitten im Mastenwald steht ein altes Kirchlein.

In Vardö wurde bereits um 1300 eine Festung errichtet. Die heutige Festung ist schon die dritte, auch schon militärisch bedeutungslos und putzig klein. Einmal im Jahr wird Ende Januar mit einer alten Kanone geschossen, an dem Tag, an dem die Sonne nach der Polarnacht zurückkehrt.

Vom alten Vardö ist nicht viel erhalten. Ein paar Brygge-Häuser am Hafen – das ist schon fast alles. Aber das Städtchen lebt. Blitzblank geputzte Fischkutter liegen im Hafen. Während der Geschäftszeit sind die Straßen voller Menschen. Auch mitten im Sommer kann man das Gefühl bekommen, die Menschen suchen die Enge der Stadt, um der feindlichen Natur gemeinsam besser zu trotzen. Ein natürliches Zentrum ist die neue Kirche aus Beton. Sie wurde erst 1958 eingeweiht, mehrere Vorgänger aus Holz waren zuvor abgebrannt. Die Architektur ist sehr eigenwillig und paßt nur schwer ins Stadtbild. Innen ist die Kirche warm, optisch und physisch, es wird auch im Sommer geheizt. Die Mitternachtssonne scheint vom 17.Mai bis zum 26. Juli.

Vardö war einst wichtiges Zentrum des Pomoren-Handels. Mitte Juli wird jetzt wieder ein Pomoren-Markt, eine norwegisch-russische Warenmesse, abgehalten.

Die Weiterfahrt von Vardö in das kleine, verlassene Fischernest Hamningberg ist ein großartiges Naturerlebnis. Nach drei Kilometern endet die Asphaltstraße, die folgende Sandstraße ist recht gut zu fahren, wenn auch nicht ganz schlaglochfrei. Dann beginnt eine Mondlandschaft: Zackige Schiefertrümmer und Steilküste wechseln mit Sand-, Kies- oder Steinstränden. Gelegentlich weiden Schafe neben der Straße. Vorsicht, sie weichen oft kaum aus und haben nichts von norwegischer Disziplin angenommen. Rentiere sind auch häufig zu sehen, die sind aber eher scheu.

In Hamningberg wartet ein Sandstrand, um den mancher Ort in wärmeren Gegenden sehr froh wäre. Baden kann man hier auch im Hochsommer nicht. Der Ort selbst ist verlassen, die Häuser verfallen. Besonders bedrückend wirkt die Schule, in der die Bänke noch wie am letzten Schultag aufgereiht stehen. Nur – es gibt keine Kinder mehr – eine gespenstische Atmosphäre. Dazu paßt, daß im Sommer eine alte Frau den ehemaligen, winzigen Krämerladen aufsperrt und wie aus Gewohnheit ein paar Dinge zu verkaufen trachtet. Aber wer sollte hier außer ein paar verlorenen Touristen irgend etwas einkaufen? Die Stimmung wird von der fahlen Mitternachtssonne unterstrichen, die ewig ihre Bahnen zieht und nicht zur Ruhe kommen kann. Oberhalb von Hamningberg gibt es einen wunderbaren freien Standplatz. Sie fahren nach dem Friedhof eine steile, recht gut zu fahrende Straße nach links Richtung Gipfel. Nach halbem Weg erreichen Sie eine stufenförmige Hochfläche, wo Sie mit traumhaften Blick auf die beiden Buchten von Hamningberg und Skjåvika ungestört übernachten können.

Abstecher von Tanabru nach Berlevåg und Båtsfjord:
Die Strecke von Tanabru nach Berlevåg ist 135 Kilometer lang und führt am RV 890mitten durch die arktische Einöde der Halbinsel.

Die Straße verläuft zunächst entlang des Tana–Flusses, der nach 25 Kilometern immer breiter und flacher wird und fast das ganze Tal füllt. Nach den Fjordarm Leirpollen steigt die Straße stetig auf die Hochfläche mit einer Höhe um die 300 Meter. Das Landschaftsbild hat völlig gewechselt. Sie sind in der Arktis. Außer etwas Moos und Flechten gibt es keine Vegetation, keinen Baum, keinen Strauch, nur glattgeschliffene Felsen. Im See Gædnja-javrre schwimmt auch im Juli noch Eis. In schlechten Sommern schmilzt es überhaupt nicht.

Die Abzweigung nach Båtsfjord liegt in völliger Einöde. Vor dem einzigen Gebäude der Straßenverwaltung liegen zahlreiche Schneepflüge. Noch 15 Kilometer weiter, am Kongsfjord-Fluß, wurde einst gesiedelt. Die alten Häuser verfaulen. Einige Unentwegte haben neben dem Lachsgewässer ein paar neue Hyttas errichtet.

Die kleine Ortschaft Kongsfjord kämpft scheinbar vergebens gegen die drohende Entvölkerung. Einer versucht noch eine Fischzucht, der Hafen ist leer. Manchmal kreuzt eine Rentierherde den Weg. Bei den wenigen Häusern von Veines gibt es ein paar Kriegsrelikte. Die Aussicht ist, wie so oft an diesen Punkten, grandios. Ab dem Ris-Fjord wird die Küste steil und gleicht einem unglaublichen Trümmerhaufen. In dem Naturschauspiel sind einige traumhafte Übernachtungsplätze zu finden, die Mitternachtsonne taucht alles in geheimnisvolles Licht.

Berlevåg ist ein kleines Fischerdorf, das zäh ums Überleben kämpft. Hier sind die Voraussetzungen besser. Eine neue Mole schützt den Hafen. Die Schiffe der Hurtigruten können jetzt anlegen und müssen nicht mehr im Fjord ankern und mit dem Boot bedient werden. Ein kleiner Flugplatz hält schnelle Verbindung zur Welt, die Straße ist ganzjährig befahrbar. Der Ort hat 1300 Einwohner und lebt natürlich vom Fischfang. In Berlevåg gibt es ein kleines Museum. In einem sehr guten Film (norwegisch mit englischen Untertiteln) wird der Molenbau dokumentiert. Nichts könnte die Härte der Natur hier besser illustrieren und den zähen Willen der Menschlein, gegen die arktische See zu bestehen. Auch das alte Fährboot ist vorhanden, in welchem Mensch und Ware, bei schlechtem Wetter in einem Korb, zu den Schiffen transportiert wurden. Das Museum öffnet täglich von 10 bis 17 Uhr, der Eintritt kostet 15 NKR.

In den kleinen Orten der Eismeerküste wird klar, daß die Schiffe der Hurtigrute nicht nur Verbindung zur Welt waren, sondern ganz einfach Hoffnung brachten. Das machte diese Schiffslinie zur norwegischen Institution. Neun Kilometer westlich von Berlevåg liegt das Tanahorn, einst samische Opferstätte, noch heute mit unglaublicher Aussicht. Die Hälfte des Weges können Sie fahren, dann müssen die Wanderschuhe ausgepackt werden.

Båtsfjord hat manche Ähnlichkeit mit Berlevåg, ist ein bißchen größer und hat den Vorteil des natürlichen, geschützten Hafens. Der Ort wirkt lebendig, zahlreiche Fischkutter tuckern durch den Fjord, ein paar Fabriken verarbeiten den Fang. Die Dörfer an der Küste der Umgebung sind meist verlassen. Die Bewohner sind in Båtsfjord zusammengerückt. So ist das Überleben leichter.

Falls Sie einmal einen fischproduzierenden Betrieb besichtigen wollen, organisiert das die Touristen-Information ganz unbürokratisch. Von Båtsfjord werden Boottouren zum Vogelfelsen Syltefjordstauran organisiert; der Nistplatz ist vier Kilometer lang und 200 Meter hoch. Es brüten Baßtölpel, Dreizehenmöven, Alken und Lummen. Die besten Besuchzeiten sind Juni und Juli.

Nach Båtsfjord kommen Sie auf dem RV 891, wobei Sie eine Höhe von 400 Meter überwinden müssen. Grönland kann nicht arktischer sein.

An der Tana-Brücke (Tana bru) beginnt sozusagen die Rückreise. Wir nehmen dazu von hier den RV 98, der uns in Lakselv nach 210 Kilometern zurück zur E 6 bringt.

Das Tal des Tana kennen Sie bereits. Die Westseite hält keine neuen Überraschungen bereit. Dann geht es hinüber zu den Südarmen des Tana-Fjords. Diese reich gegliederte Küste ist wieder traumhaft schön. Nach dem Fjord steigt die Straße hinauf aufs Iford-Fjell. Sie sind wieder in der Arktis. Nördlich von Ihnen liegt die Halbinsel Nordkinn, die ein wichtiges Sommer-Weidegebiet für die großen Rentierherden darstellt. Hier ist es fast unmöglich, im Sommer kein Rentier zu Gesicht und vor den Fotoapparat zu bekommen.

Auch der folgende Lakse-Fjord ist wieder reich gegliedert und mit Schären übersät. Die Fahrt ist ein Traum, sofern das Wetter nur halbwegs mitmacht. Das Hochland hinüber zum Porsanger-Fjord erinnert an Alaska. Ein Blick auf den Globus zeigt: Die geographische Breite entspricht tatsächlich dem Norden Alaskas!

Nach einer mächtigen Schlucht bei Silfarfossen erreichen Sie bei Börselv den Porsanger-Fjord, einen Fjord der Superlative. Er beeindruckt wegen seiner Größe, besonders aber wegen der zahllosen Inseln und Schären im südlichen Teil. Kaum zu glauben, wie viele unterschiedliche Felsformationen hier verstreut im Wasser liegen. Gut 20 Kilometer nach Börselv ragt die Halbinsel Roddineset in den Fjord. An ihrer Westseite erkennt man deutlich horizontale Linien. Hier kann man sehen, wie sich das Land seit der Eiszeit gehoben hat.

Lakselv ist ein, Verzeihung, trostloses Straßennest, ein typischer Verkehrsknotenpunkt. Es gibt Geschäfte und Tankstellen, Hotels, Verwaltungsgebäude, aber nichts, was das Auge erfreuen könnte, es sei denn der Blick auf die Natur der Umgebung. Hier geht es wieder auf die E 6.

Die Fahrt entlang des Fjords bleibt ein Erlebnis. Nach zirka 30 Kilometern erreicht man die Halbinsel Sandvik. Diese Halbinsel ist mehrfach interessant. An ihrem Beginn ist der Trollholmsund ausgeschildert. Hier liegt eine Reihe von merkwürdigen Steinen im Wasser. Die Sage berichtet, hier wurden einstmals Trolle vom Sonnenaufgang überrascht. Da Trolle kein Sonnenlicht vertragen, wurden sie in Steine verwandelt. Vielleicht haben Sie wegen der Mitternachtssonne noch keinen Troll gesehen? Hier sind jedenfalls einige in fester Form.

Auf der Halbinsel finden sich auch zwei schöne Übernachtungsplätze. Zum ersten folgen Sie dem Wegweiser »Sandvik 4 km« und bleiben die vier Kilometer immer geradeaus auf der kleinen Straße. Der Weg endet an einem Umkehrplatz, daneben können Sie Ihr Wohnmobil in Traumlage abstellen. Zum zweiten Übernachtungsplatz benützen Sie die Straße, die »Suovdi« beschildert ist. Nach einem Kilometer gabelt sich die Straße, Sie bleiben links und erreichen den Vorplatz einer ehemaligen Schiffs-Anlegestelle.

An der E 6 zwischen der Halbinsel Sandvik und Kistrand finden Sie weitere schöne Rast- und Übernachtungsplätze hoch über dem Fjord. Schöne Aussicht wird außer bei Schlechtwetter garantiert.

In Olderfjord, 64 Kilometer nach Lakselv, zweigt die E 69 zum Nordkap ab.

Richtung Nordkap:
Für eine Fahrt zum Nordkap gibt es mehrere Gründe, dafür und dagegen. Wer gerne am nördlichsten Straßenpunkt Europas stehen will, der findet dieses Argument schlagend genug, und er braucht den nächsten Absatz nicht zu lesen.

Das Nordkap ist nur der nördlichste Straßenpunkt Europas, nicht der nördlichste Punkt. Der heißt Knivskjellodden, muß vom Nordkap in mehrstündigem Marsch durch Sümpfe und unwegsames Gelände erwandert werden und ist eine wenig attraktive Felszunge. Sensiblere Naturen stören sich an der hemmungslosen Vermarktung und dem ungeheuren Massenbetrieb auf dem Kap. Das ist natürlich Geschmacksache. Die Mitternachtssonne scheint nicht schöner als anderswo. Aber bitte – ich akzeptiere den Reiz dieses besonderen Punktes auf unserem Globus.

Die Fahrt entlang des Porsanger-Fjords ist natürlich schön. Achtung: Es gibt keine Tankstelle zwischen Olderfjord und Honningsvåg! Ungefähr zehn Kilometer

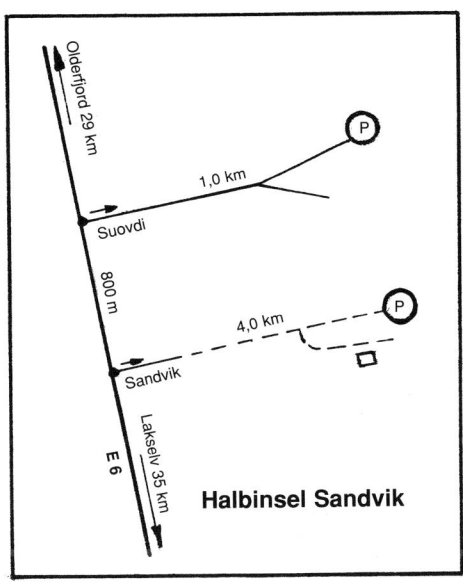

Olderfjord 29 km

1,0 km

P

Suovdi

800 m

4,0 km

P

Sandvik

Lakselv 35 km

E 6

Halbinsel Sandvik

nach Olderfjord wird die Straße durch steile Felswände eng an das Ufer gepreßt. Der folgende Skarvberg–Tunnel ist so schmal, daß nur ein Fahrstreifen mit Ausweichen (M) im Berg zur Verfügung steht. Der dichte Verkehr erfordert volle Konzentration aufs Fahren. Im Bereich der Steilküste sind Übernachtungsplätze selten, auf den wenigen Plätzen werden Sie kaum allein sein. Nach der Gemeindegrenze Nordkap werden Berge und Ufer flacher, Übernachtungsplätze häufiger.

Die Fährenpreise zwischen Kåfjord und Honningsvåg wurden in den letzten Jahren drastisch angehoben. Kostete die Überfahrt 1992 für ein Sechs-Meter-Mobil noch 128 NKR, mußten 1993 für das gleiche Fahrzeug schon 241 NKR an der Kasse abgegeben werden, einfache Fahrt natürlich. Am Nordkap dürfen Sie noch (?) in Ihrem Wohnmobil übernachten – Ruhe werden Sie keine finden, das verhindern Verkaufsstände, Kioske, Souvenirs und feiernde Nachbarn. Wenn Sie wollen, können Sie für 95 NKR auch in die Nordkap-Halle gehen. Die Anlage wurde in den Felsen gesprengt, bietet Panorama-Aussicht, Super-Videoshow (mit Mitternachtssonne, vielleicht ist draußen gerade nicht das richtige Wetter), ökumenischer Kapelle, Restaurant und jede Menge Geschäfte.

Ich will Ihnen das Nordkap keinesfalls vermiesen, sie sollten aber wissen, was auf Sie zukommt. Der Felsklotz ist trotz allem imposant. Vielleicht können Sie Anfang Juni hierherkommen, da kann es am Nordkap noch echt schön sein. Die Mitternachtssonne scheint vom 11. Mai bis zum 30. Juli.

Abstecher nach Havöysund:
Diese Strecke ist keine Alternative zur Route ans Nordkap. Sie ist einfach anders, eine Reise in den weitgehend unberührten Norden. Nachdem alle Welt zum Nordkap fährt, spielen Sie fast allein »Insel-Hüpfen«. Havöysund liegt am RV 889, 90 Kilometern ab Oldenfjord gerechnet. Dazwischen gibt es keine Tankstelle.

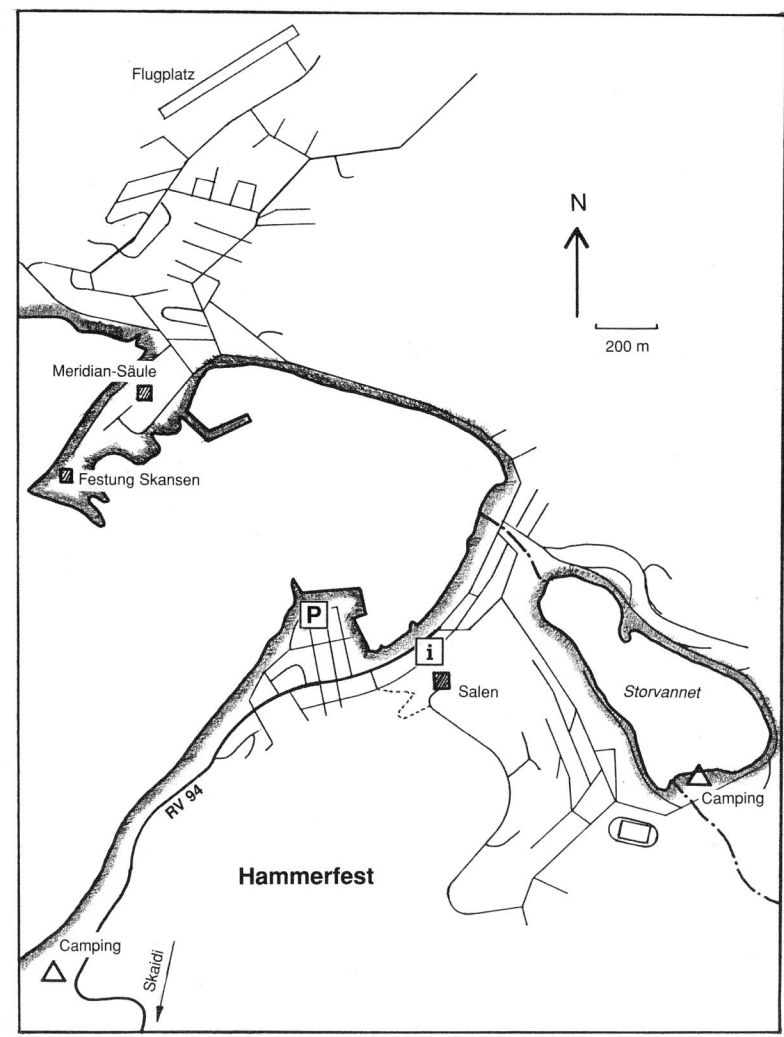

Der RV 889 zweigt nach vier Kilometern von der Nordkap-Straße ab. Durch ein flaches Hügelland geht es hinüber zum Revsbotn, danach beginnt Steilküste. Am Ende des kleinen Lille-Fjordes stürzt ein hoher Wasserfall von den Bergen. Zur Abwechslung kriecht die Straße nach dem Kirchlein Slåtten auf eine Höhe von rund 200 Metern: Sie sind plötzlich in der Arktis. Auf kürzester Entfernung läßt sich auf dieser Tour der Übergang von der vom Golfstrom erwärmten Küste in die Polarregion erleben. Die Straße führt dann neben einem tosenden Bach wieder in den Bak-Fjord hinunter. Ungefähr fünf Kilometer vor Havöysund weist ein Wegweiser zum kleinen Myr-Fjord, eine Sandstraße führt nach 500 Metern zum Fjordende. Egal zu Fuß oder per Wagen: dieses kleine Fjord mit seinen steilen Felswänden, den Inselchen und einer Fischzucht muß man gesehen haben!

Havöysund selbst liegt auf der Insel Havöya und ist mit dem Festland über eine hohe Brücke verbunden. Der Sund verläuft Ost-West, der Ort und der Hafen sind daher gegen Nordstürme hervorragend geschützt. Der Ort macht einen fast quirligen Eindruck, im Sund herrscht reger Schiffsverkehr. Nördlich von Havöysund liegt auf der Insel Hjelmsöya ein großer Vogelfelsen. Dorthin kommen Sie nur mit dem Boot.

Schon bei der Anreise läßt sich ein schöner Standplatz für die Nacht finden, notfalls ist im Hafengelände reichlich Platz. Campingplatz gibt es in Havöysund keinen, Tankstelle und Supermarkt hingegen schon. Das Nordkap saugt alle Touristen auf, in Havöysund gibt es praktisch keinen Fremdenverkehr. Vor allem Nicht-Skandinavier verirren sich kaum auf diese Route.

Von Olderfjord folgen Sie wieder der E 6. Die Straße übersteigt wieder einmal ein Hochland, nach 23 Kilometern erreichen Sie Skaidi.

Abstecher nach Hammerfest:
Von Skaidi nach Hammerfest sind 57 Kilometer auf dem RV 94 zu fahren. Wunderschön schlängelt sich die Straße entlang des Reppar-Fjordes nach Kvalsund, wo eine hohe Brücke die Verbindung zur Insel Kvalöya herstellt. Im Sund herrscht eine eigenartige Strömung, die durch die Gezeiten ausgelöst wird. Dadurch gibt es hier besonders viele Fische, weshalb zahllose Seevögel im Bereich der Brücke beim Fischen beobachtet werden können. Auch die Weiterfahrt erfreut Herz und Auge.

Hammerfest nennt sich nördlichste Stadt der Welt. Gut – jeder norwegische Ort braucht anscheinend irgendeinen Superlativ. Wirklich schön und beeindruckend ist die Lage am Fjord, die Umgebung mit den hohen Bergen. Hammerfest mußte nach dem Krieg neu aufgebaut werden. Die Stadt lebt heute überwiegend von Industrie, erkenntlich schon vor Ortsbeginn am größten Tanklager der Region. Alle wichtigen Automarken unterhalten in Hammerfest Werkstätten und Ersatzteillager.

Sehenswürdigkeiten:
Im westlichen Stadtteil steht die berühmte Meridian-Säule. Sie war der Endpunkt einer Erdvermessung, die in Ismailia am Schwarzen Meer begonnen hatte. Die Vermessung dauerte von 1816 bis 1852 und wurde von Rußland und Schweden/Norwegen durchgeführt. Die Säule steht leider in wenig attraktiver Umgebung zwischen Industriebauten. Wer sie dennoch aufsucht, sollte auch noch die 200 Meter bis zur Landspitze und zur Festung Skansen weiterfahren. Skansen ist ein winziges Fort aus der Zeit der napoleonischen Kriege. Lediglich ein kleiner Wall und eine Kanone von 1792 sind nocht erhalten, sehenswerter ist die Lage und der Rundblick über Fjord und Stadt.

Einen weiteren schönen Ausblick bietet der Berg Salen. Das Aussichtsplateau ist vom Stadtzentrum zu Fuß in zirka 15 Minuten oder auch mit dem Wohnmobil auf der Straße zu erreichen. Übernachten dürfen Sie oben auf dem großen Parkplatz nicht.

Ein freier Übernachtungsplatz läßt sich in und bei Hammerfest nur schwer finden. Auch ein Ausflug nach Forsöl am Kval-Fjord führt nur in verbautes Gebiet. Hammerfest besitzt allerdings zwei Campingplätze. Der erste liegt am RV 94, gleich wenn Sie bei einer Shell-Tankstelle erstmals die Stadt erblicken. Der Ausblick ist hier enorm, die Mitternachtsonne steht direkt über der Stadt. Ein zweiter Camping-platz liegt eher versteckt am Storvannet, einem kleinen See nördlich der Stadt. Von beiden Campingplätzen dauert der Fußmarsch ins Zentrum gut 20 Minuten.

Im Zentrum herrscht großer Mangel an Parkplätzen. Mit dem Wohnmobil hat man während der Geschäftszeit eigentlich nur am Busparkplatz vor der Schiffahrtsli-nie FFR eine Chance. Von der Hauptstraße fahren Sie dazu die Sløgata bis ans Ende beim Hafen hinunter, ungefähr 300 Meter.

Von Hammerfest müssen Sie nach Skaidi zurückkehren, es gibt keine weitere Ver-bindung mit dem Festland. Nach Skaidi schleicht sich die E 6 langsam wieder ins Hochland bis auf 400 Meter Höhe hinauf. Die Straße ist meist schon neu, Parkplätze sind Mangelware. Die Hochebene wirkt flach und kahl, Hochmoore, Einöde und Schneefelder begleiten Sie. Manchmal versuchen Samen in armseligen Buden ein paar Souvenirs zu verkaufen. Nach 50 Kilometern senkt sich die Straße endlich ins Stokkedal und erreicht nach 58 Kilometern den Leirbotn-See. Am Südende finden Sie einen großen Parkplatz unter Bäumen. Ein weiterer großer Parkplatz kommt bald darauf am Nordende des Nipi-See. Am Alta-Fjord beginnt drei Kilometer nach dem Örtchen Rafsbotn ein Kiefernwald von zirka drei Kilometern Länge. Hier sind schöne Übernachtungsplätze zu finden, manche Straßen sind allerdings privat und zu respektiern. Von Alta muß ein Stück bereits gefahrener E 6 für die Rückreise ge-nommen werden. Es gibt hier wieder einmal keine andere Straßenverbindung. Al-lerdings bieten sich Abstecher an.

Abstecher nach Öksfjord:
Am Ende des Lang-Fjordes, 82 Kilometer nach Alta, verläßt der RV 822 die E 6 und endet nach 40 Kilometern im kleinen Dorf Öksfjord. Diese Strecke ist bei nur halb-wegs gutem Wetter eigentlich ein Muß! Ein Freund pflegt mit seinem Wiener Mund-werk so etwas mit »bläd schee« zu bezeichnen, was übersetzt »blöd schön« bedeutet und Ausdruck allerhöchster Anerkennung ist.

Dabei beginnt es anfangs gar nicht so toll. Das kleine Kirchlein von Söpnes liegt zwar hübsch auf einer Landzunge im Lang-Fjord, doch dann führt die Straße in kräftigem Auf und Ab zum Öksfjord-Botn. Ab hier eröffnet sich ein traumhaf-ter Blick auf die steilen Felswände des Fjords, die scheinbar vom Öksfjord-Glet-scher eingeschlossen werden. Bei Storvik reichen Lawinenreste bis zur Straße. Die Straße ist schmal, Verkehr aber kaum vorhanden. Der große Tunnel kann im Sommer außen auf der alten Straße umfahren werden. Auch der Öks-Fjord selbst ist wunderschön, in kleinen Buchten liegen Boote, Häuser schmiegen sich an den Berg. Die Gletscherzungen gegenüber reichen fast bis ins Wasser herab. Das be-ste Fotolicht biete sich am Vormittag. Im Ort gibt es einen kleinen Supermarkt und eine Tankstelle, die allerdings recht bald schließt. Standplätze sind in dieser Pracht wegen der Enge nur schwer zu finden. Wenn Sie über den Ort hinausfah-ren, erreichen Sie nach zwei Kilometern einen schönen Platz in Ystnes bei einem Leuchtfeuer, ein paar Ruinen und einem Fernmeldeturm. Hier können Sie die Mitternachtsonne genießen. Ein schöner Platz findet sich auch auf einer Fels-klippe, 2,5 Kilometer nach dem Tunnelende, wo Öksfjord-Botn und Öks-Fjord zu-

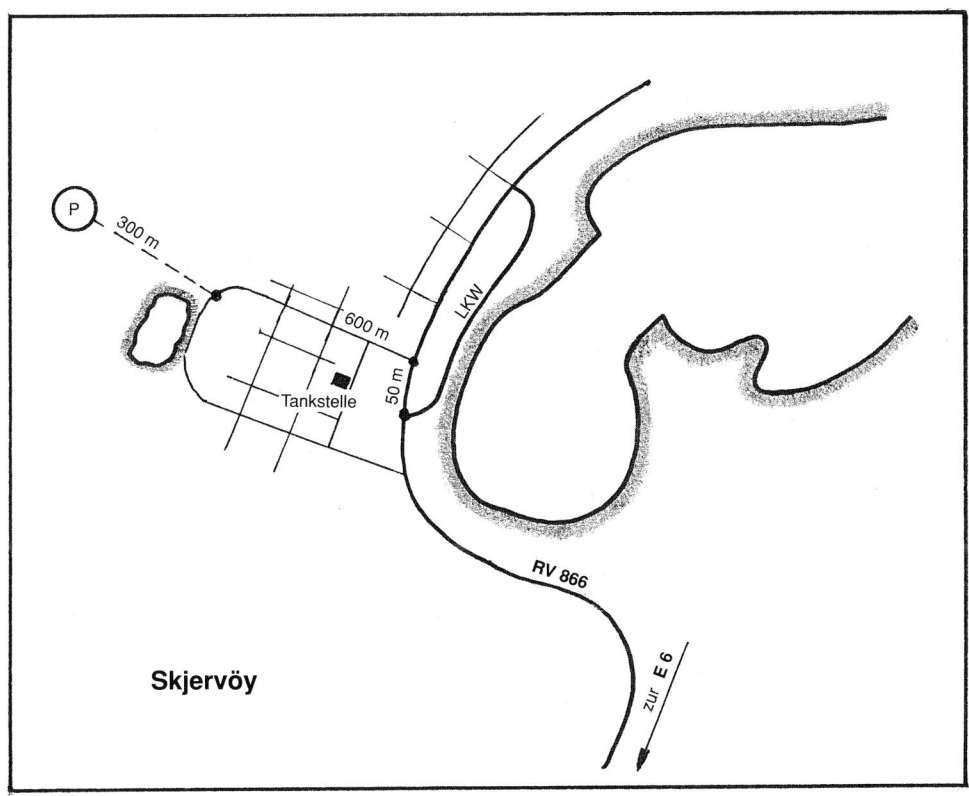

sammentreffen. Aber diesen Platz haben Sie bei der Herfahrt sicher schon gesehen.

Einen weiteren, ebenfalls lohnenden Abstecher von der E 6 finden Sie 14 Kilometer nach Nordreisa. Der RV 866 lädt zum Inselhüpfen nach Skjervöy ein, das von der E 6 nach 31 Kilometern erreicht wird.

Abstecher nach Skjervöy:
Auch diese Straße führt mitten hinein in das Inselgewirr des Nordmeeres, ist traumhaft schön und kaum befahren, dabei erforderte die Verbindung nach Skjervöy einen besonders großen technischen Aufwand: Zunächst wird der Maursund in einem Tunnel unterfahren. Auf 2,1 Kilometer fällt die Röhre auf 98 Meter unter den Meeresspiegel, es geht also ganz schön steil hinunter und wieder herauf. Bald folgt ein »normaler« Tunnel von zwei Kilometern Länge, die Insel Skjervöy wird endlich auf einer 900 Meter langen Brücke über den Skattörsund erreicht.

Wenn Sie der Straße nicht über die Brücke folgen und den kleinen Weg am Ufer weiterfahren, erreichen Sie einen asphaltierten, terassenförmig angelegten Parkplatz mit WC. Der Platz ist ideal zum Übernachten, man genießt einen traumhaften Blick auf die Mitternachtssonne. Sie sind auch Fischer? Packen Sie hier Ihr Angelzeug aus.

Skjervöy ist Fischerdorf und praktisch ohne Fremdenverkehr, es gibt nicht einmal eine Touristen-Information. Der Aussichtspunkt Engenes ist nur nach einem Fußmarsch von zwei Kilometern zu erreichen, lohnt aber die Mühe.

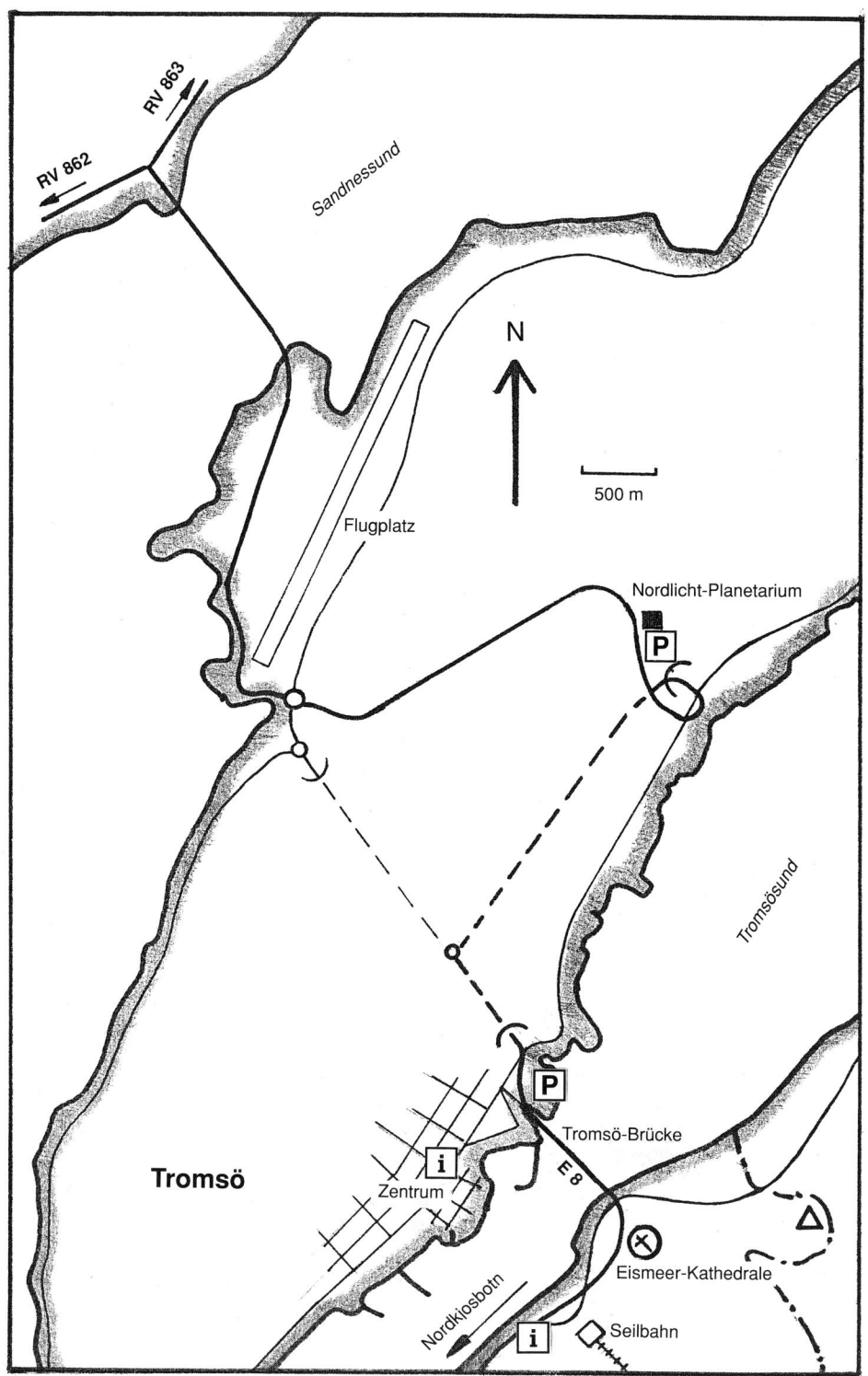

Sandnessund

RV 863

RV 862

N

500 m

Flugplatz

Nordlicht-Planetarium

P

Tromsösund

P

Tromsö-Brücke

E 8

i

Tromsö

Zentrum

Eismeer-Kathedrale

Nordkiosbotn

i

Seilbahn

176

In Skjervöy gibt es einen schönen Standplatz in freier Natur. Fünfzig Meter nach der beschilderten Lkw-Umfahrung folgen Sie dem Wegweiser nach links Richtung Tankstelle. Sie fahren allerdings dann nicht zur Tankstelle, sondern 600 Meter geradeaus hinauf durch die Siedlung zu einem winzigen See. Am nördlichen Ufer folgen Sie einer Sandstraße nochmals 300 Meter und stehen auf einem Bergrücken, von wo Sie sowohl nach Westen als auch nach Osten zu den Gletschern des Loppa eine herrliche Aussicht genießen.

In Olderdalen am Lyngen-Fjord verlassen wir für eine Weile die E 6, unser nächstes Ziel heißt Tromsö. In Olderdalen geht es auf die Fähre nach Lyngseidet. Die Überfahrt ist bei gutem Wetter eine der schönsten Fährverbindungen Norwegens – wie ein Schwimmen in den Alpen. Die Überfahrt dauert 45 Minuten und kostet Zone 13.

Ab Lyngseidet heißt die Straße nun RV 91. Über einen kleinen Sattel geht es hinüber zum Kjosen-Fjord. Gegenüber fallen die Berge steil ab, die Schuttkegel reichen manchmal bis zum Wasser. Weiter draußen bis zur Fähre Svensby ist Landwirtschaft möglich. Übernachtungsplätze bieten sich hier nicht an. In Svensby geht es nochmals auf die Fähre, hinüber nach Breivikeidet. Die Fahrt dauert 25 Minuten und kostet Zone sieben.

Problemlos zieht sich der RV 91 hinüber zum Ram-Fjord und zur E 8. Ab hier ist diese Strecke neu, fast eine Rennstrecke; sie führt entlang des Fjords nach Tromsö. Die Landschaftskulisse ist beeindruckend. Die Stadt selbst liegt auf einer Insel, die über eine hohe Brücke erreicht wird. Hinter den Häusern ragen hohe Berge in den Himmel. All das schwimmt scheinbar im Fjord.

Tromsö ist Hauptstadt der Provinz Troms und mit fast 52 000 Einwohnern die einzige ernst zu nehmende größere Stadt nördlich von Trondheim. Tromsö ist Universitätsstadt und vielleicht dadurch weltoffener und lebhafter als die meisten anderen Städte Norwegens. Nicht weniger als 80 Prozent der Bevölkerung arbeiten im Dienstleistungsbereich. Die Mitternachtssonne scheint vom 21. Mai bis zum 23.Juli.

Sehenswürdigkeiten:
Die Stadt ist mit dem Festland seit 1960 über die große Tromsö-Brücke verbunden. Ich weiß nicht, was den besonderen Reiz diese Bauwerkes ausmacht. Es gibt größere und schönere Brücken in Norwegen. Vielleicht ist sie nur so wichtig, weil sie täglich von sehr vielen Menschen benützt wird. Sie ist jedenfalls ein Wahrzeichen von Tromsö geworden. Ein weiteres Wahrzeichen von Tromsö ist die sogenannte Eismeerkathedrale. Sie steht am Festland gegenüber der Brücke und ist im Stil den dachförmigen Trockengestellen der Fischer gleichermaßen wie den spitzen Eisbergen der Arktis nachempfunden. Auch der Lichteinfall vermittelt im Inneren fast eisige Atmosphäre. Die Kirche ist an Wochentagen von 10 bis 17 Uhr, an Sonntagen von 13 bis 17 Uhr geöffnet. Der Eintritt kostet fünf Kronen. Die Kirche ist eine Touristenattraktion und fast immer voller Menschen.

Das Zentrum von Tromsö ist ein lebendiges Gemisch aus alten Häusern, Moderne, Hafen und Schiffswerft, manche Bausünde wurde auch begangen. Es gibt auffallend viele Gaststätten und Pubs.

In Tromsö ist der Besuch des Nordlicht-Planetariums fast Pflicht. Hier wird schon lange am Phänomen Nordlicht geforscht. Im Sommer ist Nordlicht zwar auch vorhanden, durch das stärkere Sonnenlicht aber leider nicht sichtbar. Ein Film von 45 Minuten Länge informiert über das Naturereignis und zeigt schöne Aufnahmen in 360°-Technik, als Besucher liegt man fast auf seinem Betrachterstuhl. Vorstellungen sind täglich von 12 bis 18 Uhr alle 1,5 Stunden. Erkundigen Sie sich rechtzeitig, welche der Vorstellungen in deutscher Sprache läuft. Das Planetarium liegt etwas außerhalb neben der Universität, die Fahrt dorthin führt durch einen Tunnel, der mitten im Berg einen Kreisverkehr mit Mittel-Steinsäule aufweist. Planetarium, Universität, Flugplatz und RV 862 liegen alle in der gleichen Richtung, wenn Sie nach der Brücke nach Norden, also nach rechts abbiegen.

Bei klarem Wetter ist auch die Aussicht vom Berg Storsteinen, 420 Meter über dem Meer, einen Ausflug wert. Am einfachsten erreichen Sie den Aussichtspunkt mit der Seilbahn, die nicht sehr weit von der Eismeerkathedrale startet. Die Bahn ist von 10 Uhr bis 01,30 bei gutem Wetter in Betrieb. Die Fahrt kostet 45 NKR.

Tromsö hat noch nicht entdeckt, daß Besucher auch mit dem Wohnmobil anreisen könnten: Es gibt keine besonderen Parkplätze. Im Stadtzentrum läßt sich am Brückenanfang und vielleicht am Hafen ein gebührenpflichtiger Platz finden, zum Übernachten eignet sich keiner. Freies Übernachten im Stadtgebiet ist am ehesten am Parkplatz beim Planetarium möglich, ansonsten bleibt nur das Ausweichen auf einen Campingplatz. Dem Zentrum am nächsten liegt derjenige über der Brücke östlich der Eismeerkathedrale.

Von Tromsö folgen Sie der E 8 zurück zur E 6. Nach der Abzweigung des RV 91 wird der Ram-Fjord eng, die Berge rücken zusammen. Übernachtungsplätze finden sich im Bereich des Überganges zum Bals-Fjord, entlang der Fjorde eher nicht. In Nordkjosbotn trifft nach 73 Kilometern die E8 wieder auf die E 6. Weitere 135 Kilometer nach Süden bringen Sie nach Storfossen, wo auf den RV 825 gewechselt und die E 6 für längere Zeit verlassen werden kann.

Die Straße windet sich in Serpentinen hinunter zum Gratangen-Botn, schon nach 1,2 Kilometern donnert ein Wasserfall direkt neben der Straße zu Tal. Nach weiteren zwei Kilometern, schon fast am Botn, ist im Ort Gratanger ein Båtmuseum (Bootsmuseum) beschildert, vom RV 825 nicht mehr als einen Kilometer entfernt. Das Museum steht am Ende des Botn auf einer großen Wiese mit herrlichem Rundblick. In dem kleinen Haus sind einige Küstenschiffe liebevoll restauriert. Ein Kaffeehaus ist ins Museum integriert. Geöffnet ist täglich von 11 bis 18 Uhr, der Eintritt kostet 15 NKR. Auf der großen Wiese vor den Gebäuden können Sie ungestört übernachten, nicht aber zwischen Haus und Wasser.

Der Gratangen-Botn bleibt weiterhin schön; von den Bergen fallen Wasserfälle manchmal bis in den Fjord: Touristen haben diese Route noch nicht entdeckt. Bei der Abzweigung des RV 848 erreichen Sie den Gratangen-Fjord, bleiben aber auf dem RV 825.

Der kleine Ort Foldvik versucht, aus der Not eine Tugend zu machen: Die alte Landungsbrücke wurde Freiluftkaffee, ein altes Geschäft ist nostalgisch in Betrieb,

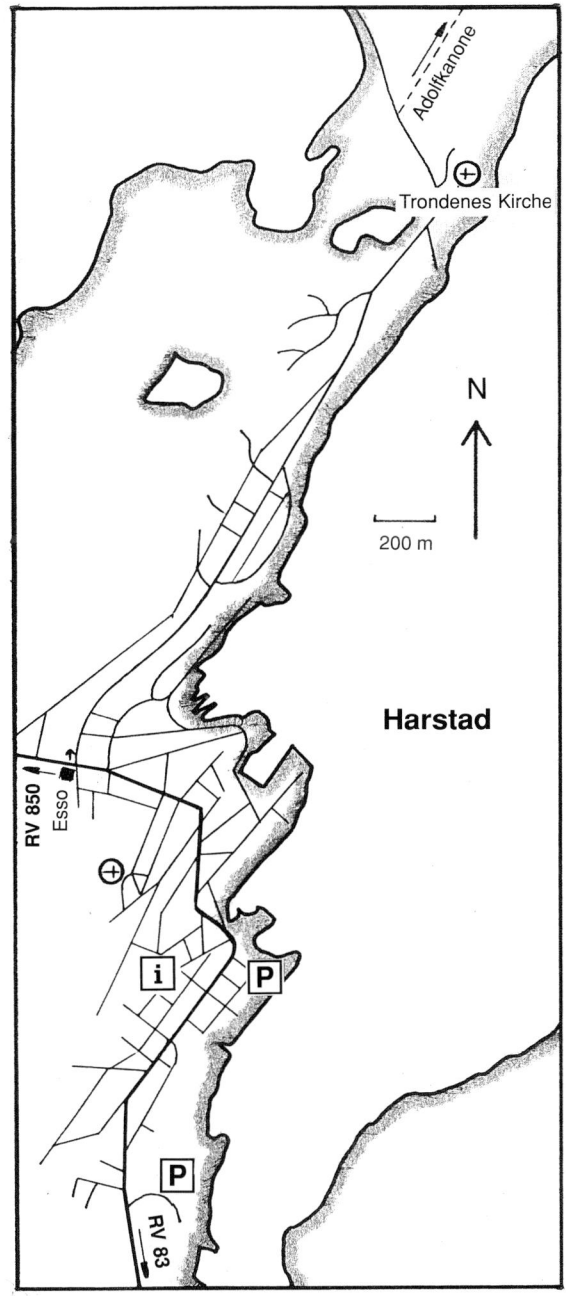

alte Häuser wurden zur Vermietung restauriert. Ehemalige Fischkutter warten auf
Angelgäste. Für Nostalgiker ist ein nachgebautes Lofoten-Fischerschiff interessant.
Im Wasser sieht man, daß sich die Rumpfform seit Wikingerzeiten nur wenig geändert hat. Das Schiff veranstaltet natürlich Gästefahrten. Sogar an Wohnmobile hat
man in Foldvik gedacht: es gibt bei der Brygge Stellplätze mit Stromanschluß. Natür-

lich ist auch ein Campingplatz in der Nähe. Bedingt durch wenig Gäste wirkt derzeit noch alles sehr ungezwungen und herzlich.

Waren freie Übernachtungsplätze bisher rar, so finden Sie zirka 1,5 Kilometer nach Foldvik einen Traumplatz auf einem Felsplateau neben einer Flußmündung. Weitere schöne Plätze folgen, wieder auf Plateau mit Blick über dem Fjord: 4,5 Kilometer nach Foldvik ein offizieller Parkplatz mit WC, 2,7 Kilometer weiter etwas Ähnliches, dann nochmals nach 0,8 Kilometern. In der Folge sind dann bis Tovik keine Parkplätze vorhanden. Nach Tovik ragt eine kleine Halbinsel in den Fjord. Hier ist auf den meisten Karten ein Aussichtspunkt vermerkt. Das stimmt auch, nur wurde leider auf der Halbinsel eine häßliche Fabrik hingeklotzt. Am Parkplatz vor dem Werksgelände könnte man übernachten. Vielleicht stellen Sie Ihr Wohnmobil so auf, daß der Blick nur nach Osten schweifen kann......

Der Tjeldsund wird von der großen Tjeldsund-Brücke überspannt. Hier treffen sich RV 825, die E 10 und der RV 83. Vielleicht steigen Sie hier in unsere Route ein (siehe Seite 154).

Nach der Tjeldsund-Brücke führt der RV 83 nach 27 Kilometern in das kleine Städtchen Harstad.

Harstad ist mit seinen 23 000 Einwohnern eine typische norwegische Kleinstadt. Die Stadt lebt von Fischindustrie und neuerdings beginnt auch Öl wichtig zu werden. Von hier aus sollen die Ölvorkommen an der Nordküste erschlossen werden. Der Tourismus spielt keine dominierende Rolle.

Etwas außerhalb des Zentrums befindet sich die alte Trondenes-Kirche. Das ist eine Steinkirche aus dem 12.Jahrhundert und liegt verschlafen auf der Stelle einer ehemaligen Wikingerfestung. Die Mauern um das Kirchengelände stammen angeblich noch aus dieser Zeit. Die Kirche hat verwirrende Öffnungszeiten, die auch zwischen Neben und Hauptsaison erheblich wechseln. Bitte in der Touristen–Information nach dem aktuellen Stand erkundigen.

Nicht weit von der Kirche gibt es ein Ungetüm aus dem Zweiten Weltkrieg zu besichtigen, die Adolf-Kanone. Die Anlage liegt in Militärgebiet, ein Besichtigung ist mit der Stadtrundfahrt am Dienstag und Freitag möglich. Sie können mit dem Wohnmobil auch bis zum Wachposten fahren, normalerweise wird der Kommandant die Besichtigung erlauben. Bitte auch die Fotografiererlaubnis klären.

Vom Zentrum fahren Sie zu Kirche und Kanone Richtung Kvæfjord und RV 850, unserer späteren Route. Bei der großen Esso-Tankstelle, knapp einen Kilometer nach dem Zentrum, weist eine kleine Tafel nach »Trondenes 2 km«. Hier steht die Kirche. Zur Kanone müssen Sie 400 Meter weiter der Asphaltstraße folgen, dann zweigt nach rechts eine unbeschilderte Sandstraße ab. Es geht bergauf, nach weiteren 600 Metern stehen Sie am Parkplatz vor der Wache.

Im Zentrum gibt es kostenpflichtige Parkplätze neben der Busstation. Ausländern wurde die Parkgebühr 1993 allerdings erlassen. Ein sicher kostenfreier Parkplatz liegt unweit der Einfahrt-Straße zirka einen Kilometer vor dem Zentrum.

Sie verlassen Harstadt Richtung Norden, folgen dann aber dem RV 850 nach Süd-West durch Hügelland nach Kvæfjord. Der Blick von oben auf den Fjord ist beeindruckend. Kvæfjord rühmt sich besonders schmackhafter Erdbeeren, die durch die

Mitternachtssonne hier noch reifen. Es folgt eine schöne Fjordfahrt bis zur Fähre nach Revsnes. Zuvor liegt bei Hemmestad unterhalb der Straße ein altes Brygge-Gebäude. Hemmestad hatte einst den Status einer Handelsstadt. Die Brygge ist Dienstag bis Sonntag von 12 bis 18 Uhr geöffnet und unterhält sogar ein eigenes Postamt. Der Eintritt kostet 10 NKR.

Das Fährschiff bringt in schöner Fjordfahrt nach Flesnes. Die Überfahrt dauert 20 Minuten und kostet Zone zehn.

Nach der Fähre ist die Straße recht schmal, die Reise neben dem Fjord bleibt schön. Nach elf Kilometern erreichen Sie in Langvassbukt die E 10. Freie Übernachtungsplätze sind von Harstadt bis hierher eher nicht zu finden. Die E 10 führt jetzt hinüber zum Sortland-Sund. Im Übergang gibt es Laubwald mit der einen oder anderen Übernachtungsmöglichkeit. Entlang des Sortland-Sunds fallen viele verlassene Gebäude auf. Die Landflucht ist auch in Norwegen offenbar nicht zu stoppen, trotz aller Subventionen. Bei Kjerringnes gibt es einen großen Sandstrand. Vielleicht ist es so warm, daß Sie hier baden wollen?

An der großen Brücke nach Sortland sollte vor den Lofoten unbedingt einen Abstecher zur Insel Andöy unternommen werden.

Abstecher nach Andöya:
Dieser Abstecher ist bis zum nördlichsten Punkt Andenes 100 Kilometer in einer Richtung lang. Er führt auf eine eigenwillige Insel mit außergewöhnlicher Küste.

Ab der Sortland-Brücke folgen Sie dem RV 82. Auf der Zufahrt zur eigentlichen Insel Andöya deutet sich schon an, was hier im Norden selten ist: flache Küsten. Ein Stück nach der großen Andöya-Brücke sieht es aus wie im falschen Land, man fährt durch eine richtige Ebene. Die Berge der Insel sind relativ weit entfernt, ragen dann aber als spitze Zacken jäh empor. Manchmal ist Ackerbau möglich, ein großer Teil dieser Ebene besteht aber aus Mooren und sumpfigen Wiesen. Im Norden der Insel reichen die Berge fast bis an die Inselspitze, nur der Ort Andenes liegt am nördlichsten Zipfel auf einer flachen Halbinsel. In Andenes wird seit längerer Zeit eine Wal-Forschungsstation betrieben. Ergänzend dazu werden für Touristen Wal-Safaris veranstaltet, bei denen Sie Wale in freier Natur von einem Schiff aus beobachten können. Mit hoher Wahrscheinlichkeit sehen Sie sogar die riesigen Pottwale. Eine Safari muß am Tag zuvor in der Touristen-Information angemeldet werden, der mehrstündige Ausflug kostet 470 NKR. Der alte Leuchtturm bietet einen gewaltigen Überblick über den Ort, das Nordende der Insel und das Eismeer. Auf die Aussichtsplattform in 40 Meter Höhe führen 148 enge und steile Stufen. Die Mühe lohnt unbedingt. Im Polarmuseum wartet ein dienstbarer Geist, der den Aufgang für 10 NKR aufsperrt.

Gleich neben dem Leuchtturm sind in zwei verschiedenen Gebäuden das Polarmuseum und das Walfangmuseum untergebracht; das Walfangmuseum schließt unmittelbar an die Touristen-Information an. Allzuviel sollte von den Darbietungen nicht erwartet werden: Die Diashow enthält nur zum Teil außergewöhnliche Aufnahmen, von Walen gibt es fast nur Zeichnungen. Die Fangmethoden sind nur von früheren Jahren nostalgisch dokumentiert und verschweigen die moderne Technik völlig.

Das Polarmuseum enthält viel Krimskrams, das von Arktisexpeditionen übrigblieb. Es bietet auch recht gute Informationen über das arktische Leben. Bemerkenswert ist auch das schöne Holzhaus, in dem das Museum untergebracht ist. Das Polarmuseum ist täglich von 10 bis 18 Uhr geöffnet, der Eintritt kostet 10 NKR. Das Walfangmuseum ist täglich von 8 bis 20 Uhr geöffnet, der Eintritt kostet 30 NKR.

Andöya ist im Westen die kleine Vogelinsel Bleiksöya vorgelagert. Von Andenes fährt täglich ein Boot zur Insel. Die Fahrt dauert zirka zwei Stunden und kostet 200 NKR.

In Andenes ist die Orientierung leicht. Sie fahren so lange auf dem RV 82, bis die Straße am Wasser endet. Dort biegen Sie links ab und fahren bis zum Leuchtturm, wo auch diese Straße nicht mehr weiterführt und Parkplätze vorhanden sind. In Andenes können Sie natürlich auch den Campingplatz benützen, allerdings gibt es einige freie Übernachtungsplätze, von denen so schön wie kaum irgendwo die Mitternachtssonne genossen werden kann. Sie scheint hier vom 19. Mai bis zum 23. Juli.

Zuerst fahren Sie die gleiche Strecke zurück. Vom Leuchtturm erreichen Sie nach fünf Kilometern rechter Hand (westlich der Straße) einen großen Parkplatz mit WC und zusätzlichen Wiesenflächen. Die Standflächen sehen genau nach Norden, Panorama und Mitternachtssonne sind kitschig schön. Dieser Platz neben dem RV 82 wird von Wohnmobilen häufig aufgesucht, man hat also ständig Gesellschaft. Einen ähnlich schönen Platz gibt es allerdings auch noch an der Straße nach Bleik. Diese Straße an der Westküste ist für die Rückreise ohnehin zu empfehlen. Knapp drei Kilometer nach der Abzweigung vom RV 82, vor dem Straßentunnel, können Sie an den Klippen wunderbar übernachten.

Kurz vor dem zweiten beschriebenen Übernachtungsplatz sind Sie an einer Station der Polarlichtforschung vorübergefahren. Von hier aus starten Raketen mit Meßinstrumenten.

Die Straße an der Westküste ist schmäler und einsamer als an der Ostküste von Andöya. Anfangs drängen die Berge den Weg fast ins Meer, ab Bleik treten sie etwas zurück. Im Ort ist die alte Brygge noch in Betrieb und verarbeitet fabrikmäßig den Fang, wie die Nase bestätigen kann. Nach Bleik verläßt die Straße für wenige Kilometer das Ufer, um bei Stave wieder zu einer völlig veränderten Küste zurückzukehren. Wieder geht es durch eine Art Küstenebene, Sandstrände wechseln mit Buchten und Schären. Der Blick kann ungehindert auf das freie Meer schweifen. Kurz nach Stave gibt es einen kleinen, familiären Campingplatz. Die große Ebene endet ungefähr sieben Kilometer nach Nordmela, die Berge rücken näher. Ab hier empfiehlt sich der direkte Weg zur Andöya-Brücke und zurück nach Sortland.

Von Andöya zurückgekehrt, wirkt Sortland mit seinen 4000 Einwohnern fast wie eine Großstadt. Doch zuvor noch ein kleiner Umweg:

Abstecher Jennestad:
Nach der Brücke über den Sortland-Sund fahren Sie nach rechts auf den RV 820 und erreichen nach acht Kilometern die ehemalige Handelsstadt Jennestad. In dem 120jährigen Brygge-Gebäude ist ein alter Kaufmannsladen erhalten. Die Besitzer waren einst wohlhabend. Lassen Sie sich nicht nur das alte Geschäft, sondern das

ganze Haus zeigen! Die Reste des Warenlagers sind beeindruckend. So viel alten Krimskrams, im ersten Sock auch Gerümpel, finden Sie nicht so rasch an einer Stelle. Besonderen Reiz gewinnt das Sammelsurium dadurch, daß noch kaum etwas restauriert wurde. Und der Dichter Knut Hamsun hat hier wiederholt gekauft.

Ab Sortland folgen Sie wieder der E 10. Diese Straße heißt auch Kong Olav veg. König Olav (gest. 1991) hatte die Idee oder war Protektor einer durchgehenden Straßenverbindung von Kiruna in Schweden bis Å am Ende der Lofoten. Die Straße ist heute weitgehend ausgebaut und außer der Fähre von Melbu nach Fiskeböl auch fährenfrei. Nun folgt eine geruhsame Fahrt entlang der Küste. Vor Ihnen ragen die Berggipfel der Lofoten in den Himmel. Über eine große geschwungene Brücke erreicht die Straße den Ort Stokmarknes. Nach der Brücke gibt es einen großen Parkplatz. Die Aussicht von der Brücke ist enorm. Wollen Sie fotografieren, müssen Sie allerdings einen längeren Fußmarsch zurück über den Damm und hinauf auf die Brücke einplanen.

In Stokmarknes wurde ein Hurtigruten-Museum eingerichtet. Leider sind hauptsächlich Modelle und Zeichnungen der Schiffe zu sehen. Wer Schiffseinrichtungen erwartet hat, wird wohl enttäuscht sein. Im Keller sind nur Teile eines Steuerstandes und wenige Geräte zur Schiffsführung vorhanden. Das Museum ist Montag bis Samstag von 11 bis 18 Uhr, Sonntag von 13 bis 18 Uhr geöffnet, der Eintritt kostet 35 NKR.

In Melbu müssen Sie auf die Fähre nach Fiskeböl. Die Überfahrt dauert 25 Minuten und kostet Zone zehn.

In Fiskeböl beginnen die Lofoten, sicher ein Höhepunkt jeder Nordlandfahrt. Diese Inselgruppe ist unglaublich reich gegliedert. Hohe, spitze Berge scheinen direkt bis zu den Gipfelpyramiden im Wasser zu stehen. Niemand vermag die Winkel, Buchten, Inselchen, Schären, Fjorde und Flüsse zu zählen. Freundlicherweise ist das alles noch dazu wie für Wohnmobile geschaffen: Es lassen sich traumhafte freie Standplätze und schöne Campingmöglichkeiten finden. Die Mitternachtssonne scheint vom 27. Mai bis zum 17. Juli.

Nach Fiskeböl sollten Sie die Hauptstraße verlassen und entlang der Nordküste fahren. Bis zur Brücke über den Grunn-Fjord geht es auf guter Sandstraße voran, der Rest ist noch besser, weil asphaltiert. Nach 46 Kilometern sind Sie wieder auf der E 10 bei der kleinen Kirche von Sildpollen. Es bieten sich gleich mehrere schöne Standplätze an.

Der erste Platz erscheint gleich nach den Häusern von Fiskeböl. Der zweite Platz liegt nach dem Grunn-Fjord an der Nordspitze bei Delp. Einen schönen Platz finden Sie beim Erreichen des Vatn-Fjordes und schließlich auch noch bei Kvitfoss, am Beginn des Nebenarmes des Austnes-Fjords. Bei Sandsletta wartet ein schöner Campingplatz – vielversprechender Anfang einer Inselfahrt.

Auch die Fahrt entlang der E 10 läßt an Zauber nichts zu wünschen übrig. Nach 15 Kilometern erreichen Sie Svolvær, mit 4000 Einwohnern der größte Ort der Lofoten und sozusagen deren Hauptstadt. Die Fähre von Svolvær nach Skutvik ist die kürzeste Verbindung zum Festland und zur E 6, Fahrzeit zwei Stunden, Zone 43. Bei engem Terminplan kommt man von hier aus am schnellsten nach Hause. Vielleicht noch besser ist die Fähre bei Moskenes. In Svolvær sind die Parkplätze vor der Fähre nicht allzu groß, in der Stadt herrscht fast immer großes Gedränge. Wie bei fast allen norwegischen Inlandsfähren kann auch hier kein Platz reserviert werden. Besonders schlimm ist die Warterei in der Gegenrichtung bei Skutvik. Hier steht die Warteschlange auf freier Landstraße. Skutvik selbst besteht nur aus wenigen Häusern.

Von Svolvær werden auch verschiedene Ausflugfahrten mit dem Schiff angeboten, darunter auch zum berühmten Troll-Fjord. Details nennt die Touristen-Information am Fährenparkplatz.

In Kabelvåg, sechs Kilometer nach Svolvær, gibt es das sehenswerte Lofoten-Aquarium. In einem modernen Gebäude mitten zwischen den Schären werden alle Fischarten der Umgebung gezeigt, und das sind viele. Es berührt schon merkwürdig, Aug in Aug vor bis zu 1,2 Meter langen Fischen zu stehen, die so hungrig gucken... Auch ein paar Robben sind in einem kleinen Freigelände zu sehen. Das Aquarium ist täglich von 10 bis 21 Uhr geöffnet, der Eintritt kostet 40 NKR. Mit einem ehemaligen Walfangschiff werden Angeltouren und Fahrten zum Troll-Fjord angeboten.

Zehn Kilometer nach Kabelvåg führt der RV 816 nach sieben Kilometern in den kleinen Fischort Henningsvær. Diesen Abstecher sollten Sie nicht versäumen. Henningsvær ist noch lebendes Fischerdorf, im Sommer natürlich voller Touristen. Der kleine Hafen ist hinreißend schön und von vielen alten Bryggges gesäumt. Den Ort erreicht man über zwei Brücken, die Straße führt quer durch die Schären. Bei der Abzweigung von der E 10 liegt ein schöner Sandstrand. Wenn die Sonne scheint, stürzen sich die Norweger hier auch bei 16° Wassertemperatur begeistert ins Meer.

Die E 10 windet sich weiter durch die Schären und eine unglaublich vielfältige Landschaft. Nach 32 Kilometern erreichen Sie die Abzweigung nach Eggum.

Den Abstecher nach Eggum (zehn Kilometer) sollte man dann fahren, wenn ein schöner Übernachtungsplatz über dem Meer in der Mitternachtssonne gesucht wird. Durch den kleinen Ort fahren Sie hindurch, zwei Kilometer später sehen Sie einen halbverfallenen Wachtturm. Nach dem Wachtturm finden Sie mehrere Standplätze. Nach Norden genießen Sie eine großartige Aussicht, hinter Ihnen liegt ein

Zauberhaft: Der kleine Abstecher kurz vor Sortland in die ehemalige Handelsstadt
Jennestad lohnt nicht nur bei gutem Wetter (Route 3).

186   Mutig: Wenige Kilometer vor dem kleinen Fischerdorf Henningsvær gibt es einen sehr schönen Sandstrand, Unentwegte wagen hier gerne ein Bad (Route 3).

oben: Geheim: Oberhalb des Dörfchens Unstad gibt es einen Standplatz mit herrlichem Blick aufs Meer (Route 3).
unten: Sackgasse: In Å, dem Dorf mit dem kürzesten Ortsnamen, endet die E 10. Der Weg dorthin lohnt trotzdem (Route 3).

188   oben: Verstreut: Das Dörfchen Reine verteilt sich auf verschiedene Inselchen – eine schöner wie der andere (Route 3).
unten: Traumhaft: Die Überfahrt mit der Fähre von Moskenes nach Bodö ist bei gutem Wetter eine kleine Traumreise (Route 3).

Wuchtig: der Grungstadfossen mit einer Fallhöhe von 75 Metern (Route 3).

Historisch: das
Freilichtmuseum
Maihaugen bei Lille-
hammer (Route 3).

Olympisch:
Lillehammer ist
Austragungsort
der Olympischen
Winterspiele 1994
(Route 3).

Trocken: In Lom
(hier die imposante
Stabkirche) fällt an-
geblich weniger Nie-
derschlag als in der
Sahara (Route 4).

Verwittert: der Storst-
abburet in Lom
(Route 4).

192   Geschmacksache: Die monumentale Figurengruppen im Osloer Vigelandpark.

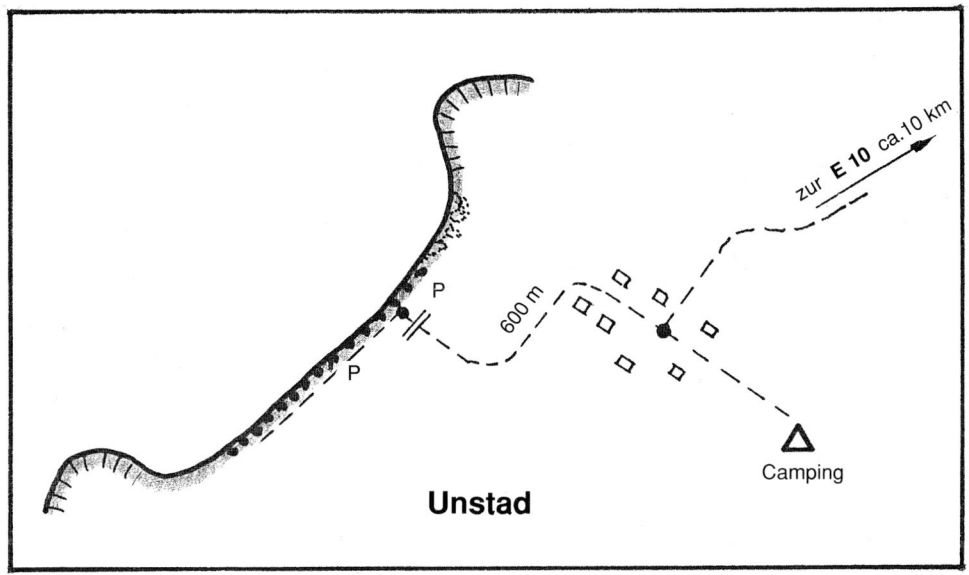

Unstad

kleiner Bergsee, in den ein Wasserfall rauscht. Die wunderbare Schönheit des Stand-
platzes werden Sie wahrscheinlich mit Kollegen teilen – Schicksal von ehemaligen
»Geheimtips«.

Ein viel weniger bekannter Übernachtungsplatz liegt beim Dörfchen Unstad,
rund zehn Kilometer entfernt. Dorthin gelangt, wer die E 10 ungefähr fünf Kilometer nach der Abzweigung Eggum nimmt. Anfangs ist die Straße gut und asphaltiert,
nach 3,5 Kilometern, ab der Abzweigung nach Tangstad, beginnt Sandpiste. Sie fahren in Richtung Mærvoll, der Ort ist nach einem Tunnel schön zu sehen. Nach Mærvoll fahren Sie auch nicht hinein, Sie folgen der Straße steil hinauf auf den nächsten
Rücken. Von dort sehen Sie von oben auf Unstad. Der Ausblick ist völlig überraschend. Zwischen den Bergen liegt eine kleine Schwemmlandebene, die an einer
schönen Bucht endet. Das Meer ist hier plötzlich insellos. Im Ort gibt es einen kleinen Campingplatz, der liegt aber nicht am Meer. Fahren Sie im Ort rechts, nach 600
Metern sind Sie am Strand, der meist aus großen runden Steinen besteht, ein bißchen abseits auch aus Sand. Den ersten Standplatz finden Sie gleich dort, wo die
Straße auf den Strand trifft.

Nach weiteren sieben Kilometern auf der E 10 können Sie bei den Häusern von
Oppdöl einen weiteren Abstecher nach Utakleiv unternehmen. Nach vier Kilometern erreichen Sie einen langen, in der Mitte durch eine Felsnase geteilten Sandstrand. Hier gibt es viele Dauercamper. Freie Standplätze sind an den äußersten Enden des Strandes zu finden. Die Mitternachtssonne wird besonders am Nordende
durch einen mächtigen Berg verdeckt.

Leknes ist Handels- und Verwaltungszentrum. Für Versorgungszwecke ist der
Ort gut geeignet, für Touristen ansonsten wenig interessant. Die E 10 unterquert
den Nappstraumen in einem mautpflichtigen Tunnel. Rechnen Sie mit 60 NKR für
ein Wohnmobil bis sechs Meter Länge.

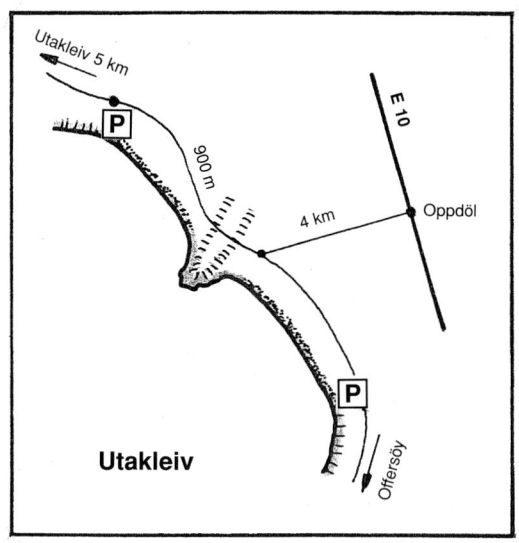

Nach etwa zehn Kilometern, am Fjordende, bietet sich wieder ein Abstecher in den zauberhaften Ort Nusfjord an, von der E 10 sieben Kilometer entfernt. Die Straße verläuft zunächst neben einer imposanten Felswand, unter der ein Bergsee hervorschimmert. Wasserfälle stürzen von den Bergen, das Überwasser des Sees läuft in eine große Fischzuchtanlage. Dann windet sich die Straße zwischen Felsen hindurch zum kleinen Nus-Fjord. An seinem Ende liegt Nusfjord. Ort und Hafen sind »typisch« Lofoten. Zwischen den Häusern sind nur wenig Parkplätze, steuern Sie im Ortszentrum rechts über einen steilen Hügel. Nach 600 Metern erreichen Sie einen großen Parkplatz, auf dem Sie eventuell auch übernachten können.

Zurückgekehrt zur E 10, erreichen Sie nach wenigen Kilometern das kleine Kirchlein von Flakstad. Die Kirche ist aus der Ladung Baumstämme eines gestrandeten russischen Frachtschiffes erbaut. Für die Fischer, die das auf den Lofoten so rare Holz bargen, bedeutete es ein erhebliches Opfer, das Holz zum Bau der Kirche zu spenden. Die kleine Kirche hat viel Atmosphäre. Beim Eingang hängt eine handgeschriebene Liste mit dem Namen der Fischer, die von ihrer Arbeit auf See nicht mehr nach Hause kamen.

Die E 10 wird nach Ramberg ziemlich schmal, je weiter nach Süden, um so enger. Es gibt viele Kurven, ständig geht es bergauf und bergab. Der Gegenverkehr kann oft nur mehr an Ausweichstellen passieren, der Reiseschnitt sinkt. Dafür gibt es immer wieder Parkplätze über dem Meer.

Wenn die Sonne scheint, sind die Fjorde strahlend blau, das leichte Grün erwacht an den Berghängen, das Ganze wird durch die bunten Häuser geschmückt. Auf den Berggipfeln liegt auch Mitte Juli noch meist Schnee. Je nach Sonnenstand bilden die beschienenen und schattigen Hänge einen unglaublichen Kontrast. Die Straße verläuft durch diese Pracht ausgesprochen abwechslungsreich. Nach jeder Ecke gibt es einen neuen Fjord, eine neue Landschaft, eine neue Aussicht und irgendwo einen interessanten Rastplatz.

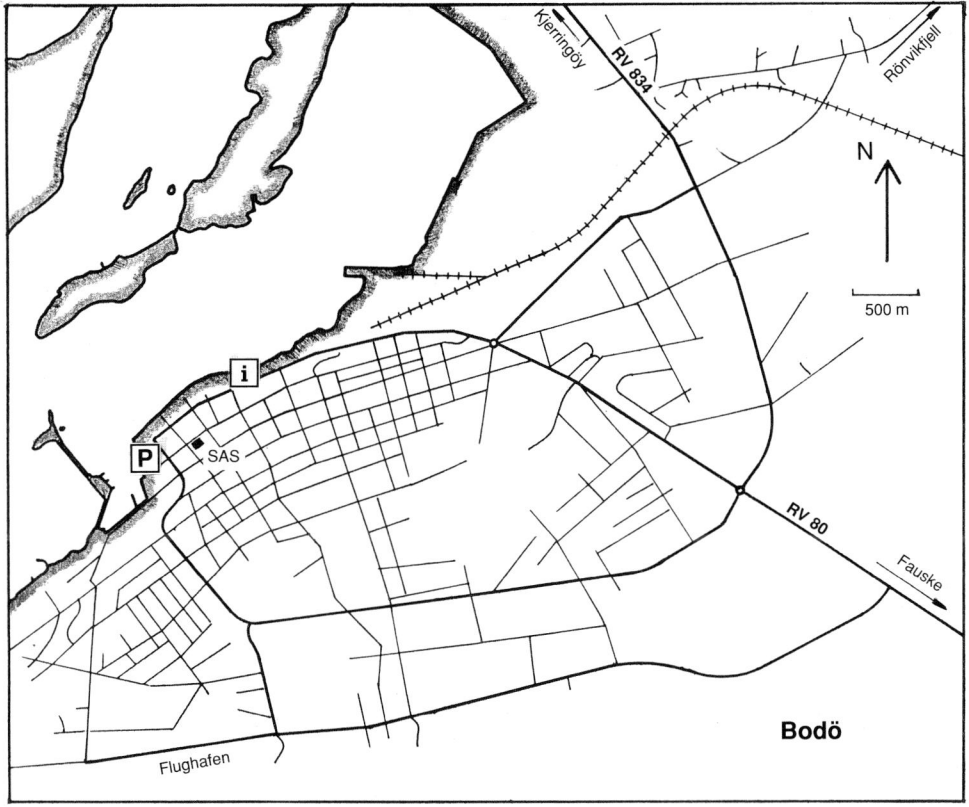

Die folgenden Dörfer sind allesamt ausgesprochen reizvoll. Hervorzuheben sind Hamnöy wegen seines schönen Hafens, seiner Lage und dem Mövenfelsen, auf dem direkt neben der E 10 eine Kolonie brütet. Eine besondere Perle ist auch noch Reine, das verstreut über mehrere Inseln im Fjord liegt. Spätestens hier sollten Sie die Wanderschuhe anziehen und den Rucksack packen. Die Aussicht von oben ist schlichtweg unbeschreiblich.

In Å, dem Dorf mit dem kürzesten Namen, endet die E 10. Die wenigen Häuser schmiegen sich zwischen die Schären. Mitten im Ort brütet auch hier eine Mövengesellschaft. Der Ort versucht durch ein kleines Stockfisch- und Bootsmuseum die Erinnerung an dei Vergangenheit aufrecht zu erhalten.

Å ist Sackgasse, man muß umkehren und die wenigen Kilometer nach Moskenes fahren. Moskenes lebt nicht zuletzt als Fährenort. Von hier werden die südlichen Inseln angefahren, unter anderen die Insel Röst. Von dort erreicht man Norwegens größte und wichtigste Kolonien an Seevögeln.

Die logische Weiterreise führt von Moskenes mit der Fähre hinüber nach Bodö. Früher war für eine Südreise auch die Fähre Svolvær – Skutvik interessant, als man von Skutvik noch mit weiteren Fähren nach Süden gelangen konnte. Heute sind diese Überfahrten eingestellt, von Skutvik geht es nur mehr auf die E 6.

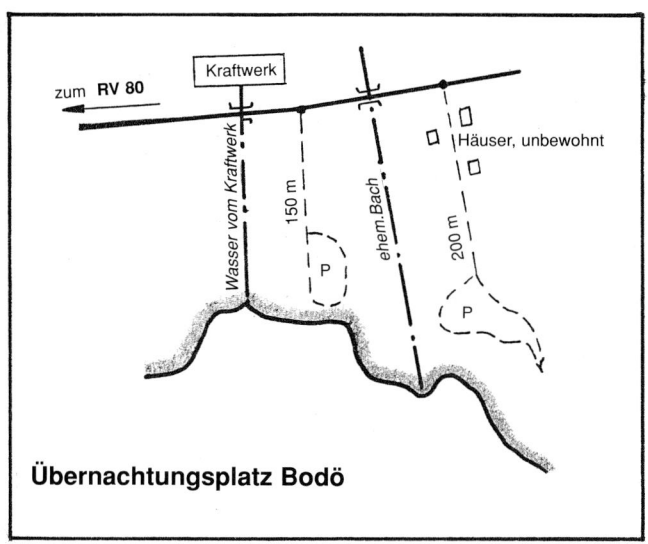

zum **RV 80**

Kraftwerk

Wasser vom Kraftwerk

150 m

ehem. Bach

200 m

Häuser, unbewohnt

P

P

Übernachtungsplatz Bodö

Die Überfahrt von Moskenes nach Bodö ist bei gutem Wetter eine kleine Traumreise, hinter Ihnen grüßen zum Abschied die Schneegipfel der Lofoten aus dem Wasser. Die Fähre benötigt gut vier Stunden Fahrzeit. Die Fahrt mit einem Wohnmobil bis sieben Meter kostet 790 NKR, bis acht Meter 915 NKR. Die Fähre ist im Sommer häufig ausgebucht. Ausnahmsweise sollte hier reserviert werden, was allerdings weitere 100 NKR erfordert. Die Linie wird betrieben von:

Ofotens og Vesteraalens Dampfskipsselsskap A/S, Postboks 43, N-8501 Narvik, Tel. 0047–76 92 37 00, Fax 0047–76 92 37 25.

Bodö ist mit seinen 30 000 Einwohnern die quirlige Hauptstadt der Region Nordland. Hier endet die Nordlandbahn aus Oslo, die Hurtigruten fahren die Stadt an und der Flughafen ist zugleich NATO-Stützpunkt. Über Fauske besteht eine gute Straße zur E 6. Bis zu 3000 Studenten bevölkern die Hochschule. Bodö wurde 1940 fast völlig zerstört. Es ist kein Wunder, wenn die Stadt für Touristen nur beste Versorgungsmöglichkeiten bieten kann.

Die Stadt liegt auf einer Halbinsel vor der imponierenden Kulisse der Lofoten im Hintergrund. Die Aussicht vom 13. Stockwerk des SAS-Hotels oder vom Rönvikfjell, 150 Meter über der Stadt, ist an schönen Tagen unvergleichlich.

In Bodö sollte schon die Ankunft beim Saltstraumen geplant werden, der 33 Kilometer außerhalb der Stadt liegt. In der Touristen-Information erhalten Sie eine Gezeitentabelle, in der die Uhrzeit des stärksten Mahlstomes angegeben ist. Bodö hat für Wohnmobile keine eigenen Parkplätze ausgewiesen. Wer nicht den Wunsch und die Härte besitzt am Hafen zu übernachten, sollte abseits der Stadt einen schönen Übernachtungsplatz an einem Bergsee aufsuchen.

Knapp 20 Kilometer außerhalb der Stadt am RV 80, 1,5 Kilometer vor der Abzweigung des RV 17, weist ein kleines Schild am Buchtende zum Vatn-Vatnet. Nach 200 Metern führt die Straße unter der Nordlandbahn durch, es geht in ein schönes, kleines Tal kräftig hinauf. Aus Asphalt wird Sand, die Straße ist rippig. Viele Hyttas säumen hier das Ufer. Nach vier Kilometern scheint die Straße das Ufer zu wechseln, über einen Buckel geht es nochmals ordentlich hinauf und drüben hinunter zum nächsten See. Nach insgesamt 8,5 Kilometern stehen Sie bei einem Kraftwerk. Direkt gegenüber führen zwei Wege vor den See.

Abstecher nach Kjerringöy:
Ungefähr 40 Kilometer nördlich von Bodö liegt am RV 834 der alte Handelsplatz Kjerringöy. Der Ausflug führt entlang einer schönen und abwechslungsreichen Küste und der alte Handelsplatz ist endlich wieder ein Museum, das seinen Namen verdient und viele Einrichtungsgegenstände beherbergt.

An der Nordmeerküste gab es ungefähr 250 Handelsplätze. Ein Handelsplatz benötigte ein königliches Privileg, das sowohl dem Eigner als auch dem König gute Einkünfte sicherte. Fischer durften nur an Handelsplätzen ihren Fang verkaufen, nur Handelsplätze durften mit Bergen Handel treiben.

Die Straße führt entlang der Küste, nach 20 Kilometern durch eine Schlucht und dann steil hinauf in ein Hochland. Schlagartig merkt man, daß man doch noch im hohen Norden herumfährt, in einer urtümlichen und wilden Landschaft. Zwischen Festvåg und Misten ist man wieder auf eine Fähre angewiesen, die am Tag sehr häufig verkehrt. Die Überfahrt dauert 20 Minuten und kostet Zone elf.

Entlang der ganzen Strecke bieten sich immer wieder freie Übernachtungsplätze an, den schönsten finden Sie 6,5 Kilometer nach der Fähre, grasbewachsen. Die Besichtigung von Kjerringöy ist nur mit Führung möglich, täglich um 11, 13 und 15,30 Uhr. Führungen werden in Norwegisch und Englisch durchgeführt. In Deutsch erhalten Sie ein recht gutes Informationsblatt. Da es sehr viel zu sehen gibt, lohnt im Notfall sogar eine norwegische Führung.

Von Bodö kehren wir nicht zur E 6 zurück, sondern nehmen zirka 20 Kilometer nach der Stadt den RV 17. Der RV 17 wird gerne als »Die Küstenstraße« bezeichnet, was zweifellos zutrifft. Er ist eine echte, allerdings langsamere Alternative zur E 6 und ein echtes Stück Norwegen.

Der RV 17 benötigt viele Fähren. Um Geld zu sparen, können Sie entlang der Strecke bei allen Tourist-Informationen und Statoil-Tankstellen um 40 NKR einen Fährenpaß erwerben. Die einzelnen Überfahrten sind dann deutlich billiger. Aber Vorsicht: Falle! Lesen Sie den Prospekt genau. In der Hochsaison von Mitte Juni bis Mitte August sind nur wenige Abfahrten verbilligt, und die liegen meist bald am Morgen und spät am Abend, teilweise am Sonntag überhaupt nicht. All dies kann einen festen Terminplan ordentlich durcheinanderbringen. Bei den normalen Abfahrten gibt es keine Ermäßigung, und das Geld für den Fährenpass ist umsonst ausgegeben.

Am Saltstraumen wartet 13 Kilometer nach Beginn des RV 17 ein imposantes Naturphänomen. Durch die Gezeiten wird hier Wasser durch eine Engstelle in den Skjerstad-Fjord gepreßt. Nach dem Kentern der Tide strömt dieses Wasser wieder aus. Durch die enge Stelle kommt es zu starken Strömungen und Wirbeln, die stärkste Strömung entsteht natürlich beim höchsten Hochwasser und beim niedrigsten Niedrigwasser. Um die Zeit der stärksten Strömung richtig zu erwischen, hatte ich

Ihnen in Bodö geraten, rechtzeitig einen Blick auf die Gezeitentabelle zu werfen. Die Strömungs-Maxima kehren ungefähr alle sechs Stunden wieder. Der Saltstraumen gilt als einer der stärksten Mahlströme Europas, das wechselnde Wasser lockt viele Fische an. An den Uferfelsen versuchen viele Fischer ihr Glück. Beiderseits der großen Brücke gibt es Parkplätze. Der Mahlstrom ist fünf Kilometer später an der Aseli-Brücke auch zu beobachten, freilich nicht so stark und eindrucksvoll.

Jetzt folgt eine unglaublich schöne und abwechslungsreiche Fahrt nach Süden. Manchmal führt die Straße unter Felsen, dann gibt es wieder herrliche Ausblicke auf Fjord und Inseln. Gelegentlich sind auch friedliche Landstriche dabei. Der Valnes-See ist mit Inseln durchsetzt. Ein großer Parkplatz abseits der Straße würde einen guten Übernachtungsplatz hergeben. Durch ein enges Tal senkt sich die Straße wieder hinunter zur großen Brücke von Kjelling. Eine Tunnelserie führt hinüber zum Sör-Fjord.

Für Freunde alter Kirchen bietet sich der Abstecher zur Kirche von Gildeskål an. Der älteste Teil stammt von 1130, später wurde noch ein L-förmiger Teil angebaut. Die Kanzel kann beim Gottesdienst jeder sehen, den Altar nur Privilegierte. Das Gebäude liegt vom RV 17 zehn Kilometer auf guter Straße (RV 838) entfernt.

Nach dem Sör-Fjord führt die Straße in ein kesselförmiges Tal, wo von allen Seiten Wasserfälle herabstürzen. Nach einem Bergsee kommt der großartige Ausblick hinunter nach Storvik. Eine Bucht mit weißem Sandstrand liegt Ihnen zu Füßen, eine kleine Schwemmlandebene wird von Bergen eingesäumt. In Serpentinen windet sich die Straße hinunter. Freie Übernachtungsplätze sind hier an dieser Steinküste knapp. In Mevik könnten Sie auf den Campingplatz gehen, kurz danach an der Kommunengrenze notfalls auf einen Parkplatz mit WC. Nach Ornes wird es wieder bergig, gegenüber blinkt das Gletschereis des Glomsteet herüber. Manche Wasserfälle stürzen direkt in den Fjord. Nach Glomfjord muß die Straße wiederholt in Tunnels, im Svarts–Tunnel sogar 7,6 Kilometer. Zwischen den Tunnels sind Seen und immer wieder Wasserfälle. Der große Gletscher Svartisen, der zweitgrößte Gletscher Norwegens, fordert unerbittlich seinen Platz.

Ein nahezu unglaubliches Stück Straße führt durch den engen Nord-Fjord. Der Svartisen läßt die Gletscherzungen über die Berggrate hängen. Die Wände darunter stürzen fast schon senkrecht ins Wasser. Am Ende des Nord-Fjordes, bei Holands, weist ein Wegweiser zum »Parkplatz Svartisen«. Eine kurze Stichstraße führt nach unten zu einem größeren Parkplatz und einem kleinen Geschäft. Daneben liegt die Anlegestelle des Bootes, das stündlich für 30 NKR über den See fährt und erst vor dem Gletscher wendet – bei halbwegs passablem Wetter eine absolute Pflichtveranstaltung. Nach diesem Erlebnis können Sie nochmals nach 2,5 Kilometer an einem Parkplatz des RV 17 einen schönen Gletscherblick genießen.

Die erste kurze Fähre bringt Sie in zehn Minuten von Foröy nach Ågskaret und kostet Zone zwei.

Im Übergang zum Tjongs-Fjord liegt ein schöner See, an dem ein freier Übernachtungsplatz zu finden ist.

Achtung im kleinen Ort Tjong, der RV 17 wurde verlegt, die neue Straße führt nach Osten und ist auf den meisten Karten noch nicht richtig eingezeichnet. Vågaholmen ist nicht mehr Fähranleger! Eine völlig neue Strecke führt durch einen Tunnel nach Jektvik, von wo jetzt die Fähre startet.

Die Fähre Jektvik – Kilbogham benötigt 60 Minuten und kostet Zone 23. Die Fähre quert kurz vor Kilbogham den Polarkreis.

Nach der Fähre ist der RV 17 wieder schmal und bietet nur wenig Ausweichmöglichkeiten: Die Reise wird langsam. Im Alder-Sund wartet ein Campingplatz, freie Standplätze sind erst wieder bei Silavågen an einem Sandstrand zu finden. Vor dem Sila-Tunnel rauschen wieder Wasserfälle von den Bergen. Nach dem Tunnel folgt ausgebaute Straße, es gibt einige große Parkplätze, die als Übernachtungsplätze durchaus geeignet sind. Die Berge sind hoch und rundgeschliffen mit wulstförmigen Rippen. Die Landschaft ändert sich oft und schnell. Bei Nordsjona wird es auch wieder eng. Nach der Abzweigung des RV 12 steigt die Straße bis auf 300 Meter Höhe, die Aussicht hinaus auf Fjorde, Seen und Inseln ist großartig. In Serpentinen windet sich die Straße dann wieder hinunter zum Fährenort Nesna.

Die Fähre von Nesna nach Levang benötigt 25 Minuten und kostet Zone zehn.

Von Levang nach Sandnessjöen führt die Straße durch relativ flaches Gebiet. Hier ist Bauernland, nicht Campingland. Auf einer gewaltigen Brücke mit vielen feinen Tragseilen überquert der RV 17 das Meer hinüber zur Insel Alsten und nach Sandnessjöen. Die Brücke ist mautpflichtig, rechnen Sie mit 60 NKR für ein Wohnmobil bis sechs Meter Länge. Nach der Brücke führt die Straße noch 1,5 Kilometer über die Schären auf einem Damm. Am Damm ist ein Parkplatz angelegt, ideal für eine Fotopause.

Sandnessjöen ist Kleinstadt und Verwaltungsort. Zum Einkauf ist die Stadt gut geeignet, touristische Attraktionen lassen sich nicht finden.

Nach Sandnessjöen ragt die Bergkette der »Sieben Schwestern« in den Himmel. Diese Berge muß die Straße umfahren. Dann liegt plötzlich die flache Halbinsel Tjötta vor Ihnen. Das ist nach den vielen Bergen ein überraschender Eindruck. Zwischen Sandnessjöen und Tjötta gibt es einige Campingplätze, jedoch kaum freie Übernachtungsplätze.

In Tjötta wartet die nächste Fähre und eine schöne Fahrt zwischen Inseln und Schären. Die Überfahrt nach Forvik dauert 50 Minuten und kostet Zone 17.

Einige Kilometer nach Forvik wird die Küste wieder steil. Schon nach 17 Kilometern müssen Sie auf die nächste Fähre von Anndalsvåg nach Horn. Diese Fähre benötigt 20 Minuten und kostet Zone fünf.

Elf Kilometer nach der Fähre kommt der Ort Brönnöysund. Das kleine Städtchen (7000 Einwohner) überrascht durch seine Lage: Die Häuser sind über zahllose Inseln und Schären verstreut. Unwillkürlich fragt man sich, warum diese Stadt ausgerechnet hier gewachsen ist. Brönnöysund ist auch ein Verwaltungs-Zentrum, Anlegestelle der Hurtigruten und bietet natürlich alle Geschäfte.

Von Brönnöysund führt ein Abstecher zum merkwürdigen Berg Torghatten, dem Berg mit dem Loch. Der Berg ist 17 Kilometer von Brönnöysund entfernt, allein schon die Straße dorthin ist ein Erlebnis. Der Torg-Fjord wird auf einer hohen Brücke überquert (Aussicht!), dann windet sich die schmale Straße über den Schärengarten. Das Straßenende bietet eine Park- und Übernachtungsmöglichkeit. Vom

Torghatten – ein Berg mit Loch

Die Sage erzählt, daß im Norden Helgelands zwei mächtige Könige lebten. Beide hatten Sorgen, der eine mit seinem ungehorsamen Sohn Hestmannen, der andere mit seinen sieben wilden Töchtern und der schönen Tochter Lekamöyen.

Eines Abends sah Hestmannen Lekamöyen und die sieben Schwestern in einem See baden. Er verliebte sich auf den ersten Blick in Lekamöyen und beschloß, sie um Mitternacht zu rauben. Hoch zu Roß und in voller Rüstung jagte er nach Süden. Als ihn die Jungfrauen sahen, flüchteten sie, bis sie vor Erschöpfung nicht mehr weiterkonnten. Bei Astahaug warfen sie sich zu Boden. Nur Lekamöyen allein konnte die Flucht nach Süden noch fortsetzen.

Der Vater der Töchter beobachtete die wilde Jagd und wie sich in einer goldenen Wolke langsam der Tag näherte. Der König sah, wie der enttäuschte Liebhaber seinen Bogen spannte und auf Lekamöyen zielte. Rasch warf er seinen Hut dazwischen und die Sonne ging im selben Moment auf, als der Pfeil den Hut traf, der bei Torgar niederfiel. Der Sonnenaufgang verwandelte den Hut und die sieben Töchter in Stein. So entstanden die Berge, die noch heute »Sieben Schwestern« heißen, und der Berg Torghatten.

Die Geologen erklären das Loch natürlich ganz anders. Aber kann sich ein Berg seit der Eiszeit wirklich so weit gehoben haben?

Parkplatz führt ein Pfad in 20 Minuten zum Loch durch den Berg. Das Loch ist 160 Meter lang, 35 Meter hoch und 20 Meter breit. Sie können bequem hindurchspazieren und haben auf der Westseite eine wunderbare Aussicht. Wanderfreunde werden an der Westseite absteigen und rund um den Berg zurückgehen. Der Berg birgt auch eine Enttäuschung für Fotografen, das berühmte Loch ist vom Westen nur vom Boot, vom Osten nur vom Hubschrauber oder Flugzeug aus zu sehen: Es verläuft leider schief durch den Berg.

Die Straße von Brönnöysund bis Vennesund ist schön, bietet aber keine wesentlichen neuen Eindrücke. Der Torghatten ist lange Zeit zum Greifen nahe, wie gesagt, aber ohne besagtes Loch zu zeigen.

In Vennesund erwartet Sie die letzte Fähre am RV 17. In 20 Minuten sind Sie in Holm, die Überfahrt kostet Zone sieben.

Ab Holm ist die Küste wieder ausgesprochen schön. Im Lysfjord-Botn sind einige schöne Parkplätze zu finden. Dann übersteigt die Straße einen kleinen Rükken, oben liegt ein See. Zugang zum See gibt es keinen, nur zwei Parkplätze mit schöner Aussicht. Entlang der beiden Verzweigungen des Sör-Fjordes fallen die Berge wieder steil in den Fjord. Zwischen den Abzweigungen der RV 802 und RV 801 finden Sie auch schöne Standmöglichkeiten. Am Ende des südlichen Armes des Sör-Fjords, dem Kollbotn, stürzt ein Wasserfall wieder einmal direkt in den Meeresarm. Ab hier geht es steil auf noch nicht ausgebauter Straße hinauf nach Foldereid.

In Foldereid erwartet Sie ein Tunnel, der am Ende sofort in eine Brücke übergeht. Die Straße ist wieder breit und gut. Drei Kilometer nach der Brücke überquert der RV 17 auf einem kleinen Damm die Mündungsbucht eines Baches, der aus dem Bergsee ausfließt. Vor dem Beginn des Dammes führt eine Sandstraße nach 200 Metern zu einem schönen Standplatz am Bach. Kurz danach könnte man nochmals parken. Anschließend wird das Sträßlein unendlich schlecht.

Die Landschaft wird nun beschaulicher. Die Wälder reichen nun schon höher zu den runden Gipfeln hinauf. Manchmal ist auch schon Landwirtschaft möglich. Zwischen Foldereid und Namsos sind kaum freie Übernachtungsplätze zu finden. Es gibt jedoch einige Campingplätze.

In dieser friedlichen Landschaft gibt es bei Höylandet, zirka 54 Kilometer nach Foldereid, den ungewöhnlichen Wasserfall Grungstadfossen mit immerhin 75 Metern Fallhöhe. Am Ortsende weist ein unscheinbarer Wegweiser nach rechts hinauf auf eine Sandstraße. Einfache Pfeile zeigen den richtigen Weg. Nach einem Kilometer erreichen Sie ein Tiergatter, die Straße wird noch einfacher, 500 Meter später folgt ein kleiner Parkplatz am höchsten Punkt der Straße. Hier bleibt das Auto zurück, jetzt helfen nur noch Schusters Rappen weiter. Bis hierher hat noch nichts auf einen Wasserfall schließen lassen, sie sind trotzdem richtig! Ein Fußmarsch von nur 100 Metern trennt von einem Aussichtspunkt aufs Wasser.

In Overhalla erreicht die Straße wieder den Namsen, den Lachsfluß, dem Sie schon bei der Nordfahrt an anderer Stelle eine Weile gefolgt waren. Entlang des Flusses ist Getreidebau möglich. Die flachen Berge sind mit großen Wäldern bedeckt.

Namsos war und ist durch die großen Wälder der Umgebung ein norwegisches Zentrum der Holzindustrie. Die Stadt hat mehrere Brände über sich ergehen lassen müssen, den letzten 1940. Die kleine Stadt besteht daher fast nur aus Steinhäusern, und nur beim Hafen haben sich wenige ältere Holzgebäude erhalten.

In Namsos gibt es das große Hallenbad Oasen, für das eigens ein Felshöhle in den Berg gesprengt wurde. Bis auf den Eingang ist von außen nichts von der Anlage zu sehen. Zum Hallenbad verlassen Sie den RV 17 Richtung Zentrum. Nach 800 Metern weist ein Schild nach rechts, nach weiteren 400 Metern stehen Sie am Parkplatz vor der Felswand. Das Bad öffnet täglich um 10 Uhr, es schließt Montag bis Freitag um 20 Uhr, Samstag um 16 Uhr und Sonntag um 18 Uhr. Der Eintritt kostet 30 NKR.

In Namsos darf natürlich die Erinnerung an die einst großen Zeiten der Dampfsägewerke nicht verblassen. In der gegenüberliegenden kleinen Ortschaft Spillum wurde ein ganzes Dampfsägewerk mit angeschlossener Holzverarbeitung erhalten. Die Anlage arbeitete bis 1986, zuletzt natürlich nicht mehr mit Dampfantrieb. Allerdings soll der Dampfantrieb in den nächsten Jahren restauriert und funktionsfähig gemacht werden. Das Werk wird zu gewissen Zeiten in Betrieb vorgeführt, da die alten Maschinen noch weitgehend funktionsfähig sind. Geöffnet ist Montag bis Freitag von 10 bis 18 Uhr, Samstag und Sonntag von 13 bis 16 Uhr. Der Eintritt kostet 20 NKR. Zur Dampfsäge fahren Sie nicht ins Zentrum vom Namsos, sondern folgen dem RV 17. Nach 3,5 Kilometern erreichen Sie die Zufahrt. Die restlichen 900 Meter sind schmal und führen durch eine Siedlung.

Von Namsos führt der RV 17 undramatisch zurück nach Steinkjer und zur E 6. Freie Übernachtungsplätze sind schwierig zu finden. Die besten Chancen bestehen noch am Ende des Lygnen-Fjordes, zirka 27 Kilometer nach Namsos. Gleich danach gibt es bei Holmset auch einen Campingplatz. Die Strecke von Steinkjer nach Trond-

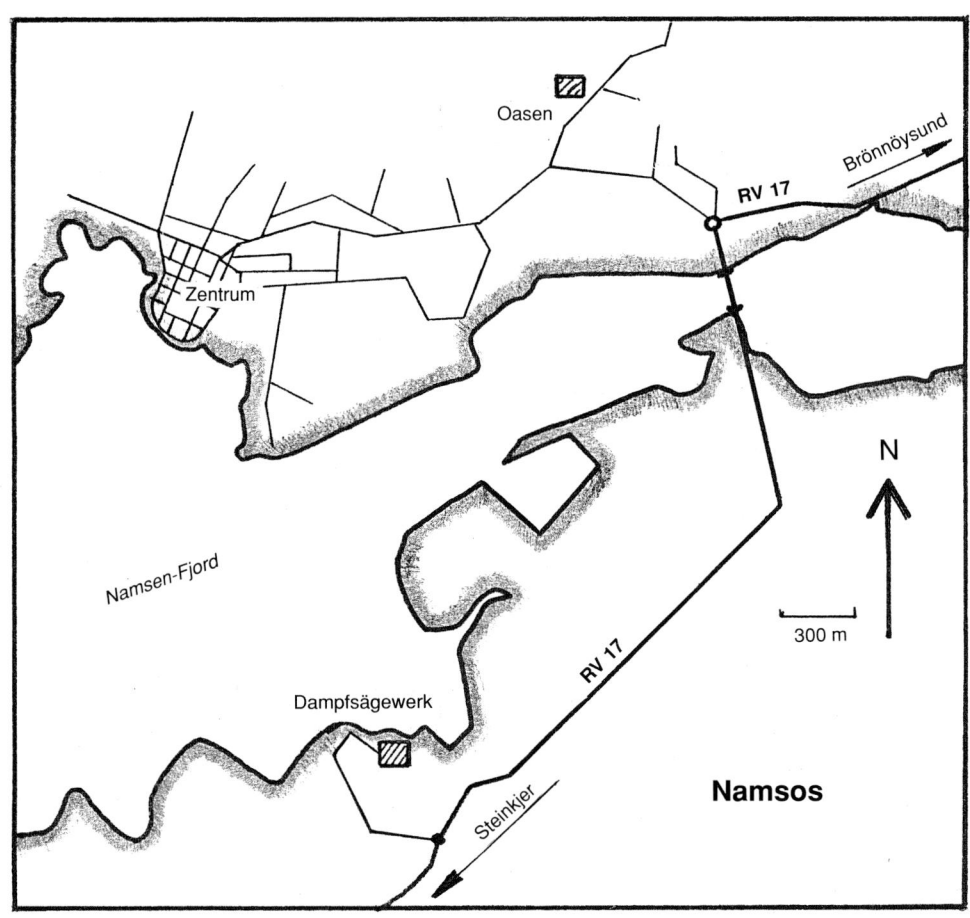

heim und die Stadt Trondheim selbst hatten wir schon bei der Fahrt nach Norden be-
sprochen. Wir können daher nach Trondheim unsere Reise fortsetzen.

Die Heimreise hat nunmehr unverkennbar begonnen: Südlich von Trondheim
sind wir scheinbar wieder in Europa, Klima und Landschaft muten fast schon hei-
matlich an. Leicht ist der Mensch zu täuschen: Wer sich an dieser Stelle bei der Nordfahrt schon wie in der Arktis fühlt, wähnt sich bei der Südfahrt schon fast daheim.
Für eine schnelle Heimreise wird man ab Trondheim natürlich weiter die E 6 benützen. Wer mehr Zeit hat, nimmt den Umweg über das Orkladal. Die Strecke ist nur
um 31 Kilometer länger, dafür gemütlicher, natürlich auch langsamer. Bei Berkåk
geht es dann wieder auf die E 6.

Umweg Orkladal:
Sie verlassen Trondheim auf der E 6 nach Süden und biegen nach 14 Kilometern im
kleinen Ort Klett auf den RV 65 ab. Nach 30 Kilometern erreichen Sie nach schöner
Fjordfahrt die Orte Orkanger und Fannrem. In Fannrem wartet vier Kilometer süd-
westlich der Orkdal-Familienpark. Falls Sie mit Kindern reisen, es gibt dort alles
vom Streichelzoo bis zur Crosscar-Bahn. Ein Reitstall bietet Ausritte in die Umge-

bung. Zwölf Kilometer nach Fannrem verlassen Sie den RV 65 und wechseln auf den RV 700. Sechs Kilometer später sind Sie in Løkken.

Løkken war einst Industriestadt, hier wurde Kupfererz geschürft. Die letzte Grube wurde erst 1987 stillgelegt. Man kann diese Grube in 810 Metern Tiefe besichtigen. Hier wird moderne Fördertechnik gezeigt. Führungen gibt es Mittwoch um 18 Uhr, Samstag um 12 Uhr, Sonntag um 11, 12,30 und 14 Uhr. Im ältesten Teil der Grube wird der Abbau durch Abbrennen wie vor 300 Jahren demonstriert. Hier werden tägliche Führungen um 13 und 14 Uhr durchgeführt. Das Kupfererz wurde seit 1908 mit der ersten elektrischen Bahnlinie Norwegens nach Thamshavn am Orkdals-Fjord verbracht. Die Bahnlinie ist weitgehend original erhalten, an Sonntagen gibt es Nostalgiefahrten um 12 und 15 Uhr nach Fannrem.

Im Orkladalen sollen auch die Fischer nicht vergessen werden. Die Orkla ist ein hervorragender Lachsfluß. Die Fangzeit reicht vom 1. Juni bis zum 1. September. In Berkåk erreichen Sie wieder die E 6, nach weiteren 34 Kilometern den kleinen Ort Oppdal.

Oppdal liegt mitten im Bergland an einer seit Urzeiten wichtigen Straßenkreuzung. Von der alten Besiedlung berichtet das Gräberfeld Vang. Hier wurden viele Gräber aus der Wikingerzeit geöffnet und manch schöner Fund ausgegraben, der heute besichtigt werden kann. Das Gräberfeld finden Sie am RV 70, zirka drei Kilometer nach der Abzweigung von der E 6.

Im Dovre-Nationalpark wurden Moschus-Rinder aus Grönland ausgesetzt. Die Tiere haben sich seither in freier Wildbahn zu einer Herde von 60 Stück vermehrt. Es wird allerdings kaum gelingen, ein Moschus vom Wohnmobil aus vors Gesicht und die Kamera zu bekommen, doch von Oppdal aus werden daher Moschus-Safaris veranstaltet. Ein einheimischer Führer bringt Sie zu den Tieren. Diese Ausflüge werden Dienstag, Donnerstag, Samstag und Sonntag durchgeführt, dauern sechs Stunden, kosten 140 NKR und sind ein ganz besonderes Naturerlebnis. Oppdal ist auch ein bekanntes Rafting-Zentrum. Es werden Touren aller Schwierigkeitsgrade angeboten. Für eine sechsstündige Tour mit Grad III müssen Sie zum Beispiel mit Kosten um die 500 NKR rechnen.

Sollte dieser Nervenkitzel nicht reichen, können Sie in Oppdal auch einen Tandem Drachenflug aus 1125 Meter Höhe um 500 NKR buchen.

Südlich von Oppdal führt die E 6 mitten durch den Dovrefjell-Nationalpark. Das Dovrefjell ist für Norwegen ein Symbol der Stärke, des Immerwährenden. »Die Verfassung soll gelten, solange der Dovre steht«, gelobte die verfassungsgebende Versammlung in Eidsvoll 1814. Damit ist der Dovre in die nationalen Herzensangelegenheiten eingeschlossen.

Die folgenden 80 Kilometer nach Dombås bilden einen der schönsten und interessantesten Teile der E 6 südlich des Polarkreises. Dieser Teil ist noch dazu für Wohnmobile ausgesprochen gut geeignet. Es gibt zahlreiche Campingplätze und viele freie Übernachtungsmöglichkeiten.

Nach Oppdal geht es langsam und stetig hinauf. Auf den umliegenden Bergen ist Schnee auch im Juli keine Seltenheit. Die Schmelzwasser rauschen in großen Bächen und manchmal als Wasserfälle zu Tal. Nach gut 20 Kilometern wird dann das

Tal schlauchartig eng. Bahn, Straße und Fluß müssen sich auf engstem Raum hindurchzwängen.

Tip: Bevor die Straße in der Schlucht verschwindet, ist unterhalb der neuen Trasse neben einem alten Straßenstück am Fluß ein wundervoller Übernachtungsplatz zu finden.

Zirka 32 Kilometer nach Oppdal hat die Straße in 900 Meter Höhe ein flaches Tal erreicht, das anschließend in eine weite Hochfläche übergeht. Hier oben scheint man in die Arktis zurückgekehrt. Die Vegetation ist bis auf Moose, Flechten und niedriges Buschwerk gänzlich verschwunden.

Der Nationalpark lädt zu Wanderungen ein. Außer Moschus-Rindern leben hier noch halbwilde Rentiere und der Vielfraß. Vor allem der östliche Teil bietet Botanikern viele seltene Pflanzen. Bedenken Sie bitte, daß Wanderungen im Nationalpark gut vorbereitet sein wollen, schließlich handelt es sich um hochalpines Gelände! Zur persönlichen Ausrüstung gehören unbedingt gutes Kartenmaterial und ein Kompaß. Auf den großen Hochflächen ist Verirren bei Schlechtwetter ansonsten schon programmiert.

Über den Dovrefjell führte einst schon die alte Königstraße. Teile davon kann man ansehen, ein schönes Stück ist bei Grönbakken erhalten. Der höchste Punkt der Straße wird kurz nach der Fylkegrenze mit 1026 Metern erreicht. Immer wieder bieten sich große Parkplätze abseits von Straße und Lärm an. Ein besonders schöner Parkplatz wartet 16 Kilometer nach der Abzweigung des RV 29 bei Hjerkinn. Dieser Parkplatz enthält auch eine Info-Tafel und liegt weit entfernt von der E 6.

Die Straße beginnt erst zirka fünf Kilometer vor dem Ort Dombås stärker zu fallen. Das Gefälle reicht bis zwischen die Häuser. Auch Dombås ist Straßenkreuzungspunkt. Im Sommer ist der Ort regelmäßig überfüllt. Mir war nie recht klar, warum ausgerechnet immer in Dombås die Tankstellen benutzt werden mußten. Schon wenige Kilometer weiter gibt es keine Warteschlangen.

Ab Dombås fahren Sie im berühmten Gudbrandsdal. Das Tal ist uraltes Siedlungsgebiet. Warum dieses Tal so berühmt wurde, ist schwer zu erklären. Vielleicht ist es die große Länge (ungefähr 200 Kilometer von Bjorli bis zum Mjösa-See), vielleicht ist es auch seine Bedeutung als Hauptverkehrsstraße seit frühen Zeiten in den Norden nach Trondheim. Natürlich führte auch die alte Königstraße hier durch. Das Tal ist schön, schöne Täler sind allerdings in Norwegen keine Seltenheit. Vielleicht trugen auch die Nachbarschaft der großen Gebirgsblöcke des Rondane, Dovrefjell und Jutunheimen zur Berühmtheit bei. Das Gudbrandsdal wurde jedenfalls für alle Welt zum Inbegriff Norwegens. Nach Dombås ist das Tal noch recht eng. Nur am Talboden ist Landwirtschaft möglich. Prächtige Bauernhöfe sind zu sehen, nicht alle von ihnen bewohnt. Es fällt auf, daß die Farbe der Höfe von rotbraun immer häufiger zu naturgrau und schwarz wechselt.

In Otta, 46 Kilometer nach Donbås, stößt die Route vier zum letzten Teil unserer Nordlandfahrt. Erst nach Vinstra, 75 Kilometer nach Dombås, treten die Berge langsam zurück, die Besiedelung zieht sich immer weiter die flachen Hänge empor. Freie Übernachtungsplätze sind an der E 6 hier kaum zu finden, Campingplätze gibt es reichlich. Nach Vinstra wird auch der Fluß breiter, die Strömung gemächlicher. Manchmal glaubt man neben einem See zu fahren.

Ich möchte Sie später zu einem Abstecher auf die Peer-Gynt-Straße animieren. Einen wesentlichen Teil dieser Strecke könnten Sie zeitsparend ab Vinstra in einer Nordsüd-Durchfahrt abfahren. Allerdings entgeht Ihnen so ein Teil der Reise und vor allem die Stabkirche von Ringebu.

Am besten, Sie bleiben auf der E 6 und erreichen nach 24 Kilometern den Ort Ringebu. Drei Kilometer nach der Ortsdurchfahrt führt ein Wegweiser zur Stabkirche, die einen Kilometer abseits der E 6 am Hang liegt. Die Kirche befindet sich neben dem alten Königsweg an einem noch älteren Thingplatz. Der Bau wurde im 13. Jahrhundert errichtet, ist wunderbar erhalten und dient der Gemeinde noch heute als Gotteshaus. Hier ist der Geist der Jahrhunderte noch lebendig. Das hohe Hauptschiff mit den massiven Holzstützen und den kreuzförmigen Verstrebungen läßt spüren, wie sehr sich diese Bauten von allen anderen Holzbauten dieser Welt unterscheiden. In der fast mystischen Dämmerung kann man das Dach nur erahnen. – Durch die Nähe zur E 6 wird die Kirche von sehr vielen Menschen besucht. Nehmen Sie sich etwas Zeit für die Besichtigung, um nicht gerade zusammen mit dem Inhalt mehrerer Reisebusse ins Innere gedrängt zu werden.

Nach der Stabkirche von Ringebu erreichen Sie nach 25 Kilometern den kleinen Ort Tretten. Hier beginnt der Abstecher zur Peer-Gynt-Straße. Diese Strecke erreicht die E 6 wieder in Lillehammer, der Umweg gegenüber der direkten Fahrt beträgt 145 Kilometer. Die Straße erlaubt manchmal nur langsames Weiterkommen und ist teilweise Sandstraße und mautpflichtig. Die Strecke ist so schön, daß ich sie Ihnen dennoch empfehlen muß. Ein technischer Hinweis: An der Peer-Gynt-Straße gibt es keine Tankstelle.

Abstecher Peer-Gynt-Straße:
Ab Tretten folgen Sie zuerst dem RV 254. Es geht gleich ordentlich hinauf, das Gudbrandsdal liegt ausgebreitet unter Ihnen. Nach acht Kilometern erfolgt die Abzweigung nach rechts Richtung Gausdal. Hier ist auch schon der »Peer-Gynt-Veien« beschildert. Durch große Wälder und vorbei an schönen Bauernhöfen geht es unablässig hinauf. Nach gut acht Kilometern endet der Asphalt. Wenn Sie jetzt fragen, ob Sie richtig sind: Sie sind es. Gausdal ist Schizentrum, eine Hütte nach der anderen verunziert die Landschaft. Gekrönt wird die Anlage noch durch ein großes Hotel. Dann kommt die Mautstelle, und schlagartig ist kurz danach alles anders: Sie sind in einer einsamen, wunderbaren Gebirgslandschaft.

Möglicherweise kassiert bei der Mautschranke niemand den obligaten Obulus von 35 NKR (je Fahrzeug, nicht je Person). In diesem Fall müssen Sie in das kleine Häuschen neben der Schranke gehen, Ihre Maut in ein Säckchen stecken und Name und Autonummer am Säckchen ausfüllen. Das Deckblatt ist Ihre Quittung, das Säckchen kommt in den Schlitz einer Kasse. Heben Sie das Deckblatt auf, manchmal wird an der Ausfahrt kontrolliert. Mogeln könnte peinlich werden...

Nach der Mautstelle führt die Strecke über ein gewelltes Hochland, immer hinauf und hinunter, eine Kurve schließt an die nächste an. Ein See folgt dem anderen, es

Peer Gynt

Wer war Peer Gynt? Die Norweger wollen herausgefunden haben, daß Peer Gynt wirklich lebte, hier am Rande des Gudbrandsdal. Freilich sind sie sich nicht einig, welcher nun der echte Peer Gynt war. Es gibt zwei mit Vornamen Peder; der Familienname lautete einst Günter, später Gynnthe, die hießen aber wieder nicht Peder. Gleichviel. Das Gut Hågå wird als Peer Gynts Heimat gezeigt, ebenso seine Fischerhütte.

Vom angeblich echten Peer Gynt ist kaum irgendetwas überliefert, was auch Ibsen selbst bestätigt. Der Dichter hat aus Peer Gynt eine Figur gemacht, die nicht nur einer Traumwelt nachjagt sondern auch ewig auf der Suche nach dem Ich durch die Welt zieht. Diese Tatsache hat dem Drama auch zu dem Beinamen »Faust von Norwegen« verholfen.

gibt keine Bäume, nur latschenkieferähnlichen Bewuchs. Einige alte Gebäude erinnern daran, daß hier einst Menschen gelebt haben. Heute ist der Eindruck ungefähr »Ende der Welt«. Diese Landschaft animiert leicht zu einer Geschichte über einen Menschen, der wie Peer Gynt ausbrechen wollte.

Die Peer-Gynt-Straße ist für Wohnmobile wie geschaffen. Es ist kein Problem, in dieser herrlichen Natur einen schönen Standplatz zu finden, zum Beispiel sechs bis acht Kilometer nach der Mautstelle an einem See. Wenn Sie übernachten wollen, sollte das während des ersten Teils der Straße tun, der zweite ist zwar auch wunderschön, Übernachtungsplätze sind aber seltener.

Nach knapp 30 Kilometern erreichen Sie wieder einen Mautbalken, wo vielleicht Ihre Quittung kontrolliert wird. Hier beginnt auch wieder ein Stück Asphaltstraße, und ein Wintersportzentrum sieht im Sommer nicht gar so gut aus. In einem Reitstall könnte man hier Pferde leihen. Die Straße senkt sich zum Gålå-See, plötzlich gibt es wieder Wald. Die Peer-Gynt-Straße bleibt am See, beim Ende des Sees zweigt die Straße nach Vinstra ab. Hier hätten Sie bei einer Nordsüd- Fahrt unsere Strecke erreicht.

Bald verläßt Sie wieder der Asphalt, und der zweite Teil der Peer-Gynt-Straße beginnt. Diese Strecke führt nochmals bis 1000 Meter Höhe hinauf, bringt Sie aber in viel mehr Wald, der sich manchmal bis zum Märchenwald verdichtet. Die Mautstelle (30 NKR je Auto) liegt an einer idyllischen Alm. Vom folgenden Hochplateau bietet sich eine traumhafte Aussicht: Westlich liegen die Gletscher von Jotunheimen mit Norwegens höchstem Berg Galdhöpiggen (2469 m), im Nordosten sehen Sie die Berge des Nationalparks Rondane, genau im Norden lugen noch ein paar Berge des Dovrefjell hervor. Sie stehen eigentlich im Zentrum von Norwegen. Der Abstieg ins Espedal kommt ziemlich unvermittelt, die Straße ist recht steil. Am RV 255 sind Sie wieder auf Asphaltstraße und am Ende der Peer-Gynt-Straße.

Der RV 255 erreicht nach wenigen Kilometern den Breisjöen. Kurz danach, am kleinen Flußstück zum Espedal-See, gibt es einen schönen Übernachtungsplatz. An der Zufahrt gibt es mehrere Wegweiser wie »Espedalen«, »Fjellkirke«, »Fjellstua« und andere. An der Zufahrtstraße liegt nach 100 Metern ein großer Parkplatz, der schönere Standort ist allerdings 300 Meter weiter. Auf der Halbinsel steht eine Kir-

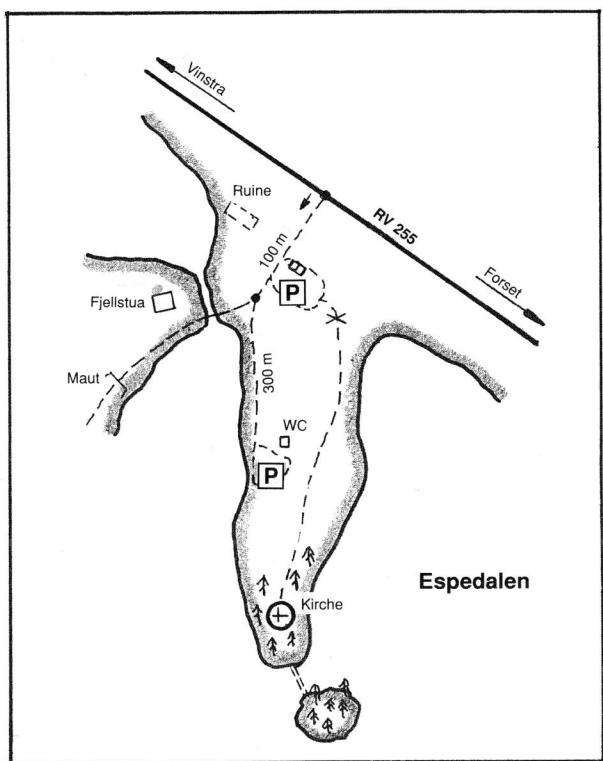

che. Der Weg dorthin führt ab dem ersten Parkplatz, ist aber gesperrt. Fahren Sie mit dem Wohnmobil auch nicht den Weg zur Fjellstua! Hier wird es recht eng, und es gibt kaum Platz zum Parken, geschweige zum Übernachten. Die Straße am gegenüberliegenden Ufer ist mautpflichtig und führt in die Wälder.

Nach Espedalen folgt die Straße dem Fluß hinaus aus den Bergen nach Forset, von dort hinüber über Segalstad-bru nach Lillehammer.

Lillehammer liegt am Ende des Gudbrandsdales an der Mündung des Lågen in den Mjösa-See an einem Berghang. Die kleine Stadt mit zirka 23 000 Einwohnern hat viel Charme im Zentrum bewahren können. Lillehammer war 1994 Austragungsort der olympischen Winterspiele.

Sehenswürdigkeiten:
Lillehammer beherbergt im Stadtteil Maihaugen eines der größten und wichtigsten Freilichtmuseen Norwegens, das lebendigste und liebenswerteste ist es auf jeden Fall. Um die Jahrhundertwende begann ein Zahnarzt, verschiedene Gebäude aus dem Gudbrandsdal zu sammeln und in Maihaugen aufzustellen. Im Laufe der Zeit wurden über 140 Gebäude und eine Stabkirche zusammengetragen. Das Gelände wurde liebevoll gestaltet und ist mit Bäumen, Wiesen, Teichen und Sträuchern reichlich ausgestattet. Im Sommer wird versucht, das ländliche Leben darzustellen. Informieren Sie sich beim Eingang, wann, wo und was gerade passiert. Für viele Kinder aus der Stadt ist zum Beispiel auch das Füttern von Hühnern ein Erlebnis. In Maihaugen wird dem

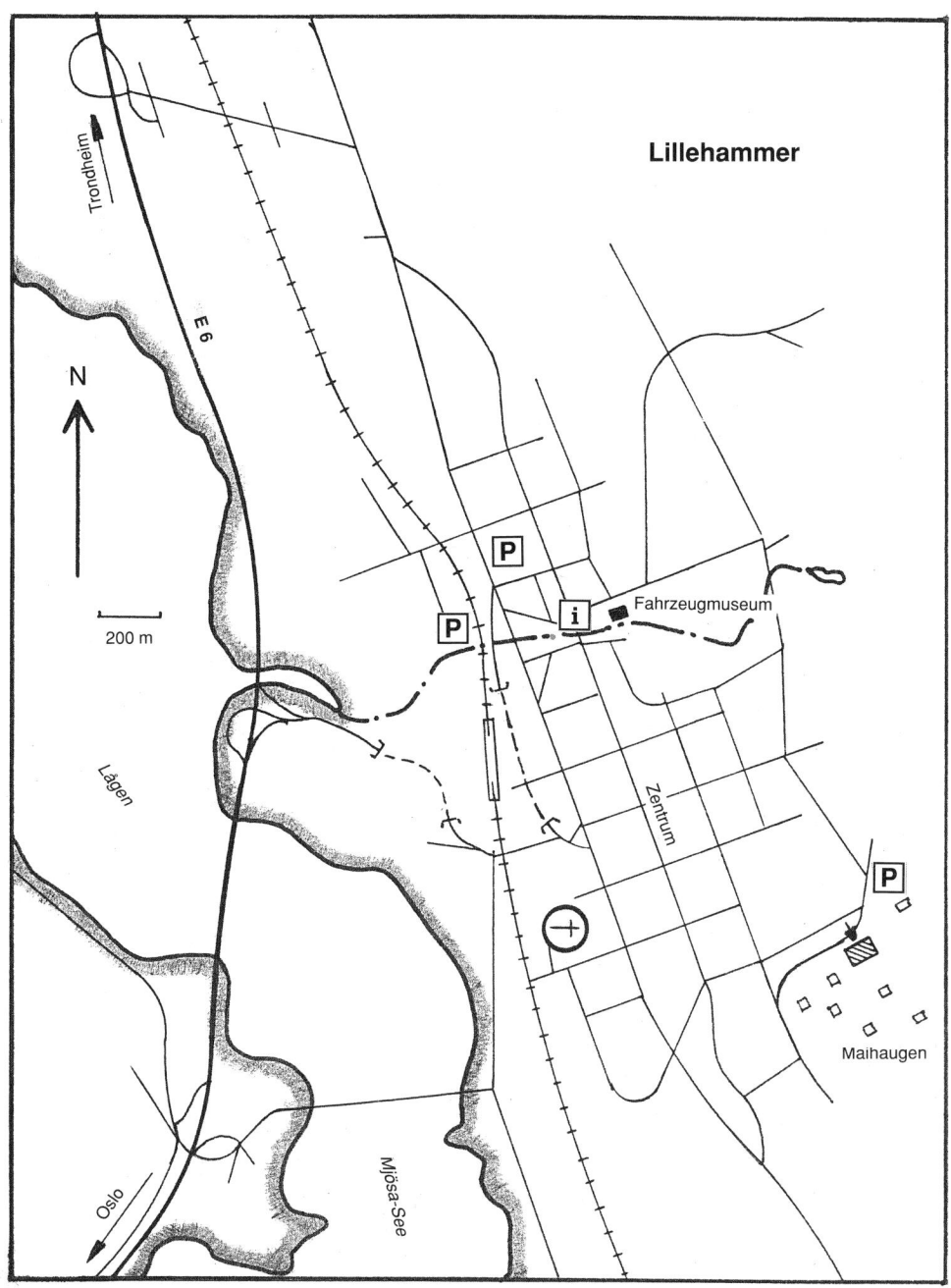

Besucher klar, daß Norwegen eigentlich keine Tradition im Bau mit Stein oder Ziegel besitzt: Der natürliche Werkstoff war zu allen Zeiten das Holz. Vielleicht ist die Sucht nach der Hytta aus Holz als nationale Erinnerung zu verstehen.

Beim Museumseingang wurde ein großes, modernes Gebäude aus Glas und Beton errichtet. Mir persönlich gefällt der Kasten gar nicht, über Geschmack sollte

208

man jedoch bekanntlich nicht streiten. Im ersten und zweiten Stockwerk ist eine Ausstellung »Wie das Land unser wurde« eingerichtet, an die Samen und den früheren Umgang mit ihnen wird kein Gedanke verschwendet. Diese Thema wird fast völlig verschwiegen. – Hochinteressant sind die Handwerker-Werkstätten im Erdgeschoß. Es ist fast jedes Handwerk mit dem kompletten Werkzeug vertreten, in manchen Räumen wird zu Demonstrationszwecken sogar damit gearbeitet. Die Zahnarztpraxis des Gründers wurde ebenfalls aufgebaut. Hier kann ich mir allerdings keine Demonstrationsarbeit vorstellen.... – Im Keller sind einige schöne Schnitzarbeiten an Schlitten, Stühlen und Truhen zu bewundern.

Maihaugen im Sommer bedeutet auch Parkplatznot. Die gebührenpflichtigen Parkplätze sind hoffnungslos überfüllt. Sie können nur weiträumig ausweichen und einen Spaziergang zur Anlage unternehmen. Auch wenn zehn Touristenbusse vor dem Tor warten, ist der Andrang im Freigelände nicht unerträglich. In der Größe des Areals zerstreuen sich die Menschen. Das Museum ist täglich von 10 bis 19 Uhr geöffnet. An der Kasse erhalten Sie eine Orientierungshilfe in Deutsch. Um 10, 12, 14 und 16 Uhr gibt es Führungen in deutscher Sprache. Der Eintritt kostet 50 NKR.

In Lillehammer lohnt auch ein Besuch im Zentrum. Die Hauptstraße ist Fußgängerzone. Mitten in der Stadt ergießt sich ein Bach in Kaskaden in den Lågen.

Im Zentrum gibt es auch ein kleines Fahrzeugmuseum. Es gibt ein paar Kuriositäten und einige alte Motorräder. Wußten Sie, daß es in Norwegen einmal eine Autoproduktion gab? Das Museum ist täglich von 10 bis 18 Uhr geöffnet, der Eintritt kostet 25 NKR. Der Besuch lohnt nur für Spezialisten. Lillehammers größte Sensation ist der Familienpark Hunderfossen, eine Art norwegisches Disneyland. Der Park liegt zirka 13 Kilometer nördlich von Lillehammer. Sie erreichen ihn am schnellsten über die E 6, die eindeutige Beschilderung weist über den Fluß und am gegenüberliegenden Ufer wieder zwei Kilometer zurück. Geöffnet ist von 10 bis 20 Uhr, der Eintritt kostet 110 NKR, für Kinder von 3 bis 14 Jahren 90 NKR. In diesen Preisen sind die Attraktionen im Park enthalten. Die Zufahrt ist auch entlang des rechten Flußufers möglich, die Straße ist aber schmal und kurvig, Sie ersparen wenige Kilometer und keine Zeit.

Die schnellste Rückreise nach Oslo führt von Lillehammer natürlich über die (mautpflichtige) E 6. Wenn Sie nicht unter Zeitdruck stehen, können Sie am Westufer des Mjösa–See bleiben und über Gjövik den RV 4 benutzen. Die Straße wird als Alternative zur E 6 ausgebaut und Sie sind hier fast schon ebenso schnell.

In Oslo ist die große Nordlandreise beendet, der Stadt gilt ein eigenes Kapitel.

Route 4:

Natur und Kultur

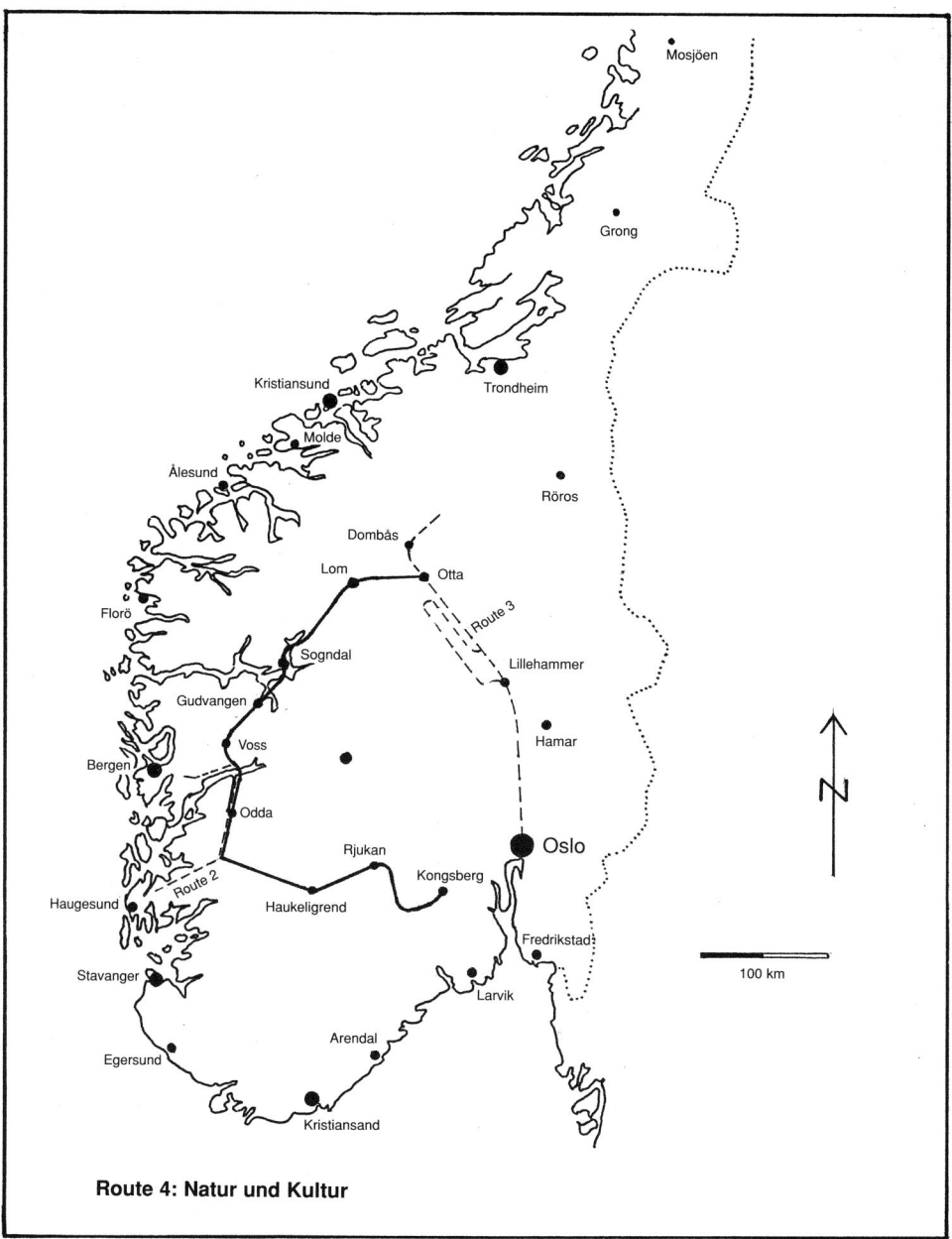

Route 4: Natur und Kultur

Routen-Infos:

Diese Route zeigt wie kaum eine andere einen Querschnitt durch alle norwegischen Landschaftsformen. Die Route führt durch die scheinbar unendlichen Wälder Zentralnorwegens, schlängelt sich hinüber zu einem großen Stück Fjordland und überquert schließlich Norwegens höchstes Gebirgsmassiv Jotunheimen mit seinem fast arktischen Klima.

Zentral-Norwegen ist geprägt durch zwei auffallende Gebirgsstöcke. Das südlichere Gebirge ist die Hardanger-Vidda. mit ihren sanftwelligen Hochflächen oberhalb der Baumgrenze mit vom Eis überschliffenen Kuppen und breiten, mit Mooren und Seen erfüllten Mulden. Die Vidda, zwischen 800 und 1000 Meter hoch, ist mit 3430 km^2 mit Abstand der größte aller 19 norwegischen Nationalparks. Der Wanderer findet hier ein großes, markiertes Wegenetz und Unterkünfte in Hütten. Das nördliche Gebirge heißt im Osten Jotunheimen, auch davon sind 1140 km^2 als Nationalpark ausgewiesen. Der Sitz der nordischen Götter reicht bis knapp 2500 Meter Höhe hinauf, die Berggipfel tragen Gletscher. Das größte zusammenhängende Gletschergebiet Europas mit 80 Kilometer Länge findet sich dann allerdings zirka 70 Kilometer westlich im Jostedalsbreen. Zwischen Jotunheimen und Jostedalsbreen schlängelt sich eine der eindrucksvollsten Hochgebirgsstraßen überhaupt vom Sogne-Fjord hinüber ins obere Gudbrandsdal. Die schmalen Täler und Fjorde nährten zu allen Zeiten nur wenige Menschen. Allerdings haben sich in der Abgeschiedenheit auch einige Baudenkmäler erhalten, die einmalig sind: die Stabkirchen.

Routenverlauf:

Kongsberg – Rjukan – Haukeligrend – Odda – Voss – Sogndal – Lom – Otta

Besuchte Provinzen:

Die Strecke berührt die Provinzen (»Fylke«) Buskerud, Telemark, Hordaland, Sogn og Fjordane und Oppland.

Diese Route verläuft ein kurzes Stück entsprechend der Route 2, mündet schließlich in Route 3 und kann problemlos in die Tour durch Südnorwegen eingebaut werden.

Routenlänge:

Die Strecke ist zirka 680 Kilometer lang.

Richtzeit für genußvolles Reisen:

Mindestens neun Tage.

Straßenkarten:

Cappelens kart   Nr. 1: »Sør Norge – sør«
                 Nr. 2.: »Sør Norge – nord«
                 (Identisch: Kümmerly+Frei Süd-Norwegen Süd Blatt 1
                 Süd-Norwegen Nord Blatt 2)

Besondere Sehenswürdigkeiten:

Stabkirchen in Heddal, Röldal, Borgund, Kaupanger, Urnes und Lom – Straße von Röldal nach Odda – Gudvangen: Nærøy-Fjord – Lærdalsöyri – Flåm: Flåmbahn nach Myrdal – Straße über das Sognefjell (Jotunheimen) – Lom: Storstabburet

Routenbeschreibung:

Kongsberg als Ausgangspunkt hat den Vorteil, von allen Seiten gut erreichbar zu sein, gleichgültig, ob die Anfahrt von der Fähre in Larvik (98 Kilometer) oder aus Oslo (89 Kilometer) erfolgt.

Die kleine Stadt erlebte durch den Abbau von Silbererz im 17. und 18. Jahrhundert ihre Blüte. Die Förderung ist heute eingestellt, an die alten Zeiten erinnert ein Bergwerkmuseum und die ehemalige königliche Münze. Die Stadt ist durch den Fluß Lågen in ein Ost- und ein Westviertel geteilt. Mitten im Ort bildet der Fluß einen Wasserfall. Im Ostteil hat sich im Zentrum ein typisches norwegisches Kleinstadtmilieu erhalten.

Sie verlassen Kongsberg am RV 11. Nach fünf Kilometern erreicht man den Ort Saggrenda. Wer will, kann hier nach Norden abbiegen und die alte Königsgrube besichtigen. Bis Notodden muß mit reichlich Verkehr gerechnet werden. Notodden ist Industriestadt und für Touristen wenig attraktiv. Wenige Kilometer nach Notodden steht unmittelbar neben dem RV 11 die Stabkirche von Heddal. Sie wurde 1147 (Chor) erbaut und 1242 auf die heutige Größe erweitert. Sie ist die größte und eine der schönsten Stabkirchen des Landes. Neben der Architektur sind die herrlichen Schnitzereien sehenswert, eine Runeninschrift erzählt, daß die Kirche der Jungfrau Maria geweiht wurde. Die Kirche war damals natürlich noch katholisch. Die Kirche lebt, sie wird noch heute als Gemeindekirche benutzt und am Sonntag um elf Uhr wird der Gottesdienst gehalten. Während dieser Zeit kann die Kirche natürlich nicht besichtigt werden. Sonst ist täglich von 9 bis 19 Uhr geöffnet, der Eintritt kostet 15 NKR.

Nach der Stabkirche folgt Bauernland. Manch schöner Hof mit prächtigem Stabbur ist zu sehen. Zehn Kilometer nach der Stabkirche verlassen Sie bei Örvella den RV 11 und wechseln auf den RV 361. Nun beginnen große Kiefernwälder. Die Straße ist nur wenig ausgebaut, auf Teilen einer noch älteren Straße sind hier freie Übernachtungsplätze mitten im Wald zu finden. In Granserad erreicht man nach

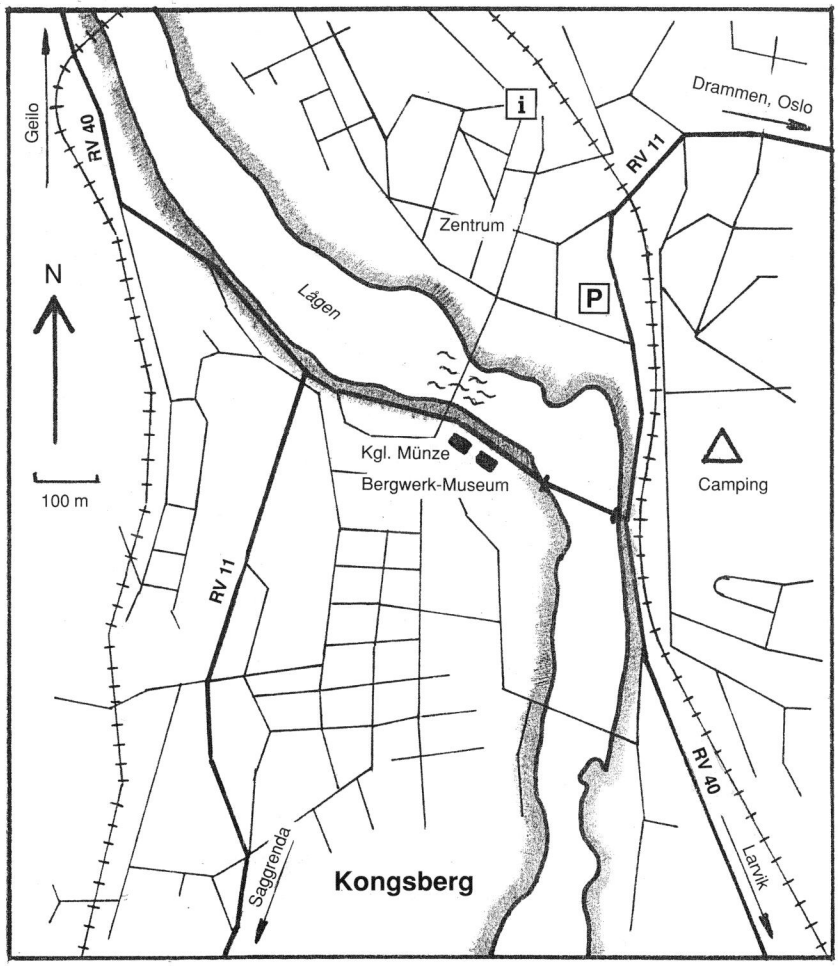

zehn Kilometern den RV 37. Diese Straße wurde am Westufer des Tinn-Sees neu gebaut, die schönere Route führt aber am Ostufer und heißt jetzt RV 364. Sie müssen daher zunächst am RV 37 nach rechts, Richtung Kongsberg abbiegen und elf Kilometer weit fahren. Dieses Straßenstück hat durch den Neubau am Ostufer des Tinn-Sees an Bedeutung verloren, ist kurvenreich und führt neben einer tiefen Schlucht nach Osten. Bei Ormemyr beginnt der RV 364.

Die Straße klettert langsam in die Berge. An den Seen im Wald finden sich versteckte Standplätze; wenn die Bäume den Blick freigeben, schweift der Blick weit über das Land und hinunter zum Tinn-See. Zum Nordende des Sees geht es dann unvermittelt in einigen Serpentinen hinab. Bei Sandviken wartet ein großer Campingplatz in sehr schöner Lage. Von hier bis Rjukan läßt sich nur schwer ein Übernachtungsplatz finden, eine Ausnahme bildet ein Parkplatz bei Fagerstrand mit herrlicher Sicht über den See. An einem Nebenarm des Tinn-Sees treffen Sie 14 Kilometer vor Rjukan wieder den RV 37.

In Rjukan wurde 1907 das damals größte Wasserkraftwerk der Welt errichtet. Das bis dahin kaum bewohnte Tal wurde plötzlich Industriestandort. Das alte Kraftwerk wurde 1971 durch einen unterirdischen Neubau ersetzt und dient heute als Industriearbeiter-Museum. Wer sich für alte Turbinen und Generatoren interessiert, sollte das Museum besuchen. Die Anlage ist täglich von 10 bis 18 Uhr geöffnet, der Eintritt kostet 30 NKR.

Rjukan erlangte im Zweiten Weltkrieg traurige Berühmtheit durch die Erzeugung von schwerem Wasser, das Deutschland für seine Forschungsarbeiten an der Kernspaltung benötigte. Mehrere britisch-norwegische Sabotageaktionen schlugen fehl, das Werk wurde daraufhin durch einen Bombenangriff der Alliierten 1943 weitgehend zerstört. Die Sabotagetätigkeit wird in Rjukan in die Nähe kriegsentscheidender Wichtigkeit gerückt, im Industriearbeiter-Museum ist ihr eine eigene Abteilung gewidmet.

Nach Rjukan klettert die Straße in Serpentinen auf die Hochebene der Hardanger-Vidda. Das alte Kraftwerk mit den vielen Zuleitungsrohren liegt gegenüber am Hang, das genutzte Wasser stürzt in einem hohen Wasserfall zu Tal. Auch die Straße überquert einen Fall.

Unsere Strecke führt nun durch die Ausläufer der Hardanger-Vidda. Die Vidda ist Europas größtes Hochplateau mit nahezu arktischem Klima. Ein großer Teil ist Nationalpark. In der Vidda leben halbwilde Rentiere, die südlichsten am Kontinent. Durch den Nationalpark gibt es keine Straßen, wohl aber markierte Wanderwege und Hütten für die Nacht. Eine Wanderung durch die Vidda ist ein großartiges Naturerlebnis. Da es sich hierbei um keinen Spaziergang handelt, muß eine Tour sorgfältig geplant werden.

Knapp 50 Kilometer hinter Rjukan erreichen Sie den Totak-See. Unterwegs sind sicher die vielen Einrichtungen zum Schibetrieb aufgefallen, zwar sind die Berge nicht so hoch wie die Alpen, Schnee zum Schifahren liegt aber fast während acht Monaten; Schneereste im Sommer sind keine Seltenheit.

Der Totak-See ist ein wunderschöner Gebirgssee. Die Route wechselt zum RV 362, einer schmalen Straße, die am Nordufer kurvenreich nach Westen führt. Freie Übernachtungsplätze sind hier kaum zu finden, in Rauland gibt es aber einen schönen Campingplatz mit Bootverleih und Sandstrand. Nach dem Ende des Sees geht es nochmals kräftig hinauf in eine wilde Landschaft. Bald darauf erreicht die Strecke in Haukeligrend wieder den RV 11. Er führt zehn Kilometer später in die Siedlung Vågslid. Jetzt heißt es schleunigst weiterfahren, überall sind Hotels und Hütten, hier hat der Fremdenverkehr der Natur keinen guten Dienst erwiesen. Nur im Winter deckt der Schnee die meisten Sünden gnädig zu. Bald danach geht es aber wieder in die Berge, es wird einsamer und schön: Sie haben das Haukeli-Fjell erreicht. Zahlreiche Seen sind in das rauhe Bergland verstreut. Die Temperaturen sinken, die Hardanger-Vidda läßt grüßen. Es gibt keine Bäume mehr, nur noch Felsen, Moos, Wasser und Schnee. Freie Übernachtungsplätze sind im Bereich der Fylke-Grenze reichlich zu finden. Ist die Heizung Ihres Wohnmobils in Ordnung?

Kurz nach der Fylke-Grenze liegt rechts neben der Straße wieder ein etwas größerer See, an seinem Ende verschwindet die Straße in einem längeren Tunnel. Diesen

Stabkirchen

Stabkirchen gibt es nur in Norwegen. Sie sind vielleicht der wichtigste Beitrag des Landes zur Weltkultur. Früher gab es Stabkirchen auch in Schweden und Dänemark, in diesen Ländern blieb nicht eine erhalten. In Norwegen gibt es heute noch zirka dreißig Stabkirchen.

Sogar in Norwegen gibt es zwei Auffassungen, was das »Stav« eigentlich genau bedeutet. Die einen verstehen darunter die senkrecht verlegten Außenpfosten des Hauptraumes im Gegensatz zur Blockbauweise mit waagrecht verlegten Balken. Die anderen meinen mit Stav die runden, mastenförmigen und freistehenden Träger im Kirchenschiff. Bei den meisten Stabkirchen treffen beide Charakteristika zu.

Die meisten Stabkirchen sind rund 800 Jahre alt. Sie sind Zeugen einer Bauweise, die wahrscheinlich von den Wikingern für deren Königshallen entwickelt wurde. Die Verarbeitung des Werkstoffes Holz ist kaum zu übertreffen. Die Gebäude sind so stabil und nachgiebig zugleich, daß sie normalerweise allen Stürmen und Unwettern trotzen. Die meisten vernichteten Kirchen sind einem Feuer zum Opfer gefallen, nicht den Naturkräften oder dem Zahn der Zeit. Die Auswahl des richtigen Holzes und der Imprägnierung hat einer Verrottung kaum eine Chance gegeben.

Wie so oft, hat das Christentum scheinbar auch bei den Stabkirchen bodenständige Machtmerkmale integriert. Darauf deuten die Drachenköpfe am First und Schnitzereien mit nordischen Sagenmotiven hin. Alle Stabkirchen wurden in der Zeit der ersten Christianisierung errichtet. Der Machtanspruch der Kirche wurde auch durch die Standortwahl dokumentiert. Viele der Kirchen stehen auf oder neben uralten Thingplätzen und Hügelgräbern der Häuptlinge. Auch die evangelische Kirche übernahm nach der Reformation diese Gebäude als natürliche Zentren des neuen Glaubens.

Tunnel können Sie auf der alten Straße umfahren, die alte Straße zweigt am Seeanfang ab und steigt in die Berge. Die Abzweigung ist mit »Dyrskar-Fjellet« beschildert. Der Blick zurück ist großartig. Von oben sehen Sie ein Stück der Tunnelröhre, die zwei Bergkegel miteinander verbindet. Auch im Hochsommer ist mit Schneeresten neben der Straße, 1148 Meter über dem Meeresspiegel, zu rechnen. Nach knapp sieben Kilometern ist das Ende des Haukeli-Tunnels und der RV 11 wieder in Sicht.

Bald danach weist erneut eine Tafel mit der Aufschrift »Austmannia« auf ein Stück der alten Straße. Dieser Abstecher lohnt nicht unbedingt, der Ausblick hinunter nach Röldal ist von der neuen Straße ebenso schön.

Röldal ist ein kleiner Ort mit wunderbarer Lage. Hohe Berge bilden die imposante Kulisse, im Röldal-See spiegeln sich die Gipfel. Etwas außerhalb des Ortszentrums steht seit 800 Jahren die mittelgroße Stabkirche. Dem alten Kruzifix werden Wunderkräfte nachgesagt. Die Kirche ist täglich von 10 bis 17 Uhr geöffnet.

Nach Röldal wartet ein neuerliches Hochgebirgserlebnis der Extraklasse für Schwindelfrei: Der RV 11 windet sich breit ausgebaut in mehreren Serpentinen ins Hochland, um anschließend in einer Tunnelserie zu verschwinden. Diese Tunnels können am alten Weg über die Berge auf einer abenteuerlichen Paßstraße umfahren werden. Diese Straße verlangt volle Konzentration und Höchstleistung von Motor und Bremsen. Die Fahrzeugbreite sollte zwei Meter nicht wesentlich übersteigen. Die Paßstraße beginnt ganz kurz vor dem ersten Tunnel an einem großen Parkplatz für die Schifahrer. Die Strecke ist als Sehenswürdigkeit und mit »Röldalsfjellet« gekennzeichnet. Nach der Rückkehr zum RV 11 erscheint kaum glaubhaft, daß die Paßstraße nur zehn Kilometer lang war.

Die Straße an sich ist schon ein Erlebnis: Sie erreichen am höchsten Punkt fast 1100 Meter, und wann hat man schon einmal Gelegenheit, auf einer asphaltierten Trasse des vorigen Jahrhunderts mit einem Wohnmobil zu fahren? Der Eindruck der Natur und die Aussicht vom Paß sind normalerweise nur Bergwanderern vorbehalten.

Nach der Rückkehr zum RV 11 folgt nach neun Kilometern die Abzweigung des RV 13 und der Anschluß zur Route zwei dieses Buches. Dieser Strecke folgen Sie auf den nächsten 91 Kilometern bis zur Abzweigung des RV 7 am Nordende des Hardanger-Fjordes – siehe Seite 93 bis 95.

Nachdem die Route zwei am RV 7 Richtung Bergen weiterführt, geht es die nächsten 25 Kilometer auf dem RV 13 nach Voss auf die E 16. Voss ist Wintersportzentrum, eine Seilbahn bringt Sie im Sommer eventuell in brauchbares Wandergebiet.

Auf der E 16 geht es nun nach Norden, Richtung Gudvangen. Nach ungefähr 30 Kilometern verschwindet die Straße in einem Tunnel. Lassen Sie sie verschwinden, viel schöner ist die alte Straße zu Ort und Hotel Stalheim. Vom Hotel breitet sich eine großartige Aussicht hinunter ins Nærøydalen aus. Auch die folgende Serpentinenstraße ist ein Erlebnis, sowohl vom Ausblick als auch für den Fahrer: die Straße ist steil, die Serpentinen sind eng. Das Nærøydalen ist die Fortsetzung des engen und schmalen Nærøy-Fjordes, nur eben ohne Wasser. Wer sich langweilt, kann ja versuchen, alle Wasserfälle zu zählen, die zu sehen sind. Zirka 46 Kilometer nach Voss erreichen Sie Gudvangen.

Dort stellt sich dann die Qual der Wahl. Drei Streckenvarianten sind denkbar:

Variante a):
Fähre Gudvangen – Kaupanger: Das ist die kürzeste Verbindung zu den Bergen von Jutunheimen. Die Fähre kostet Zone 45. Die Überfahrt dauert über zwei Stunden, es gibt fünf Abfahrten pro Tag.

Variante b):
Fähre Gudvangen – Revsnes: Hier können Sie den Abstecher nach Lærdalsöyri und zur Stabkirche von Borgund unternehmen. Die Fähre kostet Zone 43. Nach dem Besuch in Borgund müssen Sie zurück auf die Fähre von Revsnes nach Kaupanger, für die Zone fünf zu bezahlen ist. Die Überfahrt dauert 15 Minuten.

Variante c):
Sie fahren von Gudvangen über Flåm und Aurlandsvangen auf der Straße nach Lærdalsöyri und Borgund. In diesem Fall benützen Sie nur einmal die Fähre von Revsnes nach Kaupanger.

Variante a) bietet die unglaubliche Fährenfahrt durch den Nærøy-Fjord, verzichtet aber auf die Stabkirche von Borgund. Variante b) enthält zusätzlich die Stabkirche und den Ort Lærdalsöyri. Variante c) verzichtet auf den Nærøy-Fjord, bietet dafür ein großes Bergerlebnis und schont am meisten die Reisekasse. Sie ist die Strecke des begeisterten Autofahrers.

Variante a):
ist in Variante b) enthalten.

Variante b):
Der Nærøy-Fjord ist angeblich der schmalste Fjord Europas. Die Berghänge sind nahezu senkrecht, die Berge darüber bis zu 1200 Meter hoch. Zahllose Wasserfälle stürzen herab. Auf den Gipfeln der Berge liegt auch im Sommer Schnee. Manchmal scheint das Tal für die Fähre fast zu eng zu werden, es bleiben im Minimum aber immerhin »noch« 250 Meter. Diese Fahrt zählt sicher zu den eindrucksvollsten Fjordfahrten, die Sie überhaupt erleben können.

Von Revsnes führt die E 16 gut ausgebaut nach Lærdalsöyri. Die Straße verleitet zum Vorbeifahren, den Ort darf man sich aber keinesfalls entgehen lassen. In Lærdalsöyri wurde ein ganzer Ortsteil aus alten Holzhäusern wunderbar restauriert. Die Häuser sind bewohnt, der Ort lebt. Die Stromleitungen wurden allesamt in den Boden verlegt, ein Fest fürs Auge und den Fotografen.

Das Lærdal beginnt recht breit und flach, es gibt schöne Holzhäuser und große Bauernhöfe. Die Wärme des Golfstromes verdrängt die auf den hohen Bergen rundum herrschende Kälte. Sogar Obstbau ist hier möglich. Nach 15 Kilometern rücken die Berge zusammen, die Straße muß durch eine enge Schlucht. Durch diese Schlucht führte auch einst die alte Königstraße, einige Teile davon sind noch zu sehen. Die Reisen auf diesen Straßen müssen echte Abenteuer gewesen sein. Aus der Windschutzscheibe eines angenehmen Wohnmobil gesehen: einfach unvorstellbar.

Mitten in der Schlucht donnert plötzlich der großer Wasserfall Sjurhaugsfossen gegenüber der Straße in den Fluß. Ein Parkplatz lädt ein zum Halt und zum Schauen. Freie Übernachtungsplätze waren seit der Fähre kaum zu finden, wen das Tosen nicht stört, kann hier in herrlicher Umgebung stehenbleiben. Nach dem Wasserfall hängt ein alter Steg teilweise an wackeligen Brücken über dem Fluß. Er ist nur für Schwindelfreie geeignet und unverbesserliche Optimisten. Die Brücken sehen nicht sehr vertrauenserweckend aus.

Nach der Schlucht wird das Tal wieder etwas breiter, Bauernhöfe wurden hier teilweise in abenteuerlichen Lagen errichtet. Nach 30 Kilometern, ab Lærdalsöyri gerechnet, grüßt die Stabkirche von Borgund.

Die Stabkirche von Borgund gilt als die besterhaltene aller Stabkirchen, das heißt, sie wurde seit der Erbauung vor 800 Jahren am wenigsten verändert. Nirgends erhält man einen unverfälschteren Eindruck der Atmosphäre eines alten Gotteshauses. In die Kirche wurden, mit einer kleinen Ausnahme, auch in späteren Zeiten keine Fenster eingefügt. Der Innenraum ist sehr dunkel, die Mitnahme einer Taschenlampe empfehlenswert, wenn mehr von der Holzkonstruktion betrachtet werden soll. Besonders schön sind an der Außenseite auch die vielen Drachenköpfe und die Schnitzereien rund um das Hauptportal. Die Kirche ist täglich von 9 bis 17 Uhr geöffnet, der Eintritt kostet 30 NKR. Die Stabkirche wurde der Gemeinde zu klein, eine neue Kirche in der Nähe errichtet. Ein Besuch ist daher auch am Sonntagvormittag möglich. In der Stabkirche werden nur mehr zwei Gottesdienste im Jahr gehalten.

Variante c):
In Gudvangen beginnt der RV 50, die E 16 folgt der Fähre nach Revsnes. Nach 13 Kilometern und einem langen Tunnel (11,4 Kilometer!) verläßt die Stichstraße nach Undredal den RV 50. Diese Straße erreicht nach sechs Kilometern die kleinste aller Stabkirchen mit nur vier Stützpfeilern. Die Kirche dient der kleinen Gemeinde noch heute als Gotteshaus. Leider wurde die Kirche im 17. Jahrhundert umgebaut und hat ihr Aussehen als Stabkirche von außen verloren.

Nach einem weiteren Tunnel (auch fünf Kilometer lang) erreichen Sie den kleinen Ort Flåm. Hier endet ein Nebenarm der berühmten Bergen-Bahn, eben die Flåm-Bahn. Es lohnt sich, für diese 20 Kilometer lange Strecke das Wohnmobil einige Stunden stehen zu lassen und eine Bahnfahrt zu unternehmen. Die Bahn klettert auf diese kurze Entfernung ganze 865 Meter hoch und führt durch ein enges, schönes Tal. Es geht an zahlreichen Wasserfällen vorbei bis ins Hochland bei Myrdal. An schönen Aussichtspunkten fährt die Bahn besonders langsam, manchmal legt sie eine Fotopause ein. Von Myrdal nach Flåm verläuft parallel zur Bahnstrecke ein Fuß- und Fahrradweg. Warum nicht die Rückreise per Drahtesel veranstalten? Wer kein Fahrrad dabei hat, kann in Flåm im Tourist-Kontor am Bahnhof eines ausleihen. Die einfache Fahrt mit dem Zug kostet 50 NKR, die Züge verkehren ungefähr siebenmal täglich. Die Kombination Zug/Fahrrad läßt sich sogar sinnvoll bis Finse an der Bergenbahn ausweiten.

Acht Kilometer nach Flåm, in Aurlandsvangen, verlassen Sie wieder den RV 50. Die Straße hinüber zum Lærdals-Fjord beginnt mit einer Serpentinen-Orgie mit gewaltiger Aussicht hinunter in den Fjord. Vor Ihnen bricht der Berg fast senkrecht ab, unter Ihnen liegt Aurlandsvangen. Die Strecke verschwindet anschließend ins Hochland, sie muß schließlich 1306 Meter Höhe überqueren. Die Gletscher des Hornsnipa scheinen zum Greifen nahe – Sie sind plötzlich in arktischer Hochgebirgslandschaft. Ein See reiht sich an den anderen, in vielen leuchtet auch im Sommer das Eis hervor. In dieser Wildnis läßt sich gut ein Übernachtungsplatz finden, es wird in der Nacht aber wahrscheinlich sehr kalt. Nach dem Hochland wird die Straße schmal und windet sich steil durchs enge Horndalen hinunter zum Lærdals-Fjord. Wenige Kilometer vor Lærdalsøyri erreichen Sie wieder auf Meereshöhe die E 16. Die Strecke folgt von hier der Variante b).

Gleichgültig welcher Variante Sie gefolgt sind, letzlich landen Sie in Kaupanger. Nun nennt sich die Straße zur Abwechslung RV 5, hier wartet auch die nächste Stabkirche. Dorthin kommt man ganz einfach, von der Fähre geht es Richtung Sogndal, nach knapp zwei Kilometern ist die Kirche ausgeschildert. Von außen wirkt das Gebäude bescheiden, in Inneren herrscht wieder die eigentümliche Atmosphäre und der Geruch nach Pech wie in den anderen Stabkirchen. Trotz der einheitlichen Grun-

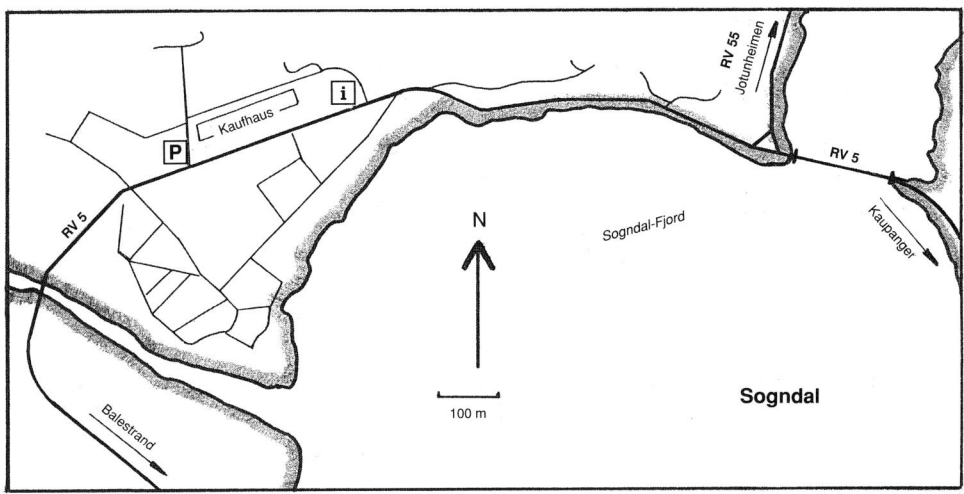

didee ist jedes dieser Holzgebäude unverwechselbar. Die Kirche ist täglich von 10 bis 18 Uhr geöffnet, der Eintritt kostet 20 NKR.

Sogndal erreichen Sie nach elf Kilometern Fahrt am RV 5. Nach der Brücke über den Sogndals-Fjord zweigt gleich der RV 55 ab, die Straße nach Jotunheimen. Sogndal bietet gute Versorgungsmöglichkeiten, ist ansonsten für Touristen eher weniger interessant.

Der RV 55 erreicht nach zwölf Kilometern den Lustra-Fjord, noch immer ein Nebenarm des Sogne-Fjord, des längsten aller Fjorde. Zum Wasser führt eine kurze Straße (zirka drei Kilometer) in den kleinen Ort Solvorn hinab. Am gegenüberliegenden Ufer liegt Ornes, und in dem kleinen Ort Norwegens älteste Stabkirche Urnes.

Eine Fahrt am Ostufer des Lustra-Fjordes entlang ist empfehlenswert. Die Straße ist kaum befahren, bietet immer wieder schöne Ausblicke auf den Jostedal-Gletscher im Nordwesten, führt dicht unter den Feigum-Wasserfall und ist teilweise sehr, sehr schmal. Außerdem muß die kleine Fähre ab Solvorn benutzt werden. Mit dem Wohnmobil sind die Überfahrt und die Straße gut zu bewältigen, mit einem Wohnanhänger ist diese Tour weniger ratsam. Die Überfahrt dauert 15 Minuten und kostet ungefähr Zone 6, hat aber eigene Tarife. Natürlich können Sie in Solvorn auch Ihr Wohnmobil stehen lassen und die Stabkirche ohne Fahrzeug besuchen. Vom Fähranleger erreicht man die Kirche leicht in zehn Gehminuten. In Skjolden trifft der RV 55 wieder mit der Straße vom Ostufer zusammen.

Die Stabkirche von Urnes ist, wie gesagt, die älteste Stabkirche Norwegens. Das besagt nicht viel, sie wurde nur sehr kurz vor vielen anderen im Jahre 1100 erbaut. Die Kirche wurde seit der Errichtung kaum verändert und liegt neben einem Bauernhof abseits auf einer Bergwiese. Durch die erschwerte Anreise finden weniger Besucher, fast keine Autos und kein einziger Touristenbus den Weg zur Kirche. Hier können die Gedanken ungestört weit, weit in die Vergangenheit zurückschweifen. Zum Besuch der Kirche ist es günstiger, das Wohnmobil am Parkplatz an der Straße abzustellen und den schmalen Weg zur Kirche zu Fuß zurückzulegen. Die Zufahrt ist steil, eng und schlecht, vor der Kirche gibt es nur sehr geringe Parkmöglichkeiten. Die Kirche ist täglich von 10 bis 17 Uhr geöffnet.

Die Straße nach Skjolden ist sehr schmal, oft kann der allerdings kaum vorhandene Gegenverkehr nur an Ausweichstellen passieren. Nach zwölf Kilometern donnert der große Wasserfall von Feigum neben der Fahrbahn in den Fjord. Kurz vor Skjolden führt die Straße durch zwei kleine Tunnels. Nur hier ist eventuell ein kleiner Standplatz zu finden. In Skjolden treffen Sie wieder auf den RV 55, der sich gleich nach dem Ort über einen Hügel zu einem kleinen See schlängelt, dort gibt es einen schönen Campingplatz und eine Tankstelle.

Eine weitere Zapfstation befindet sich noch wenige Kilometer weiter im kleinen Ort Fortun, dann aber herrscht für die folgenden 77 Kilometer über das Jotunheim-Gebirge bis Lom Ebbe.

Nach Fortun steigt die Straße steil und eng hinauf aufs Sognefjell. Nach dem milden Fjordklima erfolgt ein plötzlicher Klimaumschwung, unvermittelt scheint man in der Arktis. Die Vegetation hört praktisch auf, die Gletscher reichen von den Bergen fast bis in die zahlreichen Seen herab. In den meisten Seen schwimmt auch im Sommer noch Eis. Im Hochland des Sognefjell erreicht die Straße mit 1440 Meter kurz nach der Fylke-Grenze ihren höchsten Punkt. Inmitten des gewaltigen Panoramas von Norwegens höchsten Bergen sind überall schöne Rast- und Übernachtplätze zu finden. In der Nacht kann es freilich sehr kalt werden.

Wärmere und ebenso schöne Übernachtungsplätze bieten sich im folgenden Breiseterdalen und Leirdalen an. Sie sind hier vom Hochgebirge in Almgebiet zurückgekehrt. Munter rauscht der Fluß durchs Tal, oft kann das Wohnmobil direkt neben murmelndem Wasser stehen. Die letzten 15 Kilometer vor Lom wird der Wald dichter.

Lom ist uralter Siedlungsraum. Erste Spuren führen bis zum Ende der Eiszeit zurück. Auch eine große Stabkirche zeugt von der Wichtigkeit des Ortes, auffallend schöne Kreuze und Drachenköpfe zieren ihren Giebel. Die Kirche ist noch immer Hauptkirche von Lom, sie ist von Mitte Juni bis Mitte August täglich von 9 bis 21 Uhr geöffnet, ausgenommen natürlich während des Gottesdienstes. Der Eintritt kostet 15 NKR. Außerhalb der beiden Sommermonate vermittelt die Touristen-Information eine Besichtigung.

Wichtig bei Schlechtwetter: Lom rühmt sich, weniger Regen als die Sahara abzubekommen. Vielleicht sollte man bei norwegischen Superlativen ein wenig vorsichtig sein. Wenn Sie Lom bei Regen erleben, wird Ihnen sicher jemand erzählen, dies sei der erste Regen seit Monaten, und dieses Jahr wettermäßig überhaupt eine Ausnahme. Tatsache ist allerdings, daß am Jutunheim-Gebirge viele Wolken aus dem Westen abregnen und in Lom, für norwegische Verhältnisse, nur sehr wenig Niederschlag fällt. Aus diesem Grund gibt es in dieser Gegend eine lange Tradition der künstlichen Bewässerung. An die alten Bewässerungsanlagen erinnert der merkwürdige, wasserführende Holzturm im Ortszentrum.

Lom ist natürlicher Ausgangspunkt für Besuche im Nationalpark Jotunheimen. Für Touren sollte man reichlich alpine Erfahrung und Ausrüstung mitbringen oder sich einem Bergführer anvertrauen. Wer es bescheidener mag, kann in der Umgebung schöne Wandertouren unternehmen, zum Beispiel auf den markanten Berg über Lom. Der Höhenunterschied beträgt über 900 Meter, die Aussicht vom Lomseggi ist enorm. Der Ort besitzt natürlich auch ein Heimatmuseum. Der Besuch ist nicht allzu lohnend, kurz vor dem Eingang steht aber einer der größten norwegischen Kornspeicher aus dem 16. Jahrhundert, der Storstabburet. Der Speicher diente zum Sammeln des Zehent für König und Kirche. Das Museum hat täglich von 11 bis 18 Uhr geöffnet, der Eintritt kostet 15 NKR.

Für Mineralienfreunde ist der Besuch des Steinsenter absolut Pflicht. Hier werden so ziemlich alle norwegischen Gesteinsarten gezeigt, rohe und bearbeitete Steine auch verkauft. Kunst und Kitsch liegen manchmal nebeneinander, es sind aber viele wirklich schöne Stücke, auch Schmuck, zu finden. Für Mineraliensammler gibt es eine deutschsprachige Information über Fundstellen in der Umgebung.

In Lom und der näheren Umgebung ist freies Campieren teilweise verboten. Sie müssen im Ort auf einen der beiden Campingplätze zurückgreifen.

Von Lom geht es auf dem RV 15 nach Osten Richtung Otta und E 6. Das Tal ist breit und fruchtbar. An Vågå-See sind einige schöne Parkplätze eventuell als Übernachtungsplätze geeignet. Sonst ist die Suche nach Standmöglichkeiten eher fruchtlos. Nach gut 30 Kilometern erreichen Sie Vågåmo. Die Kirche von Vågåmo wird gerne als Stabkirche bezeichnet. Hier offenbaren sich die Auffassungsunterschiede, was denn nun eine Stabkirche wirklich ist: Das Trägergestell der Kirche besteht aus kantigen Balken, die auch nicht frei im Raum stehen. Bemerkenswert sind die Schnitzereien an Kanzel und Altar und das alte Taufbecken.

In Otta endet diese Route an der E 6, auf der Route drei kann die Tour fortgesetzt werden. Die Route drei führt Sie von Otta noch zur Stabkirche von Ringebu, auf die Per-Gynt-Straße und über die Olympiastadt Lillehammer zurück nach Oslo (siehe Seite 204 ff).

Route 5:

Oslo

Ein Streifzug durch die Hauptstadt

Nein, eine Hauptstadt von der alle Welt spricht, wie etwa von Paris oder Rom, ist Oslo sicher nicht. Dazu fehlt ihr schon allein durch die kleine Einwohnerzahl das entsprechende Gewicht. Auch bei denjenigen, die mitreden können, weil sie Oslo erlebt und gesehen haben, sind die Meinungen geteilt. Die einen vermissen den Flair und die Monumente der Großstadt, andere sind wiederum von den vielen Grünflächen und der Überschaubarkeit begeistert. Wie man's auch nimmt, in Oslo gehen die Uhren anders.

Die Stadt überzeugt zuallererst durch ihre Lage am Ende des Oslo-Fjordes. Am beeindruckendsten ist vielleicht die Anreise mit dem Schiff durch das Gewirr der Inselchen, die bis kurz vor das Stadtzentrum reichen. Zur Stadt gehören nicht weniger als 40 Inseln und über 300 Seen. Mehr als die Hälfte der Stadtfläche besteht aus Wald- und Grünflächen. Die langen, hellen Sommernächte kann auch nur eine Stadt bieten, die ähnlich wie St. Petersburg oder Helsinki fast am sechzigsten nördlichen Breitengrad liegt. Durch die Ausläufer des Golfstroms ist das Klima viel milder als in Städten vergleichbarer Nordlage. Die Jahres-Niederschlagsmenge liegt mit 600 Millimetern Regen im europäischen Durchschnitt. Diese Tatsache nehmen auch die Bewohner von Bergen (2000 mm) gerne ein wenig schmollend als Begründung, daß Oslo Hauptstadt wurde und nicht die Handelsstadt im Westen.

Oslo ist eine alte Wikingersiedlung. Schon im achten Jahrhundert lassen sich Siedlungsreste nachweisen, die offizielle Gründung erfolgte angeblich im Jahre 1048. Zur Zeit der Wikinger nahm Oslo einen deutlichen Aufschwung. Diese Entwicklung wurde 1348 durch das Auftreten der Pest und dem Tod von 50 Prozent der Bevölkerung jäh unterbrochen. Nach dem Erlöschen der Seuche gelang es Dänemark, den Einfluß auf Norwegen auszudehnen, Bergen gewann als Hansestadt überragende Bedeutung. Im Jahr 1624 wurde Oslo durch einen Stadtbrand fast völlig zerstört. Der dänische König Christian IV. plante die Stadt um die Festung Akershus im Stil der Renaissance neu und gab ihr den Namen Christiania. Die rechtwinklig angelegten Straßenzüge sind bis heute erhalten. Der Aufschwung ließ auf sich warten, noch 1769 hatte Oslo nicht mehr als 7500 Einwohner, die Hälfte etwa von Bergen oder Trondheim. Die Stadtentwicklung setzte ein, als die Vorherrschaft Dänemarks im 19. Jahrhundert endete und die Union mit Schweden entstand. Jetzt hatte Oslo strategische Vorteile. Norwegen wurde akzeptierter Partner Schwedens, seine Hauptstadt hieß Christiania. Als Norwegen 1905 ein eigenständiger Staat wurde, lebten in der Stadt bereits 200.000 Menschen. Durch das erwachte nationale Selbstbewußtsein erhielt Christiania am 1. 1. 1925 wieder den alten Namen Oslo.

Heute ist Oslo Industriestadt und Verwaltungszentrum. Die Industrie ist an den Stadtrand ausgesiedelt. Das Zentrum beherrschen Verwaltung, Kommerz und Studenten. Oslo beherbergt heute 460 000 Einwohner, im Großraum leben 850 000 Menschen, das sind zwanzig Prozent der gesamten Bevölkerung. Durch das Öl ist genügend Geld in die Stadtkasse geflossen, und so suchte und sucht Oslo durch den Bau in moderner Architektur den Anschluß an die Weltkultur zu finden. Das hierfür vielleicht typischeste Gebäude ist Aker-Brygge, ein Einkaufs- und Gourmet-Tempel aus Stahl, Glas und Beton im Stil der alten Brygges. Erhalten geblieben ist Oslos Bewohnern auch der Wunsch, am Wochenende der Stadt zu entfliehen: Unzählige Hyttas verteilen sich über die Inseln des Oslo-Fjordes und der anschließenden Küsten. Beeindruckend sind auch die vielen Möglichkeiten, im Stadtgebiet ausgiebige Wanderungen in nahezu unberührter Natur zu unternehmen.

Oslo hat, was das Wohnmobil und den Verkehr betrifft, den Anschluß an fast alle größeren Städte des Westens nahtlos geschafft: Es gibt im Zentrum viel zu wenig Parkplätze. Diese Parkplätze kosten ausnahmslos rund um die Uhr enorm, für die Stunde sind zwölf Kronen zu zahlen. Die Parkzeit ist begrenzt. Eine Parkmöglichkeit fürs Wohnmobil findet sich am ehesten hinter der zentralen Touristen-Information und am Parkplatz zwischen Hauptbahnhof und der E 16. Mit der Oslo-Karte kann man kostenlos parken, an die beschränkte Parkzeit ist man gebunden.

In Oslo ist das Übernachten im Wohnmobil generell verboten. Für einen längeren Aufenthalt sollte man einen der beiden Campingplätze im Stadtgebiet aufsuchen. Der Preis ist mit 120 NKR für Fahrzeug, Nacht und vier Personen nicht übermäßig teuer, heiße Duschen und Abwasser-Entsorgung sind kostenlos. Beide Plätze werden von den städtischen Autobuslinien gut versorgt. Mit dem Wohnmobil läßt sich hier auch im Sommer einen Platz finden, wer auf Nummer sicher gehen will, reserviert.

Camping Ekeberg liegt näher am Zentrum auf einem Hochplateau und besteht eigentlich nur aus einer großen Wiese und den entsprechenden Sanitär-Gebäuden. Sie haben einen schönen Ausblick über die Stadt, Stromanschluß gibt es keinen. Der Platz ist vom ersten Juni bis zum 31. August geöffnet. Adresse: Ekeberg Camping, Ekebergveien 65, N-1181 Oslo 11, Telefon 0047–22 19 85 68. Kein Fax.

Camping Bogstad liegt zirka neun Kilometer nordwestlich vom Zentrum im Grüngürtel. Der Platz wirkt nicht so kahl und ist besser ausgestattet. Es gibt einen Kinderspielplatz, Minigolf und beim Eingang Tankstelle und Restaurant. Stromanschluß ist für 25 NKR je Nacht erhältlich. Borgstad ist ganzjährig geöffnet. Adresse: Bogstad Camp & Turistsenter, Ankerveien 117, N-0757 Oslo 7, Telefon 0047–22 50 76 80, Fax 0047–22 50 01 62.

Für einen Stadtbesuch wird sich meist ein Kauf der Oslo-Karte lohnen. Die kostet für 24 / 48 / 72 Stunden jeweils 95 / 140 / 170 NKR. Die Karte ist auf den Campingplätzen, bei den Touristen-Informationen, auf Postämtern und Tankstellen sowie an den Narvesen-Kiosken erhältlich. Die Karte gilt erst vom Zeitpunkt der ersten Benützung an, man kann die Karte daher ruhig schon zum Beispiel am Vorabend des Stadtbesuches erwerben. Mit der Karte lassen sich alle öffentlichen Verkehrsmittel wie Bus, Straßenbahn, U-Bahn und Bootlinien kostenlos benützen, der Eintritt in die

meisten Museen und Sehenswürdigkeiten ist gratis. Auch die »Mini-Cruise« Hafen-
und Schärenrundfahrt sowie einige Schwimmbäder sind mit der Karte bezahlt. Mit
der Karte erhalten Sie eine genaue Informations-Broschüre auch in Deutsch.

Oslo hat um das Stadtzentrum drei Straßenzüge mit »Ring 1«, »Ring 2« und
»Ring 3« ausgeschildert. Das erleichtert die Durchfahrt durch die Stadt ungemein.
Jede Fahrt in oder durch die Stadt ist mautpflichtig, es sind 11 NKR je Fahrzeug bis
3,5 Tonnen zu berappen, darüber 22 NKR. Wer elf Kronen abgezählt bereithält,
darf zu den gelben Durchfahrten »Mynt / Coin« fahren und am Automaten zahlen.
Wer kein Wechselgeld hat oder ein Wohnmobil schwerer als 3,5 Tonnen, muß grundsätzlich die Durchfahrt »Manuell« bei den weißen Schildern benützen. An den
Mautstellen oder den Touristen-Informationen gibt es mehrsprachige Faltblätter,
aus denen auf einem Stadtplan die Lage der Mautstellen und der Straßenringe sowie die genauen gültigen Tarife zu ersehen sind.

Was muß man nun in Oslo gesehen haben? Die Stadt verfügt natürlich über eine
Unzahl von Ausstellungen, Museen, Theater, Kinos, Bäder, Lokale und so weiter.
Eine genaue Aufstellungen fast aller Möglichkeiten bietet der offiziellen Stadtführer, den es in Deutsch in den Touristen-Informationen und an den Campingplätzen
gratis gibt. Den Stadtführer erhält man auch schon weit außerhalb Oslos in Touristen-Informationen, Kiosken und manchmal auch Tankstellen. Hier sind deutsche
Exemplare nicht immer vorrätig. Was es zu den allerwichtigsten Sehenswürdigkeiten zu sagen gibt, können Sie auch hier erfahren. Für dieses Besichtigungsprogramm benötigt man zirka zwei Tage. Die Reihenfolge entspricht einer möglichen
Besichtigungstour.

Wer mit dem Bus von einem Campingplatz in die Stadt fährt, landet zwangsläufig
beim Hauptbahnhof, der auch gleichzeitig zentraler Busbahnhof ist. Gleich gegenüber beginnt die Karl Johansgate, Oslos »Hauptstraße«. Die Straße ist zur Hälfte
Fußgängerzone, am anderen Ende steht das königliche Schloß. An der Karl Johansgate liegen Dom, Parlament (Stortinget), Nationaltheater und Universität. Entlang
dieser Hauptstraße ist Oslo ein wenig Weltstadt mit Geschäften, Boutiquen, Bars,
Restaurants und allerlei Geschäften, die sich über jeden Besuch freuen. Das königliche Schloß kann dagegen nicht besichtigt werden, in den Schloßpark darf jedermann. Täglich um 13,30 Uhr findet die Wachablösung der königlichen Garde statt.
Am 17. Mai, dem Nationalfeiertag, zieht eine große Parade zum Schloß.

Wenn Sie vor der Universität nach links Richtung Hafen abbiegen, stoßen Sie
nach 200 Metern direkt auf den Haupteingang von Oslos Rathaus. Dieses merkwürdige Gebäude wurde 1950 fertiggestellt und avancierte zu einem Wahrzeichen Oslos. Über Schönheit sollte man bekanntlich nicht streiten, bemerkenswert jedenfalls
ist die große Halle im Inneren. Sie wurde durch norwegische Künstler mit Bildern
und Glasfenstern ausgeschmückt. Alles ist von großem Ernst getragen, die Darstellungen sollen auch Norwegen als Ganzes zeigen, allerdings fehlt dem Raum die Tradition der Baukunst mit Stein. Alles wirkt ein bißchen wie eine Bahnhofshalle, einschließlich dem muffigen Geruch. Es gibt aber durchaus Menschen, denen hier alles
gefällt. Geöffnet ist von Montag bis Samstag von 9 bis 15,30 Uhr, Sonntag von 12 bis
15 Uhr. Der Eintritt kostet 15 NKR, mit Oslo-Karte ist er gratis.

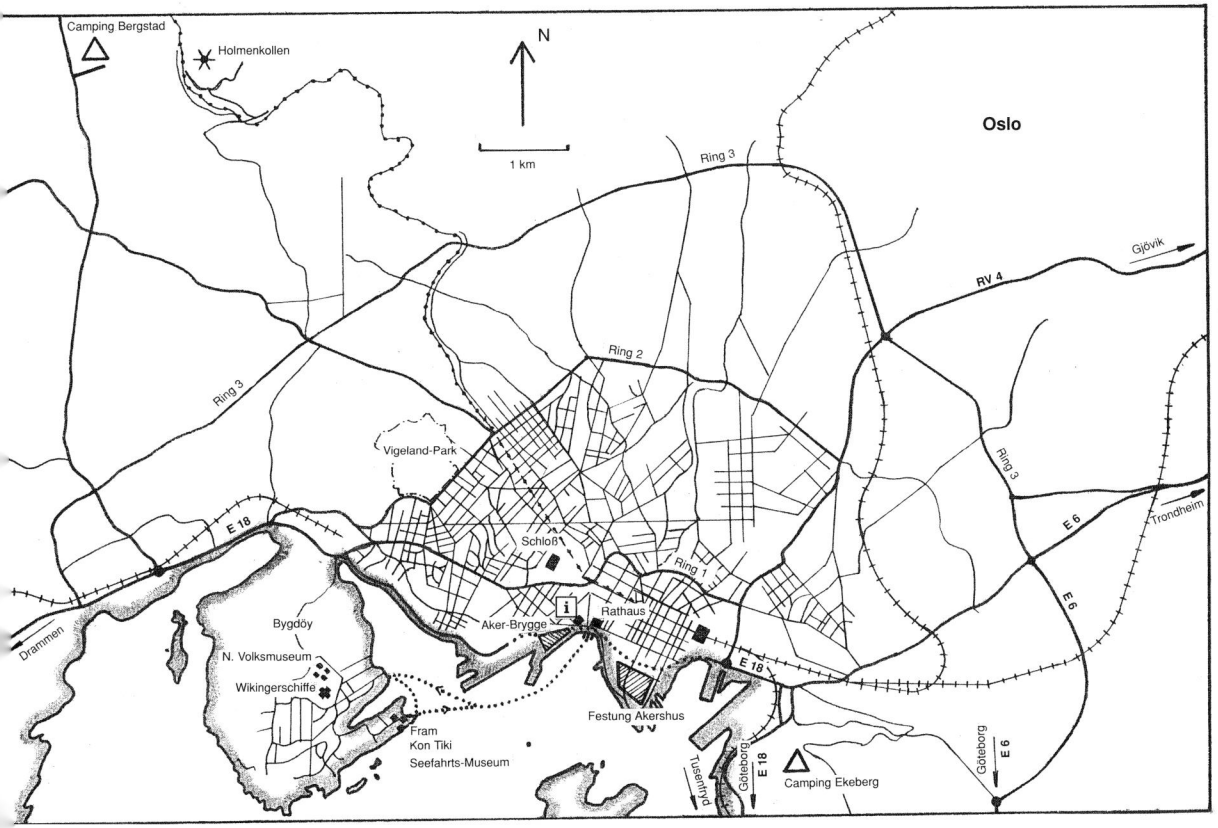

Wer sich, wieder draußen, mit dem Rücken zum Rathaus hinstellt und auf den Hafen blickt, sieht gleich rechts das zweitürmige, gelbe Gebäude Vestbane-Stasjonen, in dem die zentrale norwegische Touristen-Information untergebracht wurde. Das Gebäude diente einst als Westbahnhof, hier begann die Bahn zur Südküste. Die Touristen-Information hat Montag bis Freitag von 9 bis 20 Uhr, am Samstag und Sonntag von 9 bis 16 Uhr geöffnet. Die zweite Touristen-Information am Hauptbahnhof mit Schwerpunkt Oslo-Information hat täglich von 8 bis 23 Uhr geöffnet.

Unmittelbar vor dem Rathaus liegen auch die Anlegestellen der Fähren und der Rundfahrt-Boote. Die Rundfahrten starten alle von Kai drei, so auch zum Beispiel die Mini-Cruise Hafenrundfahrt, die zur vollen Stunde täglich zwischen 10 und 20 Uhr zu einer Reise durch den Hafen und den Fjord startet. Die Rundfahrt dauert 50 Minuten. Oslo vom Wasser aus – das wird dem Charakter dieser Stadt wohl am besten gerecht. Die Fahrt ist mit der Oslo-Karte gratis und kostet ansonsten 55 NKR.

Vom Kai drei starten auch die Fähren zur Halbinsel Bygdöy. Bygdöy ist einerseits ein sehr gutes Wohnviertel, beherbergt andererseits auch einige Museen, die sicher einmalig in der Welt sind. Nach Bygdöy kann man auch mit dem Autobus fahren (Linie 30), das geht aber weder schneller noch ist es schöner. Die Fähren laufen Bygdöy in einem Dreieck-Kurs an, wobei zwei Anlegepunkte auf der Halbinsel, der dritte vor dem Rathaus liegen. Die Fähre zwischen den Insel-Anlegepunkten zu benützen lohnt kaum, schöner ist ein Spaziergang durch das Wohnviertel. Die Fähren nach Bygdöy können mit der Oslo-Karte gratis benutzt werden und verkehren ungefähr alle zwanzig Minuten.

Ein Rundgang in Bygdöy könnte zum Beispiel beim Polarschiff Fram beginnen. Wenn Sie bei der zweiten Haltestelle des Bootes aussteigen, stehen Sie unmittelbar vor dem giebelförmigen Gebäude, das eigens für das Schiff errichtet wurde. Das Schiff wurde vom berühmten Bootsbauer Colin Archer speziell für die Eismeerforschung im Jahre 1892 für Fridjof Nansen und Roald Amundsen entwickelt und gebaut. Es begleitete sie auf mehreren Expeditionen im Eis der Arktis und Antarktis und hat aufgrund der robusten Bauweise auch schwerstes Packeis überstanden. Das Schiff kann außen und innen besichtigt werden und vermittelt sehr gut die Atmosphäre jener bedeutenden Forschungsreisen. Auch Nicht-Seefahrer können mit diesem außergewöhnlichen Ausstellungsstück ihre Freude haben. Die Besichtigung ist täglich von 9 bis 17,45 möglich, der Eintritt kostet normal 15 NKR, mit Oslo-Karte ist er gratis.

Unmittelbar neben dem Fram-Haus beginnt das Seefahrts-Museum mit einer schönen Bootsausstellung. Es werden Bootsformen aller Größen der Küstenschiffahrt gezeigt. Diese Boote waren bis in unser Jahrhundert in Gebrauch. Verblüffend, immer wieder, die konzeptionelle Ähnlichkeit mit den Wikingerschiffen. Die Nordmänner hatten offenbar die beste Form für die Seefahrt am Eismeer bereits gefunden. Im danebenliegenden großen Gebäude des Seefahrtsmuseum werden zahlreiche Schiffsmodelle und Geräte von einst und jetzt gezeigt. Dieses Museum sollte nur ansehen, wer sich für Seefahrt näher interessiert. Geöffnet ist täglich von 10 bis 19 Uhr, der Eintritt kostet 20 NKR, mit Oslo-Karte ist er gratis.

Schräg gegenüber des Seefahrtsmuseums, wieder in einem eigenen Gebäude, sind die Schwimmkörper Kon Tiki und Ra II von Thor Heyerdahl untergebracht. Mit Kon Tiki überquerte Heyerdahl den Pazifik von Südamerika nach Polynesien und bewies damit die Möglichkeit, den Ozean auf einem Balsa-Floß zu überqueren. Ra II ist ein Boot aus Binsen in der Bauart der südamerikanischen Indianer und Alt-Ägyptens. Mit der Überquerung des Atlantik bewies Heyerdahl, daß der Seefahrt lange vor der klassischen Antike schon brauchbare Bootskörper für lange Seereisen zur Verfügung standen. Die Betrachtung von Kon Tiki und Ra II weckt wohl nur in wenigen Menschen den Wunsch, auf diese Weise die Weltmeere zu überqueren. Die Ausstellung ist täglich von 9 bis 18 Uhr geöffnet, der Eintritt kostet 20 NKR, die Oslo-Karte spart auch hier bares Geld.

Nach so vielen Museen kann ein Spaziergang in frischer Luft kaum schaden. Der Weg zur Halle der Wikingerschiffe ist 15 Minuten lang, eindeutig beschildert und führt durch eines der besten Wohnviertel von Oslo. Schöne Villen aus Holz verstecken sich in gepflegten Gärten. Auch Norwegens Ministerpräsidentin wohnt auf Bygdöy.

Die Halle der Wikingerschiffe sieht im ersten Moment wie eine Kirche aus – irgendwie passend, schließlich sind die Schiffe eine Art nationales Heiligtum. Die großen Boote waren Grabbeigaben von Wikingerfürsten. Die Bauart entspricht zweifellos den normalen »Arbeits"-Schiffen, die Ausschmückung mit Schnitzereien ist sicher viel schöner. Mit Schiffen dieser Ausführung fuhren die Wikinger durchs Eismeer bis nach Amerika, eroberten Teile von Nordeuropa und Rußland und plünderten im Mittelmeer. Nie waren Norweger oder Skandinavier so mächtig wie in der Wikingerzeit um die Jahrtausendwende. Die Wikingerschiffe sind Pflichtbesuch fast aller Besucher von Oslo, der Andrang in der Halle ist enorm. Am ehesten werden Sie am späten Nachmittag halbwegs in Ruhe die Schiffe ansehen können. Die Halle ist täglich von 9 bis 18 Uhr geöffnet, der Eintritt kostet normalerweise 20 NKR und ist mit Oslo-Karte wieder gratis.

Gleich hinter der Halle der Wikingerschiffe beginnt das Gelände des Norwegischen Volksmuseums, der Eingang liegt auf der anderen Seite des Geländes. Hier steht Norwegens größtes kuturhistorisches Museum, es enthält einen Querschnitt aller Bauformen des Landes einschließlich Stadtmilieu aus dem 18. und 19. Jahrhundert. Auch die Stabkirche von Gol wurde hier original aufgebaut. Die Ausstellung ist zweifellos bemerkenswert, wirklich interessant ist sie nur für völkerkundlich interessierte Besucher. Das Volksmuseum ist täglich von 10 bis 18 Uhr geöffnet, der Eintritt kostet mit der Oslo-Karte nichts, sonst 35 NKR.

Vom Volksmuseum führt ein weiterer kleiner Spaziergang hinunter zum Hafen und zur Anlegestelle. Das Schiff bringt Sie zurück zum Rathaus.

Nach so vielen Museen empfiehlt sich wiederum eine Dosis vom heutigen Leben. Gleich anschließend an das Hafengelände liegt Aker-Brygge. Im Stile traditioneller norwegischer Hafen-Architektur wurde hier aus Glas, Stahl und Beton ein großes, vollständig überdachtes Einkaufs und Unterhaltungs-Zentrum geschaffen. Geschäft reiht sich an Geschäft, Pubs, Cafés und Restaurants sorgen für das leibliche Wohl. Boutiquen, Delikatessengeschäfte, Kino, Theater – alles da. Oslo ist mächtig stolz auf dieses Signal weltstädtischen Lebens.

Gegenüber von Aker-Brygge, an der anderen Seite des Hafens, liegt die altehrwürdige Festung Akershus. Die Festung wurde um 1300 errichtet und im 17. Jahrhundert umgebaut. Ein Spaziergang durch die Gärten ist richtig erholsam, die Aussicht auf Stadt, Hafen und Schärengarten sehenswert. Die Anlage ist täglich von 6 bis 21 Uhr geöffnet und frei zugänglich. Das Schloß kann von Montag bis Samstag von 10 bis 16 Uhr und Sonntag von 12 bis 16 Uhr besichtigt werden und zeigt sehr schöne Räume aus der Renaissance. Der Eintritt kostet 15 NKR, mit Oslo-Karte ist er gratis. Zum norwegischen Selbstverständnis gehört auch eine Dokumentation des Widerstandes gegen die deutsche Besatzung, die zu gleichen Öffnungszeiten wie das Schloß besichtigt werden kann.

Eine der meistbesuchten und meistdiskutierten Sehenswürdigkeiten Oslos ist der Vigeland-Park im Stadtteil Frogner. Den Frogner-Platz, 250 Meter neben dem Haupteingang, erreichen Sie mit der Straßenbahnlinie zwei oder den Buslinien 72 und 20. Im Vigeland-Park sind über 200 meist überlebensgroße Skulpturen des Bildhauers Gustav Vigeland aufgestellt. Vigeland schuf diese Werke in den Jahren 1906 bis 1942. Die Stadt hatte ihm ein eigenes Atelier samt Park zur Verfügung gestellt. Die Anlage ist tatsächlich einmalig, ob die Figuren gefallen, ist allerdings Geschmacksache. Von den Gestalten wird jedenfalls kaum jemand unberührt bleiben, so oder so. Der Park ist ganzjährig Tag und Nacht geöffnet und für jedermann frei zugänglich.

Nahezu ein »Muß« ist auch der Besuch einer der berühmtesten Schi-Sprungschanzen der Welt, des Holmenkollen. Man erreicht die Anlage am besten mit der U-Bahnlinie 15, die Richtung Frognerseteren fährt (die Bezeichnung hat aber nichts mit dem Ortsteil Frogner und dem Vigeland-Park zu tun). Diese Strecke wird zum Teil noch mit sehr alten, rumpeligen U-Bahn-Garnituren befahren, in denen Sie ganz vorne neben dem Fahrer einmal Lokführer-Aussicht genießen können. Nach dem Stadtzentrum fährt die Bahn in freiem Gelände hinauf in die Berge. Ab der Station Holmenkollen erwartet Sie ein Fußmarsch von zehn Minuten bis zur Schanze. Norweger denken praktisch, und die Verblüffung ist groß: Der Schanzenauslauf und die unteren Tribünen sind im Sommer voll Wasser. Die Anlage dient als Freibad und Übungsstätte für Freestyle-Schiakrobatik. Im Winter erhält alles wieder seine ursprüngliche Bestimmung.

Neben dem Aufsprung müssen Sie nun steil die Stufen hinauf zum Schanzentisch steigen, hinter dem das Schimuseum untergebracht ist. Die Norweger rühmen sich der Erfindung des Schilaufes. Ursprünglich dürften es wohl die Samen gewesen sein, für die Erfindung des alpinen Schilaufes der Neuzeit mag es immerhin gelten. Das Museum zeigt die Entwicklung des Schilaufes aus vorgeschichtlicher Zeit, der Bindungen, Stöcke und Ausrüstungen. Weder Langlauf noch alpiner Schilauf kommen zu kurz. Die Ausstellung ist sicher eine der komplettesten der Welt.

Falls das Wetter halbwegs mitspielt, sollten Sie unbedingt auch noch den Sprungturm mit dem Absprung der Schispringer besuchen. Vom Museum befördert ein Lift schwindelfreie Besucher ungefähr auf halbe Höhe, die restlichen 142 Stufen zur Spitze müssen zu Fuß bewältigt werden. Von oben blickt man dann direkt in die Anlaufspur und kann ermessen, was ein Schispringer vor jedem Sprung sieht und fühlt. Der Ausblick über die Stadt und den Fjord ist ebenfalls grandios. Schanze und Tribüne liegen frei und können immer besichtigt werden. Das Schimuseum und der Sprungturm sind täglich von 9 bis 20 Uhr geöffnet. Der Eintritt kostet 50 NKR, ist aber mit der Oslo-Karte kostenlos.

Natürlich bietet eine Stadt wie Oslo auch einen Vergnügungspark. Er heißt Tusenfryd und liegt zirka 20 Kilometer südlich der Stadt an der E 18 Richtung Göteborg. Tusenfryd hat mit Norwegen nichts zu tun, Disneyland ist überall. Aber ein paar Stunden Entspannung? Abwechslung für die Kinder? Ab dem Rathaus fährt ein kostenloser Zubringerbus nach Tusenfryd. Der Eintritt kostet 50 NKR, mit der Oslo-Kart kommt man auch hier ohne zu zahlen hinein. Tusenfryd hat täglich von 10,30 bis 20 Uhr geöffnet, im Juli bis 22 Uhr.

Ein Wort noch zu den Übernachtungsmöglichkeiten im Wohnmobil: Der schöne Oslo-Fjord, die Inseln und Schären sind durch die Nähe der Großstadt nahezu vollständig verbaut und oft richtiggehend verhüttelt. Das sieht zwar gar nicht so übel aus, vor allem vom Schiff aus hat der Fjord durchaus seine Reize, doch ein Naturerlebnis oder ein freier, schöner Standplatz läßt sich kaum finden. Im Oslo-Fjord kann man nur auf Campingplätzen übernachten.

Anhang

Wichtige Adressen:

Informationsmaterial erhalten Sie vom:

Norwegisches Fremdenverkehrsamt
Mundsburger Damm 27
Postfach 76 08 20
22087 Hamburg 76
Tel.: 040–22 71 08 10
Fax.: 040–22 71 08 15

Öffnungszeiten: Montag bis Freitag von 10 bis 16,30 Uhr

In Österreich und der Schweiz erhalten Sie Informationsmaterial
auch an den Botschaften:

Kgl. Norwegische Botschaft
Bayerngasse 2
A-1037 Wien
Tel.: 0222–7 15 66 92
Fax.: 0222–7 12 65 52

Kgl. Norwegische Botschaft
Dufourstraße 29
Ch-3005 Bern 6
Tel.: 031–44 46 76
Fax.: 031–43 53 81

Wichtige Adressen in Norwegen:

Botschaft der Bundesrepublik Deutschland
Oscarsgate 45
N-0258 Oslo
Tel.: 22 55 20 10
Fax.: 22 44 76 72

Botschaft der Republik Österreich
Sophus Liesgate 2
N-0244 Oslo
Tel.: 22 55 23 48
Fax.: 22 55 43 61

Botschaft der Schweiz
Bygdöy Allé 78
N-0268 Oslo
Tel.: 22 43 05 90
Fax.: 22 44 63 50

Norwegisches Informationszentrum
Vestbaneplassen 1
N-0151 Oslo
Tel.: 22 83 00 50
Fax.: 22 83 81 50

Norwegischer Automobilklub:
NAF
Stortgate 2
N-0125 Oslo
Tel.: 22 34 14 00

Alarmzentrale (Pannenhilfe)
Tel.: 22 34 16 00 (Tag und Nacht)

Norwegischer Touristenverband (Bergsteigen und wandern):
Den Norske Turistforening
Stortingsgate 28
N-0161 Oslo 1
Tel.: 22 83 25 50

Surfen:
Sea-Sport Windsurfingcenter
Bygdöy Allé 60 A
N-0265 Oslo
Tel.: 22 44 79 28

Kajaksport:
Norges Kajakkforbund
Hauger Skolevei 1
N-1351 Rud
Tel.: 22 51 88 00

Tauchen:
Norges Dykkerforbund
Adresse und Telefon wie beim Norges Kajakkforbund

Register